Der andere Jesus

Der *Nicht*gottessohn, der *nicht* für unsere Sünden starb

Roland M. Horn

DER ANDERE JESUS

Der *Nicht*gottessohn, der *nicht* für unsere Sünden starb

Impressum:

© 2023 Roland M. Horn

4. Auflage, Vorgängerausgabe 2022

ISBN Softcover: 978-3-347-84686-9

ISBN Hardcover: 978-3-347-84687-6

ISBN E-Book: 978-3-347-84688-3

ISBN Großschrift: 978-3-347-84689-0

Druck und Distribution im Auftrag des Autors:

tredition GmbH, An der Strusbek 10, 22926 Ahrensburg, Germany

Gewidmet meinem Enkel

Noah Horn

Geboren in der Zeit der Niederschrift dieses Buches

INHALTSVERZEICHNIS:

Vorwort von Walter Jörg Langbein

Roland Horns Werk „Der andere Jesus" könnte auch den Titel „Die anderen Jesusse" tragen. Denn je intensiver man sich mit theologischen und populärwissenschaftlichen Versuchen, den historischen Jesus zu rekonstruieren auseinandersetzt, desto mehr „Jesusse" entdeckt man. In der Tat: Es scheint nicht nur den einen Jesus gegeben zu haben, sondern eine ganze Reihe von „Jesussen". Oder: Wenn man in der Literatur, beginnend mit den Evangelien, nach Jesus sucht, desto mehr und widersprüchliche Jesusbilder wird man finden.

„Wissenschaftliche" theologische Werke, in der Regel von einer für den Laien mehr oder minder unverständlichen pseudowissenschaftlichen Sprache geprägt, interessieren im Normalfall allenfalls Studenten des Fachbereichs Theologie. Sie erscheinen, von Ausnahmen abgesehen, in kleiner Auflage und bereiten keiner Leserin und keinem Leser schlaflose Nächte. Dann gibt es sporadisch erscheinende Bestseller wie anno 1971 „Jesus in schlechter Gesellschaft" von Adolf Holl (*1930; † 2020). Holl, anno 1954 zum katholischen Priester geweiht, 1976 vom Priesteramt suspendiert, zeigte einen Jesus, wie er in theologischer Fachliteratur bis dahin vollkommen vernachlässigten Jesus. Freilich beschreibt auch Holl, 2003 mit dem »österreichischen Staatspreis für Kulturpublizistik« ausgezeichnet, nur einen und nicht den Jesus.

Wer sich nun möglichst umfassend über Jesus informieren will, kann sich ein Leben lang durch gigantische Bibliotheken kämpfen, die eine schier unüberschaubare Flut von Publikationen über Jesus zu bieten haben. Ein solcher Versuch ist zum Scheitern bestimmt. Zu viele Bücher wurden über Jesus verfasst. Und die zeichnen ganz unterschiedliche Bilder diverser Jesusse.

Oder man kann sich einen Überblick verschaffen, indem man das unvoreingenommene Buch „Der andere Jesus" liest. Roland Horn ist keiner theologischen Schule verpflichtet, er postuliert nicht einseitig ein Jesusbild von diversen. Sein Werk war längst überfällig. Es bietet einen anschaulichen Überblick und stellt nicht den Jesus dar, sondern diverse Jesusse, wie sie überliefert sind und bis heute leider kaum oder gar nicht diskutiert werden. Deshalb kann man „Der andere Jesus" von Roland Horn nur allen wärmstens empfehlen, die wirklich am Thema Jesus interessiert sind.

Ich wünsche Roland Horns Werk viel Erfolg. Möge endlich wirklich und aufrichtig über Jesus diskutiert werden. Eine solche Diskussion ist längst überfällig, wurde aber bis heute nicht gewagt, weil jeder – ganz anders als Roland Horn - auch heute noch nur seinen eigenen, ganz persönlichen Jesus propagiert.

Mein persönliches Fazit: „Der andere Jesus" – das wichtigste Jesus-Buch seit langer Zeit, erfreulich umfassend, erfrischend provokativ und unverzichtbar. Also mehr als einfach nur lesenswert!

Einleitung

Jesus Christus ist vermutlich die bekannteste Figur im Abendland. Er wird als Gründer der christlichen Religion angesehen und gilt in fast allen christlichen Gemeinschaften als der Erlöser der Menschheit. In der katholischen Kirche gilt die Lehre der Erbsünde, deren Folgen die Hölle – ein Ort des ewigen Schreckens – ist. „Heil" ist also dringend geboten. Und dieses Heil liegt nur innerhalb der (katholischen) Kirche. „Kein Heil außerhalb der Kirche" lautet immer noch der Leitspruch dieser Kirche, auch wenn die meisten Pastoren heute hier eine weitaus liberalere Sicht haben. Getauft sein muss man aber auf jeden Fall, um das Opfer des „Sohnes Gottes", der sein Leben für die „Sünder" gab, erhalten zu können. Damit verbunden ist natürlich die lebenslange Abgabe der Kirchensteuer an diese Religionsgemeinschaft. Ein regelmäßiger Besuch des Gottesdienstes wird auch als hilfreich angesehen. Von Nächstenliebe wird gerne gesprochen, aber in der Praxis – insbesondere in kirchlichen Vereinen – wird sie praktisch nicht praktiziert.

In der evangelischen Kirche wird das gewöhnlich viel lockerer gesehen, es sei denn, man hat es mit Alt-Lutheranern zu tun. In der gesamtes Evangelischen Kirche herrscht allerdings keine einheitliche Linie wie in der katholischen Kirche, eigens das Motto „Jesus Christus ist für unsere Sünden gestorben" wird mantramäßig immer wieder daher gesagt, doch niemand scheint sich wirklich dafür zu interessieren. Mit der Nächstenliebe ist es in der evangelischen Kirche genauso schlecht bestellt wie beim katholischen Pendant.

Dann gibt es noch den Bibelfundamentalismus, bzw. den mit ihm nahe verwandten Evangelikalismus und den Pietismus. Hier muss man das Opfer, das Jesus gebracht hat, schon persönlich in Anspruch nehmen, indem man sich zu Jesus Christus bekehrt, ihm seine Sünden beichtet und gelobt, ihm ewig dankbar zu sein und nachzufolgen. Das war's dann schon. Man ist „wiedergeboren", und in den meisten entsprechenden Gemeinden ist man dann schon auf ewig gerettet. Und entsprechend benimmt man sich dann auch oft…

Auch die christliche Sondergemeinschaft der Zeugen Jehovas lehrt, dass Jesus für die Sünden der Menschheit gestorben ist, wenn man hier auch lieber von einem „Loskaufopfer" spricht. Die Lehre dieser Gemeinschaft unterscheidet sich auch insofern von jenen der anderen christlichen Gemeinschaften, dass Jesus hier nicht der „Sohn Gottes" ist, sondern nur „eine Art von Gott", genau genommen der fleischgewordene Erzengel Michael. Der schuf durch seinem Tod am Marterpfahl (die Zeugen legen Wert auf die Feststellung, dass das „Kreuz" damals nicht das „übliche" Hinrichtungsmedium war) die Möglichkeit zur Erlösung der Menschen. Eine Elite aus den „Zeugen" kommt in den Himmel (144.000 an der Zahl), aber die Allgemeinheit muss sich den Einzug in Gottes neues Königreich auf der Erde schwer erarbeiten: Durch das Verkaufen der Vereinszeitschriften „Der Wachtturm" und „Erwachet", durch das Überzeugen der Leute von der „richtigen Religion", die für die „Zeugen" von elementarer Wichtigkeit ist. Wer diese Religion nicht annimmt, darf nicht in das Königreich Gottes, das in Kürze von Jesus Christus aufgerichtet werden wird, einmarschieren, sondern wird – sollte er das Pech haben, bei Jesu' Wiederkunft noch am Leben zu sein – von diesem grausam niedergemetzelt werden. Sollte er vorher sterben, ereilt ihn nur der ewige Tod, denn die Hölle gibt es im Glaubensgebilde der „Zeugen" nicht.

Die Zeugen sind die einzige der genannten Gruppen, welche die Lehre der „Heiligen Dreifaltigkeit" grundsätzlich ablehnt, und das aus gutem Grund: In der Bibel wird sie nur an einer *einzigen* Stelle erwähnt, die dazu noch mit an Sicherheit grenzender Wahrscheinlichkeit später hinzugefügt wurde. Paulus lehrt einen „erhöhten Christus", der nach Meinung der meisten Christen in ein Konstrukt aus drei Göttern in einem (Gott, der Vater; Gott der Sohn und eine nicht näher definierte Teilperson namens „Heiliger Geist") ist.

Doch die Evangelien kennen nur einen „Jesus von Nazareth", einen historischen Jesus – nicht das von Paulus erschaffende „erhöhte" Konstrukt. Entgegen der Behauptungen der katholischen Kirche und der Bibelfundamentalisten sind die Evangelien widersprüchlich – und man kann zu völlig verschiedenen Ergebnissen kommen. Und viele Forscher, Theologen und Autoren kamen tatsächlich zu vollkommen anderen und von Paulus abweichenden Ansichten und präsentieren den aus ihrer eigenen Forschungsarbeit sich ergebenden „anderen Jesus". Und um genau den soll es im Folgenden gehen.

Jesus als jüdischer Freiheitskämpfer

Ein Hauptvorwurf, den die Christenheit dem jüdischen Volk gegenüber oft erhebt, ist die Behauptung, sie hätten ihren Erlöser gekreuzigt. Dieser Vorwurf kam nicht zuletzt vom Gründer der evangelischen Kirche und Antisemiten Martin Luther.

Der Professor am Centre for Jewish Studies der Universität Leeds Hyam Maccoby bezeichnet die Kreuzigung als eine der barbarischsten Methoden, die je erfunden wurden, denn die Zeit zwischen Beginn der Folterung und Eintreten des Todes wurde so lang wie möglich gehalten.

Einige Opfer werden drei Tage lang gefoltert, bevor der Tod eintritt. Maccoby bezeichnet das klassische Kreuz als „T-förmig", wobei die Füße des Toten nicht den Boden berührten. Das Durchbohren des Körpers wurde als weniger grausam angesehen, da der Delinquent dadurch schneller starb.

Es gab eine Variante dieser Hinrichtungsmethode, bei der Stricke anstelle von Nägeln verwendet wurden, um den zu Marternden am Kreuz zu befestigen. Bei dieser Form wurden die Füße überhaupt nicht angebunden, weil das vollständige Körpergewicht von den ausgebreiteten Armen getragen wird. In dieser Haltung wurde der Gekreuzigte vollkommen unbeweglich und hilflos – führte sie doch zu einer immer enger werdenden Einschnürung und daraus resultierenden unerträglichen Schmerzen. Grundsätzlich war der am Kreuz Hängende immer nackt und wurde vor der Kreuzigung zusätzlich noch kräftig ausgepeitscht. Die Hiebe waren so stark, dass das Fleisch in Fetzen von Körper hing.

Dabei war die Kreuzigung ursprünglich gar nicht als Strafe konzipiert, sondern als Menschenopfer. Sie wurde original im Rahmen von Fruchtbarkeitskulten angewandt, in der Annahme, ein langsam sterbendes Opfer übe irgendwelche nützliche Auswirkungen auf die Ernte aus, was immer damit auch gemeint ist. Der Tammuzkult, die Verehrung eines babylonischen und assyrischen Hirtengottes, war Maccoby zufolge der Hauptanwender dieser Art von Menschenopfer. Maccoby benennt Tammuz als sterbenden und wiederbelebten Gott im Libanon.

Als die Kreuzigung erstmals als Hinrichtungsmethode üblich wurde, wurde sie insbesondere dann angewendet, wenn man der Meinung war, Hinzurichtende hätten eine besondere Verachtung und Demütigung verdient. Die aus den Phöniziern hervorgegangenen Karthager machten viel Gebrauch von dieser Hinrichtungsart, und schließlich gelangte sie auch zu den Römern.

Jetzt kommt aber der Haken: Die Römer beschränkten die Anwendung der Kreuzigung auf Sklaven und solche, die besonders abscheuliche Verbrechen begangen hatten. In Judäa wurde die Kreuzigung zur Abschreckung gegen rebellisches Verhalten angewandt. Tausende Juden wurden von Römern auf diese Weise hingerichtet, vielleicht sogar mehr. So wurde das Kreuz ein Symbol der römischen Unterdrückung. Das bedeutet, dass *Rebellen* gekreuzigt wurden und keine Gotteslästerer!

Die Juden hassten diese Hinrichtungsform eben *aufgrund* ihrer Grausamkeit. Das aber lässt nur zwei Schlussfolgerungen zu.

1. Die Juden haben Jesus nicht gekreuzigt und

2. Jesus wurde wegen Rebellion gekreuzigt und *nicht* wegen Gotteslästerung, denn sonst wäre er von den Juden *gesteinigt* worden. Die Römer interessierten sich nicht für Gotteslästerung und die Juden kreuzigten niemanden!

In den Evangelien werden die Pharisäer falsch dargestellt. Es wird behauptet, sie würden die Handlung des Gesundbetens am Sabbat verurteilen, doch das stimmt gar nicht. In Wirklichkeit forderten sie nur dann, wenn es um *geringfügige* Leiden ging, die Behandlung bis nach dem Sabbat zu verschieben oder auf eine andere Heilmethode auszuweichen, wenn die Behandlung*smethode* gegen das Sabbatgebot verstieß. Hierunter fiel beispielsweise das Zerstampfen von Kräutern, um Arznei herzustellen. Die Heilmethode Jesu verstieß jedoch *nicht* gegen das Sabbatgesetz und so hätten in Wirklichkeit die Pharisäer keinerlei Einwände gegen diese Heilungen seitens Jesu gehabt – auch dann nicht, wenn es sich um geringfügige Leiden handelte. Insofern ist nicht zu verstehen, warum die Schreiber der Evangelien (die nach der Mehrheit der Bibelkundler *nicht* die Jünger waren, nach deren Namen sie benannt sind) eine solche Behauptung aufstellten. Maccoby vermutet, dass es sich bei dem in der Bibel beschriebenen Streit um die Heilung am Sabbat in Wirklichkeit um einen Streit zwischen Jesus und den *Sadduzäern* handelte, denn Jesus Aussage „Der Sabbat ist um des Menschen willen geschaffen und nicht der Mensch um des Sabbats willen" (Mk 2:27) , stimmt vollkommen mit den Grundsätzen der Pharisäer überein. Maccoby behauptet, dass die Evangelium überarbeitet wurden, um die Pharisäer in ein schlechtes Licht zu rücken. Hintergrund dieser Behauptung ist der Umstand, dass die Pharisäer der „wirkliche Ausdruck des Judaismus in der Zeit Jesu" war. Das Pharisäertum war eine „Bewegung mit einer langen und würdigen Geschichte mutiger Verteidiger des Judaismus gegen Tyrannei und usurpierter Macht gewesen." Sie setzte sich für einen lebendigen und sich weiterentwickelnden Judaismus ein, die „in ihrem strengen Denken und ihrer nicht nachlassenden Aktivität versuchte, den Judaismus mehr und mehr an die Maßstäbe von Sittlichkeit, Menschlichkeit und Mitleid anzunähern." Der einfache Mann, der Laie, stand in dieser Lehre im Vordergrund, während die erbliche Aristokratie von Priestern und Landbesitzern eher geringgeschätzt wurde. Insofern nimmt es nicht Wunder, dass diese Bewegung breite Unterstützung im Volk fand.

Diese Bewegung war es, die für ein Widerstand gegen die Römer sorgte, während die Sadduzäer den Judaismus in ein „heiliges, totes Zeugnis der Vergangenheit" verwandelten. Für die Pharisäer aber war der Judaismus lebendige Wirklichkeit – und im Gegensatz zu in die Evangelien hineingetragenen Falschaussagen stand Jesus mit diesen vollkommen im Einklang!

Die Pharisäer waren jedoch keine wilden Fanatiker, die bereit waren, bei jeder Gelegenheit zu den Waffen zu greifen. Dies traf allenfalls auf eine kleine Gruppe unter ihnen, den Zeloten, zu.

Die Zeloten waren aufständisch und befanden sich bereits zu Beginn der römischen Besatzung im Krieg mit den Römern. Sie leiteten ihren Namen von „Pinehas dem Zeloten" ab („zelot" ist griechisch und bedeutet „Eifer"). Er soll der Enkel von Moses Bruder Aaron gewesen sein und mit seinem Schwert für seinen Gott geeifert haben. Nach Auffassung der Zeloten ist er nie gestorben und kein anderer als der Prophet Elias gewesen, der ja nach dem „alttestamentlichen" Zeugnis (genauer: dem Tanach; die ursrprüngliche jüdische Bezeichnung für die Bücher, die die Christen als „Altes Testament" bezeichnen), lebendig in den Himmel aufgefahren ist. Von Elias heißt es im zum Tanach gehörenden Buch Maleachi, dass er eines Tages wiederkommen und dem Messias vorausgehen würde.

Den Zeloten war es egal, dass die römischen Besetzer ihnen zahlenmäßig überlegen waren. Sie vertrauten auf Gott! Er würde ihnen sicher zur Hilfe kommen, so wie er früher Judas Makkabäus, Samson, Gideon und Josua beigestanden hat, wenn sie es mit einem stärkeren Gegner zu tun hatten. Im Gegensatz zu vielen anderen „Gläubigen" waren sie aber alles andere als davon überzeugt, dass allein Glaube und Gebote helfen würden. Nein, sie verurteilten Untätigkeit und waren überzeugt: Gott hilft nur jenen Juden, die Eifer zeigten und bereit waren, im Notfall ihr Leben zu geben. Doch als vollkommen wirklichkeitsfremd konnte man die Zeloten keineswegs bezeichnen. Wunder erwarteten sie nicht. Sie wussten: Ein langer Guerillakrieg kommt auf sie zu. Es würde zahlreiche Tote in den eigenen Reihen geben, doch am Ende würde sie trotz der Übermacht der Römer den Sieg davontragen.

Die Pharisäer hassten die Römer genauso wie die Zeloten, aber sie hielten die Zeit für den offenen Widerstand für noch nicht gekommen.

Ihren letzten großen Kampf führten die Zeloten im Krieg zwischen 66-73 u. Z.) Bei der Festung Masada kämpften sie bis zum letzten Mann. Nach einem harten, aber aussichtslosen Kampf entschieden sie sich zum kollektiven Selbstmord.

Doch den letzten Aufstand im sterbenden jüdischen Staat führten die Pharisäer. Unter ihrem Führer Bar Kochba und mit Unterstützung des einflussreichen Pharisäerführers Rabbi Akiva gelang es ihnen zunächst tatsächlich, die Römer aus ihrem Land zu werfen, und Judäa (einschließlich der von Herodes in eigene Provinzen ausgegliederte Gebiete Galiläa und Idumäa) war tatsächlich wieder ein freier jüdischer Staat! Die Juden waren überzeugt: Bar Kochba ist der Messias. Doch schließlich wurde dieser scheinbare Messias von den Römern getötet, die Judäa zurückeroberten. Der jüdische Staat wurde aufgelöst und blieb es bis 1948.

Bar Kochba wurde also für den „Messias" gehalten. Doch der Glaube an einen Messias als eine einzelne Person, die Israel erlösen würde, kam erst später auf. Im Grunde bedeutet „Messias" nichts anderes als „Gesalbter". So galt König David als „ein" Messias, oder – mit griechischen Worten – ein Christus. Jeder jüdische König wurde seither als „Messias" bzw. „Christus" bezeichnet. Jeder Hohepriester wurde auch als „Priester Messias" bzw. „Priester Christus" bezeichnet. Die Bezeichnung „Christus" hat also absolut *nichts* Göttliches an sich! Später wandelte sich jedoch die Bedeutung des Begriffes Messias: An die Stelle des Königs rückte die Figur des „Befreiers" in den Fokus dieses Begriffs. Der Messias sollte die Juden von den Römern befreien. Damit verbunden war die Vorstellung, dass dieser Befreier aus dem Hause Davids stammen musste, um schließlich mit der Hilfe Gottes das davidische Königreichs Israel wiederherzustellen. Doch es gab auch andere Vorstellungen, die jedoch nicht so weit verbreitet waren: Einige Juden glaubten an einen messianischen Sohn Josephs als Befreier, andere an eine Befreiung durch Gott höchstpersönlich, ohne dass eine Messiasgestalt benötigt würde. Eine andere Sichtweise war die, dass ein *Engel* von Gott geschickt würde, um sein Volk zu befreien. Eine andere Bezeichnung für diesen Engel war *Menschensohn*. Dieser

Menschensohn war *kein* Messias und schon gar kein Gott. Vielmehr wurde er gleichgesetzt mit jenem Engel, der die Kinder Israels nach 2. Mose 23:20-22 in die Wildnis führte und nach dem Sohar, einem Buch der Kabbala, einer mythischen Tradition der Juden, Metatron hieß. Auch Henoch, eine biblische Gestalt, die nie gestorben sein soll, wird als Erlöser genannt, genauso wie der eben erwähnte Elias. Die Gestalt des Messias und jene des Menschensohnes – zwei vollkommen grundverschiedene Personen – wurden erst nach dem ,Aufkommen des Christentums miteinander verschmolzen. Zu Lebzeiten Jesu war jedoch die Vorstellung von einem *göttlichen* Messias noch vollkommen unbekannt! Ein Wesen, das *sowohl* menschlich *als auch* göttlich war, war für *alle* unvorstellbar, schließlich verbot schon das sogenannte 1. Gebot die Verehrung eines menschlichen Wesens. („Du sollst keine anderen Götter neben mir haben!"; 2. Mose 20:3) Und Gott war für die Juden JHWH, *ein* Gott, kein Gemenge aus drei verschiedenen und doch gleichen Göttern, wie er später von den Christen erfunden wurde!

Die Zeloten lehnten das Konzept des Messias als Retter komplett ab.

Unter den Pharisäern und dem Volk allerdings war die Vorstellung von einem Messias sehr populär. Wie wir gesehen haben, gab es verschiedene Vorstellungen, nur eine gab es *nicht*: Die Vorstellung von einem leidenden Messias, der am Kreuze sterben würde, um das Menschengeschlecht von der Sünde zu reinigen. Erst ein Jahrhundert nach dem Tod Jesus entstand diese Vorstellung und fand ihren Weg in den Judaismus, doch auch dies nur vereinzelt, undogmatisch und auch nur auf Basis der Verunsicherung durch die Niederlage des Bar Kochba. In einigen jüdischen Vereinigungen war man der Ansicht, dass der messianische Sohn Josephs in einer Schlacht sterben und der messianische Sohn Davids dann den Sieg davontragen würde. Damit versuchte man, die widersprüchlichen Überlieferungen vom Sohn Josephs (der aus dem Nordreich Israels stammte) und dem Sohn Davids (der aus dem Südreich hervorging) miteinander zu verknüpfen. Aber wie dem auch sei: Ein Tod auf dem Schlachtfeld ist etwas ganz anderes als ein Tod am Kreuz! Für die Juden war die Erlösung ein materieller Begriff und kein geistiger. Das messianische Zeitalter sollte der Höhepunkt menschlicher Geschichte *auf der Erde* sein. Das „Jenseits" war kein Jenseits im eigentlichen Sinn, sondern es sollte *auf der Erde stattfinden*. Die Gerechten sollten *auf der Erde* leben und nicht in einem körperlosen Himmel. Dies resultierte ganz einfach aus der Tradition der Juden: Der Körper wird mit Verehrung als Schöpfung Gottes angesehen. Die Christen dagegen übernahmen die hellenistische Vorstellung vom Körper als Gefängnis der Seele, Besitz und Feld des „Satans".

Weiter war in der jüdischen Vorstellung der Messias kein Befreier in dem Sinn, dass er alle Menschen von der Sünde erlösen sollte, sondern ein Vertreter des jüdischen Volkes, der kommen sollte, um den Höhepunkt der jüdischen Rolle in der Geschichte darzustellen. Der Messias steht sogar eher für ein *Zeitalter* als für eine Person – einfach gesagt steht er für eine Welt in Frieden.

Maccoby stellt fest:

„1. Jesus begann sein öffentliches Lebenswerk, in dem er die Ankunft des ‚Reiches Gottes' verkündete.

2. Später beanspruchte er den Titel ‚Messias' und wurde als solcher von seinen Anhängern begrüßt.

3. Er zog unter dem Jubel der Menschen in Jerusalem ein und ging bei der ‚Reinigung des Tempels' gewaltsam vor.

4. Er wurde festgenommen, wurde ein Gefangener von Pilatus, dem römischen Statthalter, und wurde von den römischen Soldaten gekreuzigt." (Maccoby 1996, S. 61)

Maccoby stellt fest, dass Jesus in einem Zentrum römischer Aktivität lebte: In Galiläa. Kein Tag verging in jener Zeit ohne irgendeinen Vorfall von Unterdrückung oder Auflehnung. Die Anwesenheit von römischen Soldaten im Heiligen Land war eine ständige Bedrohung für die Bewohner. Gemessen an diesem Umstand kommen die Römer in den Evangelien ziemlich gut weg. Diese Bücher wurden erst 40 bis 80 Jahre nach dem Tod Jesu' geschrieben. Da waren die Bedingungen schon vollkommen anders als zu Jesu Lebzeiten und wurden dazu noch außerhalb des Heiligen Landes geschrieben – und außerdem in einer fremden Sprache: Auf griechisch. Die Autoren hatten einen hellenistischen Hintergrund und keinen jüdischen. Maccoby stellt fest: „Die Autoren waren in der Tat prorömisch und antijüdisch eingestellt." Von daher ist eine gewisse Verzerrung der Berichte über Jesus von vornherein zu erwarten. Man kann in den Evangelien, die alles andere als homogen sind, jedoch verschiedene Schichten erkennen: Solche die nahe an die Bedingungen zu Jesu Zeiten passen und andere, die eher zur späteren Situation passen.

Maccoby ist überzeugt davon, dass Petrus Jesus, als er ihn mit den Worten „Du bist Christus" begrüßte, mit der Anrede „Christus" nicht den Namen eines göttlichen Wesens meinte. Denn Petrus trug den Beinamen Barjona, und im späteren Talmud wurden jüdische Freiheitskämpfer als „Barjonim" bezeichnet. Einige Bibelexegeten sehen hier einen Hinweis auf eine mögliche Zugehörigkeit Petri zu den Zeloten. Allerdings wird in der Schlachter- Übersetzung in Matth. 16:17 dieses Wort mit „Sohn des Jona" übersetzt – die aramäische Bedeutung von „Barjona". Doch diese Übersetzungsart ist fraglich, steht sie doch in Widerspruch zu Joh 1:42, wo Petrus zumindest nach der Elberfelder Bibelübersetzung als Sohn eines „Johannes" bezeichnet wird. Schlachter allerdings übersetzt auch hier mit „Jona", Ob das eine Anpassung ist, oder ob der Übersetzer der Elberfelder Bibel Recht hat, ist schwer zu beurteilen, gelten doch beide Übersetzungen als sehr genau. In der Menge-Übersetzung, die ebenfalls als sehr genau gilt, wird der Vater Petri allerdings auch mit „Johannes" wiedergegeben. Hier wird die erstgenannte Stelle ebenfalls als „Sohn des Jona" wiedergegeben, in der Elberfelder heißt es hier – wohl am Genauesten: „Bar Jona". Man beließ es also bei dem ursprünglichen Begriff – sicher nicht die schlechteste Variante. Interessanterweise steht in der Einheitsübersetzung, die wahrlich nicht zu den genausten zählt, an dieser Stelle „Simon Barjona". Wenn man diese und die Neue-Welt-Übersetzung hinzuzieht, scheint es, als ob Schlachter mit seiner Übersetzung der Stelle aus dem Johannesevangelium mit an Sicherheit grenzender Wahrscheinlichkeit falsch liegt. Abgesehen davon, dass man sieht, welche Verwirrung schon durch unterschiedliche Übersetzungen entstehen kann, wird klar, dass die Idee, dass Simon Petrus ein Zelot war, gar nicht so abwegig ist. Darüber hinaus bedeutete „barjona" so viel wie „impulsiv" oder „unbeherrscht" – eine

Eigenschaft, die nicht nur die Person des Petrus beschreiben könnte, sondern eine Grundeigenschaft eines jeden Zeloten ist.

Fest steht jedenfalls, dass Petrus mit seinem pharisäischen und zelotischen Hintergrund ganz sicher mit dem Begriff „Christus" bzw. „Messias" *kein* göttliches Wesen meinen konnte, denn die spätere diesem Begriff aus dem hellenistischen gnostischen Muster zugeordnete Bedeutung konnte er gar nicht kennen! Wenn er Jesus „Christus" nannte, dann meinte er damit einen Menschen wie König Salomo! Wie wir wissen, wurden die israelischen Könige allesamt mit dem Titel „Sohn Gottes" bedacht, und aus dieser Sichtweise heraus widerspricht dieser Ansicht auch nicht, dass Petrus nach Matth. 17,16b sagt: „Du bist Christus, der Sohn des lebendigen Gottes." (ELB) So zieht Maccoby den einzig logischen Schluss:

„Wenn Petrus sich nun seine Vorstellung vom Messiasamt nach einem Menschen wie König Salomo gebildet hatte, dann war seine Handlung als er Jesus als den Christus begrüßte, eine revolutionäre, aufrührerische Tat. Er forderte die Macht Roms heraus und erklärte, die römische Besatzung sei zu Ende." (Maccoby 1973, S. 63)

Die Christen brauchten, um den von ihnen erfundenen Christus historisch zu belegen, einen *unpolitischen* Jesus, und so verwundert es nicht, dass die Berichte über das Leben Jesu etwas in ihrem Sinne glattgebügelt wurden.

Da „Menschensohn" schließlich nichts anderes als „Mensch", bestenfalls „Engel", bedeutet und der Begriff „Sohn Gottes" für jeden jüdischen König verwendet wurde, wird also dem Christentum die Grundlage entzogen, wenn es behauptet, Jesus sei wegen Gotteslästerung angeklagt worden. Die Darstellung in den Evangelien, nach denen Jesus gegen jüdische Gebote verstoßen habe, ist grundlegend falsch, ebenso die Vorstellung, er habe sich den Zorn der Pharisäer zugezogen.

Der einzige logische Grund dafür, dass sich Jesus den Zorn der jüdischen Landesverräter aus den Reihen der Herodianer und Sadduzäer, die vom König Herodes Antipas und dem Hohepriester Kajaphas geführt wurden, zugezogen hat, ist der, dass er sich *politisch* gegen die römische Besatzungsmacht stellte. Aus dem Lukasevangelium (Kap.13:31) geht sogar hervor, dass die Pharisäer Jesus vor Herodes warnten. Dort heißt es nach der Elberfelder Bibel: „In derselben Stunde kamen einige Pharisäer herbei und sagten zu ihm: Geh hinaus und zieh fort! Denn Herodes will Dich töten." Ebenso interessant ist eine Stelle in Luk. 23:1-2 wo es heißt: „Und die Menge von ihnen stand auf, und sie führten ihn zu Pilatus: Sie fingen an, ihn zu verklagen und sagten: Diesen haben wir befunden als einen, der unsere Nation verführt und (sie davon) abbringt, dem Kaiser Steuer zu geben, in dem er sagt, dass er selbst Christus, ein König sei." Entgegen allen christlichen Auslegungsversuchen wird hier klar gesagt, dass Jesus das Königtum Israels für *sich* beanspruchte, *nicht* für den Kaiser der Besatzungsmacht". *Er* ist der Messias, der rechtmäßige König der Juden und somit ein regulären Sohn Gottes. Ganz offensichtlich dachte er so. Jesus war als Widerstandskämpfer bei den Römern und ihren Kollaborateuren verhasst, nicht *wegen* Gotteslästerung. Die interessierte Pilatus und Herodes herzlich wenig. Daraus folgt: Jesus wurde wegen Rebellion angeklagt und nicht wegen Gotteslästerung!

Wenn im Markus-Evangelium (12:14b-17a) gesagt wird:

„Ist es erlaubt, dem Kaiser Steuern zu geben, oder nicht? Sollten wir sie geben oder nicht geben? Da er aber ihre Heuchelei kannte, sprach er zu ihnen: Was versucht ihr mich? Bringt mir einen Denar, damit ich ihn sehe! Sie aber brachten ihn. Und er spricht zu ihnen: Wessen ist dieses Bild und die Aufschrift? Sie aber sagten zu ihm: Des Kaisers. Jesus aber sprach zu ihnen: Gebt dem Kaiser, was des Kaiser ist, und Gott, was Gottes ist!" (ELB),

so bedeutet das nicht etwa, dass die Römer in Jesu Augen berechtigt waren, von den Juden Steuern zu erheben. Zunächst einmal wurde er ja gerade deswegen zu Pilatus geschleppt, weil er *verbot*, dem Kaiser Steuern zu zahlen. Der englische Anglikanerpriester Samuel George Frederick Brandon legte, wie Maccoby anmerkt, die Stelle so aus, dass Jesus gemeint habe: „Lasst den Kaiser nach Rom zurückgehen, wohin er gehört, und überlasst Gottes Land dem Volk Gottes." Wenn diese Interpretation richtig ist, verbot Jesus tatsächlich die Entrichtung der Steuer an die Besatzungsmacht.

Maccoby schreibt über die Vorstellung von einem Gottmenschen, der sich opfert, um die Sünden des Menschgeschlechts zu sühnen und die der jüdischen Tradition vollkommen fremd ist, absolut zu Recht:

„Sie gehört zu der sadomasochistischen Romantik der hellenistischen Mysterienkulte mit ihrer unwiderstehlichen Anziehungskraft für die, welche die Last unerträglich schwer fanden und sich danach sehnten, dass sie ihnen von einer charismatischen göttlichen Gestalt abgenommen würde. Auf die Juden übte es keine Anziehungskraft aus, sich vor seiner moralischen Last zu drücken; moralische Verantwortlichkeit war für sie keine Last, sondern ein Vorrecht." (Maccoby 1996, S. 68)

Jesus hatte es nicht darauf *abgesehen*, sein Leben zu opfern, doch war bereit, es aufs Spiel zu setzen, *wenn* sein Freiheitskampf scheitert und es ihm *nicht* gelingt, das Reich Gottes *auf Erden* herzustellen.

Was das *Leben* Jesu betrifft (das viel wichtiger war als sein Tod!), ist es schwer, die der Wahrheit nahekommenden ursprünglichen Teile der Evangelien herauszufiltern.

Was wir wissen, ist, dass er seine Kindheit in Galiläa verbrachte. Maccoby hält es auch für sicher, dass Jesus Zimmermann war, doch selbst das ist fraglich. In Nazareth, dem winzigen Ort, in dem er aufgewachsen sein soll, lebte man (wie in den meisten anderen Orten der damaligen Zeit) vom Ackerbau und der Haltung von Nutztieren. Wenn wir uns die Gleichnisse ansehen, stellen wir fest, dass Jesus oft von „Saat" und „Ernte", vom „Schafe hüten" und anderen bäuerlichen Tätigkeiten spricht. Insofern liegt nahe, dass Jesus schlicht und einfach Bauer war.

Eine Volkszählung gab es zu Lebzeiten Jesu nur einmal, und da war er bereits zehn Jahre alt und die Galiläer waren von ihr nicht einmal betroffen; auch eine Reise zu irgendeinem anderen Ort als ihrem Wohnort wurde hier nicht gefordert. Insofern liegt es nahe, dass unsere wunderschöne Weihnachtsgeschichte schlicht und einfach erfunden ist und Jesus *nicht* in Bethlehem geboren wurde! Die Erfindung dieser Geschichte scheint einen vollkommen anderen, plausiblen, Grund zu haben. Hintergrund ist die Voraussage des alttestamentlichen Propheten Micha (Kap. 5:1), der voraussah, dass der Messias wie König David in Bethlehem geboren werden würde. Insofern haben die Christen, um eine alttestamentliche Prophezeiung auf Jesus zurechtzubiegen, schlicht und einfach einen frommen Betrug begangen! Und zweckdienliche Lügen wurden durch Paulus ja eindeutig legitimiert. (Röm. 3,7+8[1])

Und dass Jesus von David abstammt, ist alles andere als erwiesen. Nicht nur, dass sich die beiden Stammbäume, die uns in den Evangelien präsentiert werden, widersprechen, sondern sie werden von *Joseph* ausgehend zurückverfolgt (Mt. 1:1–17; Lk. 3:23–38), und der soll ja gar nicht der Vater Jesu gewesen sein, sondern eine ominöse Gestalt namens „Heiliger Geist!"

Maccoby erscheint Jesus als hochgebildet, und er glaubt, dass er später ehrenamtlich als Rabbi arbeitete und sich bald als Prophet sah.

Im Gegensatz zu beispielsweise Franz Alt hält Maccoby Jesus für alles anderen als für einen Pazifisten, denn im Matthäus-Evangelium heißt es in Kap. 10:34-39 recht deutlich:

„Meint nicht, dass ich gekommen sei, Frieden auf die Erde zu bringen, sondern das Schwert. Denn ich bin gekommen, den Menschen zu entzweien mit seinem Vater und die Tochter mit ihrer Mutter und die Schwiegertochter mit ihrer Schwiegermutter; und des Menschen Feinde (werden) seine eigenen Hausgenossen (sein). Wer Vater oder Mutter mehr liebt als mich, ist meiner nicht würdig; und wer Sohn und Tochter mehr liebt als mich, ist meiner nicht würdig, und wer nicht sein Kreuz aufnimmt und mir nachfolgt, ist meiner nicht würdig. Wer sein Leben findet, wird es verlieren, und wer sein Leben verliert um meinetwillen, wird es finden." (ELB)

Klingt das nicht so, als ob nur diejenigen eine Chance auf ein Leben in Würde haben, die ihm und seiner geplanten Revolution folgten? Interessant ist hier auch eine Stelle aus dem Lukasevangelium (Kap. 22: 36-38), wo Jesus mit den folgenden Worten zitiert wird:

„Aber jetzt, wer eine Börse hat, der nehme sie und ebenso seine Tasche und kaufe ein Schwert; denn ich sage euch, dass noch dieses, was geschrieben steht, an mir erfüllt werden muss: ‚Und er ist unter die Gesetzlosen gerechnet worden', denn auch das, was mich betrifft, hat eine Vollendung. Sie aber sprachen: Herr, siehe, hier sind zwei Schwerter. Er aber sprach zu ihnen: Es ist genug." (ELB)

Diese Episode spielte sich kurz vor der Gefangennahme Jesu im Garten Gethsemane ab.

---

[1] „Wenn aber die Wahrheit Gottes durch meine Lüge überreich geworden ist zu seiner Herrlichkeit, warum werde ich auch noch als Sünder gerichtet? Und (sollen wir es) etwa (so machen), wie wir verlästert werden, und wie einige sagen, dass wir sprechen: Lasset uns das Böse tun, damit das Gute komme? Deren Gericht ist gerecht! (ELB)

Maccoby spekuliert vor dem Hintergrund, dass Jesus im Zentrum des Widerstands gegen Rom und dem Geburtsplatz der zelotischen Bewegung aufgewachsen ist, dass ebendieser Jesus erschüttert gewesen sein muss über den Verlust der Unabhängigkeit seines Volkes. Er habe wohl auf einen Erlöser gewartet, und so sei seine Begegnung mit Johannes dem Täufer der Anlass dafür gewesen, dass Jesus sich nun nicht mehr nur als Rabbi, sondern als Prophet sah. Jesus verkündete nun die frohe Botschaft (das Evangelium vom Reich Gottes *auf Erden*, insbesondere in seiner Heimat. Für Jesus war völlig klar, dass er nur für die Juden gekommen war und *nicht* für die Angehörigen anderer Völker, wie in Matth. 10:5b-6 verdeutlicht wird. Nach dieser Stelle sagte er zu seinen zwölf Jüngern: „Geht nicht auf einen Weg der Nationen und geht nicht in eine Stadt der Samariter, geht aber vielmehr zu den verlorenen Schafen des Hauses Israels."

Noch weiter geht das Matthäus-Evangelium in Kapitel 15, wo Jesus Nichtjuden als „Hunde" bezeichnet und betont, dass es sich nicht schicke, ihnen einen Krumen Brot hinzuwerfen. Diese Story finden wir auch im Markus-Evangelium, das älter ist als das Matthäus-Evangelium und von dem Matthäus vermutlich abgekupfert hat. Ich möchte aber dazusagen, dass nach der eindringlichen Bitte der Nichtjüdin Jesus ihr nach anfänglicher Weigerung aus besagten Gründen doch half. Ein Unmensch war er sicher nicht.

Irgendwann gelangte Jesus dann, folgt man Maccoby, zu der Überzeugung, dass er selbst der Messias sei und ging davon aus, dass das Reich Gottes sehr schnell kommen würde. Er sprach von einem „großen und schrecklichen Tag", an dem Gott die Feinde seines Volkes vernichten würde und berief sich dabei auf alttestamentliche Propheten wie Joel, der im 4. Kapitel des nach ihm benannten Buches von einer Schlacht der Entscheidung spricht. Nur ein kleiner Teil des Volkes würde gerettet werden – und zwar jene Volksangehörige, die rechtzeitig bereuten. Dies schien eine fixe Idee von ihm geworden zu sein. Die anderen Juden müssten an diesem schrecklichen Tag untergehen. Er glaubte, dass von dem nach diesem Tag einziehenden Frieden auch die anderen Völker der Welt profitieren würden.

Schließlich kam es dazu, dass Jesu' Bewegung ein breites Publikum fand, und so konnte nicht ausbleiben, dass der jüdische Römer-Kollaborateur Herodes Antipas Jesus als Gefahr ansah. Petrus sah in Jesus den (rechtmäßigen) König der Juden, und offensichtlich sah Jesus sich selbst auch so. Maccoby zufolge sahen Petrus und Jesus selbst diesen aber nicht als einen gewöhnlichen König an, sondern als den „endgültigen König-Messias", der zugleich ein Prophet blieb.

Maccoby geht auf eine sehr interessante biblische Geschichte ein, auf die wir später in einem weiteren Beispiel für einen „anderen Jesus" noch einmal zurückkommen werden. Es geht um die Geschichte der „Verklärung Jesu". Das Markus-Evangelium berichtet in Kapitel 9, dass Jesus zusammen mit seinen Jüngern Petrus, Jakobus und Johannes auf einen hohen Berg ging, auf dem er vor ihnen „verklärt" wurde. Dies zeigte sich darin, dass seine Kleider „hell und weiß" wurden. Und plötzlich erschienen Elias und Moses, die schon lange tot waren, d. h. Elias war ja gar nicht tot, sondern nach dem Zeugnis des Alten Testamentes lebendig in den Himmel aufgefahren, wie wir wissen, und um Moses Tod gab es einige Ungereimtheiten. Mose wurden zwar begraben, aber *von Gott persönlich,* und zwar an einem *unbekannten Ort,* wobei betont wird, dass

Moses zum Zeitpunkt kurz vor seinem angeblichen Tod noch topfit war. Doch auf diese Geschichte werden wir später zurückkommen.

Jetzt befand sich jedenfalls Jesus mit seinen Jüngern und den beiden alttestamentlichen Helden auf diesem „Berg der Verklärung" und Elias und Moses redeten miteinander. Plötzlich mischte sich Petrus ein und bot Jesus an „drei Hütten zu bauen", je eine für Moses, Elias und Jesus. Offensichtlich sagte er das aber mehr aus Verlegenheit heraus, denn aus Furcht wusste er nicht, was er sagen sollte. Und dann erschien diese Wolke, die sie überschattete. Und aus dieser Wolke erschall eine Stimme, die sagte: „Das ist mein lieber Sohn; auf den sollt ihr hören."

Maccoby entledigt diese Stelle ihres „mythischen Beiwerks" und erkennt einen „zugrundeliegenden Krönungsbericht". Er verweist auf Psalm 2, der bei jeder jüdischen Königskrönung vorgetragen wurde, in dem der gekrönte König als „Sohn Gottes" bezeichnet wird. Im Rahmen dieses Vorgangs wurde der Königsanwärter von einem Propheten gekrönt, oder genauer, gesalbt. Sollte kein Prophet zur Verfügung gestanden haben, wurde ein Stellvertreter eingesetzt. Maccoby glaubt, dass bei der „Krönung (Salbung) Jesu zwei Personen diese Aufgabe übernahmen, die Moses und Elias vertraten. Die Anwesenheit des Elias, bzw. eines Stellvertreters für diesen hält Maccoby für unverzichtbar, da dem jüdischen Glauben zufolge Elias vor der Wiederkunft Jesus erscheinen musste. Die zusätzliche Anwesenheit des Moses versucht Maccoby damit zu erklären, dass Jesus der endgültige Messias und dazu noch ein Prophet war, sodass Moses selbst, nach jüdischem Glauben der größte aller Propheten, anwesend sein musste. Dabei beruft sich Maccoby auf eine Stelle aus dem jüdischen Werk *Midrasch Deuteronomium Rabba*, wo Gott Moses verspricht: „Moses, ich schwöre dir ... in den kommenden Tagen, wenn ich ihnen Elia, den Propheten bringe, werdet ihr beide zusammenkommen. (3:17).

Die Idee des Erbauens der Hütten erklärt Maccoby damit, dass es im Rahmen vorderasiatischer Krönungsriten einschließlich der jüdischen üblich war, den König in einer „Hütte" (hebräisch „sukka") auf den Thron zu setzen. Er glaubt, den Schreibern der Evangelien sei dieser Brauch so fremd geworden, dass sie aus dieser Unkenntnis heraus Petrus andichteten, dass der nicht wisse, was er sage, als er anbot, die Hütten zu errichten. Er glaubt, dass Petrus nur *eine* Hütte errichtete – und die natürlich für Jesus, den zu krönenden König. Die beiden anderen seien möglicherweise von den Evangelienschreibern nur aus Ehrfurcht für Moses und Elias hinzugefügt wurden, meint er.

Für Maccoby ist es relevant, dass die „Verklärung" in einem genau bestimmten Abstand von sechs Tagen nach der Begrüßung stattfand. Er zieht Rückschlüsse auf ein Merkmal vorderasiatischer Königsriten, in denen eine Woche nach dem Erlass das volle Krönungsritual folgte.

Die Anrede Jesu durch Petrus als „Christus" sieht Maccoby als offiziellen Teil, nämlich die Einleitung dieser Krönungszeremonie an.

Weiter wichtig ist für Maccoby, dass die Krönungsriten auf einem Berg stattfanden – in diesem Fall auf dem Berg Hermon, dem höchsten Berg Judäas. Dies scheint Maccoby angemessen.

Als weiteres Merkmal einer jüdischen Krönung nennt Maccoby die Anwesenheit von Vertretern der zwölf Stämme Israels, was die Anwesenheit Petri, Johannis und

Jakobi erklärt. Petri Maccoby seltsam erscheinende Erklärung „Rabbis, es ist gut, dass wir hier sind" hält er für eine Formel, mit der die Führer der Stämme die Herrschaft des neuen Königs anerkennen würde, fügt aber vorsichtshalber ein „möglicherweise" hinzu, das mehr als angebracht erscheint.

Weiter geht Maccoby auf den Begriff „Verklärung" ein. Dieser stellt sie als ein „gewöhnliches Merkmal" des Königsrituals dar. Der neue König sei als wiedergeboren betrachtet worden und habe sich einem ‚Ritual unterzogen, dass beweisen soll, dass er „umgewandelt und ein anderer Mensch geworden sei". Hier beruft er sich auf die Stelle in 1. Samuel 10:6, in der es nach der Zunz-Übersetzung heißt: „Und hereinbrechen wird über dich der Geist des Ewigen, dass Du mit ihnen weissagest und du wirst verwandelt werden in einen anderen Mann." Maccoby wird nicht müde zu betonen, dass es auch hierbei nicht um eine Erhebung des Jesus zu einem Gott ginge. So etwas gab es zu Zeiten Samuels auch ganz einfach gar nicht!

So einleuchtend Maccobys Ausführungen bisher waren und so interessant sein Theorieansatz für die Ereignisse auf dem „Berg der Verklärung" auch sind, habe ich hier doch ein wenig Bauchweh. Das „Übernatürliche" einfach auszublenden, und den Rest zurechtzubiegen, ist zwar eine gängige Praxis, aber ob sie auch zielführend ist, halte zumindest ich für fragwürdig, Wir werden später noch auf einen Ansatz zurückkommen, der das scheinbar Übernatürliche miteinbezieht, dafür aber auch reichlich spekulativ ist.

Kurz nach dem Bericht von der Verklärung in wird jedenfalls in Luk. 10 gesagt, dass Jesus weitere 70 Jünger einsetzte, die er in Zweiergruppen vor sich her in „alle Städte und Orte, wohin er gehen wollte", hinführte. Die Zahl „70" hat für Maccoby hier eine große Relevanz, da sie die Mitgliederzahl eines Sanhedrins, der obersten jüdische religiösen und politischen Instanz und gleichzeitig des obersten Gerichts, darstellten. Jesus habe in seiner Eigenschaft als Prophet und König seinen eigenen Sanhedrin gebildet, deren Mitglieder er auf seine königliche Rundreise in die Städte und Orte seines Reiches vorbereitete. Maccoby ist sicher: Jesus hatte *nicht* die Absicht, am Kreuz zu sterben, noch rechnete er damit. Vielmehr plante er eine Rundreise durch sein Königreich, die erst im Anschluss an seinen Auftritt in Jerusalem stattfinden sollte. Judas Iskariot bekam möglicherweise nur deshalb später die Rolle des Verräters zugewiesen, weil auch er ein ehemaliger Zelot war und es deshalb häufig zu Diskussionen zwischen ihm und Jesus, der für Maccoby ein Pharisäer war, kam. Judas wollte das Reich Gottes gewaltsam herbeiführen, und Jesus vertraute auf die Hilfe Gottes – und scheiterte letztlich mit seiner Strategie. Jesus gestand sein Scheitern und das unvermutete Ende seines Vorkommnisses ein, als er am Kreuz ausrief: „Eloí, Eloí, lemá sabachtáni", was übersetzt heißt: Mein Gott, mein Gott, warum hast Du mich verlassen? (Mk. 15:34b). Die wahre Anklage gegen Jesus blieb lediglich im Lukasevangelium erhalten.

Maccoby ist überzeugt davon, dass Jesus ein Pharisäer, also ein gemäßigter Rebell, war. Der iranisch-amerikanische Religionswissenschaftler Reza Aslan geht noch weiter: Er behauptet in seinem Buch *Zelot*, dass Jesus genau das ist, was der Titel seines Buches ausdrückt: ein Zelot.

Aslan beschreibt Nazareth (er schreibt es „Nazaret") als ein wahres Kuhdorf, in dem quasi jeder Bauer war – so auch Jesus. Auch Aslan bezweifelt, dass Jesus in

Bethlehem geboren wurde und weist darauf hin, dass diese Stadt im Neuen Testament außer im Zusammenhang mit der Geburt Jesu niemals auftaucht und gelangt ansonsten zu den gleichen Schlussfolgerungen wie Maccoby. Auch er hebt hervor, dass „Messias" ein irdischer und kein göttlicher Titel ist.

Die im Matthäus-Evangelium beschriebene Flucht Jesu nach Ägypten, um dem Herodianischen Kindermord zu entgehen, hält Aslan für historisch falsch, unterstellt dem Schreiber des Evangeliums jedoch eher gute Absichten, denn dieser erhebe auf der Basis der Tanach-Stelle Hos. 11:1 („Als Israel jung war, gewann ich es lieb, und aus Ägypten habe ich meinen Sohn gerufen" (ELB), keinen Anspruch auf historische Wahrheit, sondern vielmehr sollte sie jene Wahrheit offenbaren, dass Jesus der neue Moses sei, „der das Massaker des Pharao unter den Söhnen der Israeliten überlebte und mit einem neuen Gesetz aus Ägypten kam". Aslan beruft sich dabei auf den Bibelvers 2. Mos 1:22, wo es um das Verdikt ging, jeden neugeborenen Hebräer in den Nil zu werfen.

Neben seiner bäuerlichen Tätigkeit war Jesus Aslan zufolge auch ein Bauarbeiter gewesen. Dies ist, wie er schreibt, neben Zimmermann, für den es in Nazareth allerdings wenig zu tun gab, die korrekte Übersetzung für *tekton,* gibt jedoch zu, dass dieser Begriff in der gesamten Bibel nur ein einziges Mal vorkommt, nämlich im Kapitel 6:3 des Markusevangelium. Wenn sie stimmt, gehörte Jesus als Handwerker und Tagelöhner der untersten Schicht der bäuerlichen Bevölkerung an und lag damit nur knapp über den Bedürftigen und den Sklaven.

Ein weiterer Punkt, auf den Aslan eingeht, ist die Story von der Jungfrauengeburt. Aslan glaubt, dass diese Idee bereits vor der Entstehung des ältesten, Evangeliums, dem des Markus, aufgekommen ist. Aslan erwähnt Spekulationen, nach denen die Geschichte der Jungfrauengeburt erfunden wurde, um eine unbequeme Wahrheit bezüglich Jesu Herkunft zu vertuschen – nämlich, der, dass er ein uneheliches Kind war. Diese Gerüchte wurde befeuert durch den Philosophen Kelsos, der im 2. Jahrhundert eine Geschichte präsentierte, der zufolge Jesu Mutter von einem Soldaten namens Panthera geschwängert worden sei. Diese Story will er von einem Juden im jüdischen Land gehört haben.

Wie wir noch sehen werden, bediente sich auch Hitler bei derartigen Geschichten, als er Jesus zu einem Arier zu machen versuchte. Allerdings musste der spätere selbsternannte Führer zugeben, dass Jesu Mutter „eine Jüdin gewesen sein mag."

Die Lösung für dieses Problem ist allerdings denkbar einfach. Wie der deutsche Theologe Heinz-Werner Kubitza in seinem Buch *Der Jesuswahn* feststellt, findet sich die Vorstellung einer Jungfrauengeburt im Kapitel 1:22-23 des Matthäus-Evangeliums. Dort heißt es:

„Dies alles geschah aber, damit erfüllt würde, was von dem Herrn geredet ist durch den Propheten, der spricht: ,Siehe, die Jungfrau wird schwanger sein und einen Sohn gebären, und sie werden den Namen Emmanuel nennen, was übersetzt ist: Gott mit uns." (ELB)

Kubitza stellt fest, dass die zierte Stelle aus Jesaja 7:14 gar nicht von einer Jungfrau, sondern von einer *jungen Frau* spricht (*alma*).

In der Zunz-Übersetzung heißt es dort auch ganz deutlich:

„Darum wird der Herr selbst euch ein Zeichen geben: Sie, das junge Weib, wird schwanger und gebiert einen Sohn, und Du sollst seinen Namen nennen Immanuel (Gott mit uns)"

In der Septuaginta, der griechischen Bibelübersetzung, wird dieses Wort, wie Kubitza feststellt, „ungenau" mit dem Wort „Jungfrau (griechisch *parthenos)* übersetzt. Man mag darüber spekulieren, ob man anstelle von „ungenau" nicht „falsch" sagen muss und ob das Ganze vielleicht sogar Absicht ist. Kubitza – ansonsten alles andere als zimperlich – geht aber nicht so weit. Sicher ist aber eins: Durch diesen Übersetzungsfehler wurde aus einer jungen Frau eine Jungfrau. Kubitza enthüllt den Kontext der Stelle aus dem Jesaja-Zitat: Jesaja weissagte dieses Wort gegenüber dem jüdischen König Ahab im Syrisch-Ephraimitischen Krieg im Jahr 734 v. Chr. Dabei spricht Jesaja von einem *nahen* Ereignis, womit die Lebzeit des Königs gemeint ist. Der „Hammer", wie man heute sagt, (auch wenn Dieter Bohlen ein Urheberrecht auf die Verwendung dieses Begriffs in einem solchen Zusammenhang erhebt), ist aber, dass es den Schreiber des Evangeliums gar nicht zu stören scheint, dass der prophezeite Junge einen völlig anderen Namen hat als der aktuell geborene!

Weiter stellt Aslan die interessante Frage nach dem Familienstand Jesu. Darüber finden wir in den Evangelien gar nichts, aber: Im Alter von etwa 30 Jahren war zu jener Zeit quasi *jeder* verheiratet gewesen. Die Ehelosigkeit wurde nur in wenigen Sekten, wie den Essenern oder den Therapeuten praktiziert, aber die waren auch praktisch schon mönchische Orden. Andererseits aber werden nirgends in der Bibel Hinweise auf eine eventuelle Frau oder gar Kinder Jesu gegeben.

Aslan hält sich an dem *einen* Hinweis fest, dass Jesus Bauarbeiter bzw. Zimmermann war. Den braucht er nämlich für seine These, wie wir gleich sehen werden.

In Nazareth gab es keinen Bedarf an dieser Berufsgruppe, da sich dort kaum einer Möbel oder dergleichen leisten konnte, und auch ein Handwerker hätte sich dort nicht von dieser Tätigkeit ernähren können, und so geht Aslan davon aus, dass sich Jesus eine andere Arbeitsstätte suchen musste und lässt er ihn nach der nahegelegenen wohlhabenden Hauptstadt Galiläas Sepphoris reisen. Und gerade dort sei eine Vereinigung entstanden, die Aslan als „eine neue sehr gefährliche Gruppe von Banditen" bezeichnet. Diese Gruppe wurde von einem Mann namens „Judas der Galiläer" angeführt. Dieser charismatische Mann habe sich mit einem „rätselhaften Pharisäer" namens Sadduk zusammengetan, um eine völlig neue Unabhängigkeitsbewegung zu gründen, die vom jüdischen Geschichtsschreiber Josephus „Die Vierte Philosophie" genannt wird. Damit grenzte er sie von den anderen Philosophien – den Pharisäern, Sadduzäern und Essenern – ab. Der Unterschied zu diesen anderen Schulen „war ihre unerschütterliche Hingabe an das Ziel, Israel von der Fremdherrschaft zu befreien und ihr inbrünstiges Beharren darauf, dass sie keinem Herrn dienten als dem Einzigen Gott, und wenn es ihr Leben kosten sollte." Und das waren eben die Zeloten. In Sepphoris hatte diese Gruppe einst einen Guerillakrieg gegen die Römer geführt. Da Jesus praktischerweise sehr viel Zeit in dieser Stadt verbrachte, muss er viel von den Zeloten gehört haben und „die schnell wachsende Kluft zwischen den aberwitzig Reichen und den tief verschuldeten Armen" gesehen haben und „sich unter die hellenisierte und romanisierte Bevölkerung der Stadt gemischt" haben, „jene reichen, fehlgeleiteten Juden, die den Kaiser von Rom ebenso ausdauernd rühmten wie den Herrn des Universums". So wurde Aslans Jesus schließlich zum Zeloten. Später wanderte ebendieser Jesus weiter nach Tiberias am Ufer des Sees Genezareth.

Pilatus, der nach außerbiblischen Quellen außerordentlich kaltherzig war, arbeitete mit dem korrupten Hohepriester Kajaphas zusammen.

Nachdem Jesus im Alter von etwa 30 Jahren schließlich auf einem Esel reitend nach Jerusalem eingezogen war, randalierte Jesus auf dem Vorplatz des Tempels, dem sogenannten Heidenvorhof, wo er in einem gar nicht so heilig erscheinenden Zorn die Tische der Geldwechsler umwarf und die Händler vertrieb, die billiges Essen und Souvenirs verhökerten. Er ließ Schafe und Rinder frei, die als Opfer verkauft werden sollten und zerbrach Taubenkäfige, so dass die Vögel davonflogen. Jesus und seine Jünger blockierten den Eingang zum Vorhof und verweigerten allen, die Handelswaren dabeihatten, den Zutritt. Jesus begründete souverän wirkend: „Es steht geschrieben: ‚Mein Haus ist ein Bethaus'; ‚ihr aber habt es zu einer Räuberhöhle gemacht". (Lukas 19:46 ELB)

Das Problem dabei war aber, dass es kein Gesetz gab, das den Händlern das Ausüben ihrer Tätigkeit im Heidenvorhof verbot! Die Juden stellten also verständlicherweise nach dem Johannesevangelium (Kapitel 2) Jesus zur Rede und fragten ihn: „Welches Zeichen lässt du uns sehen, dass du dies tun darfst?", und Jesus antworte recht kryptisch mit den Worten: „Reißt diesen Tempel nieder und in drei Tagen werde ich ihn wieder aufrichten." Nachdem er darauf hingewiesen wurde, dass es 46 Jahre gedauert habe, bis dieser Tempel endlich fertig war und man so verständlicherweise bezweifelte, dass Jesus nur drei Tage brauchen würde, um ihn wiederaufzubauen, wich er aus und gab ihnen zu verstehen, dass er vom „Tempel seines Leibes" sprach. Vom Schreiber des Johannesevangeliums wird das als eine Anspielung auf seinen Tod und seine angebliche Auferstehung nach drei Tagen gedeutet. Darauf geht Aslan jedoch leider nicht ein. Möglicherweise handelt es sich um das Ergebnis einer späteren Überarbeitung. Man beachte dabei auch, dass das Johannes-Evangelium *frühestens* 85 u. Z. entstanden ist, das heißt ungefähr 60 Jahre *nach* diesem Ereignis. Und „85 u. Z." ist eine äußerst konservative Schätzung.

Wie dem auch sei, Aslan vermutet aus gutem Grund, dass die Schriftgelehrten und obersten Tempelpriester den Verdacht hatten, dass Jesus ein Zelot gewesen sein könnte und beschlossen, ihm eine Falle zu stellen, wo wir wieder an dem Zeitpunkt angelangt sind, an dem sie Jesus fragten, ob es erlaubt sei, dem Kaiser Steuern zu zahlen oder nicht. Ein Zelot müsste diese Frage auf jeden Fall abschlägig beantworten. Jesus ließ sich also die Münze geben und fragte, wessen Aufschrift sie trage, worauf sie spontan antworteten: „Des Kaisers." Und dann folgte sein berühmter Ausspruch: „So gebt dem Kaiser, was des Kaisers ist und Gott was Gott gehört." Doch was gehörte dem Kaiser: Diese Münze! Und sonst gar nichts! Aslan schreibt:

„Jesu Worte sprechen für sich: ‚Gebt (*apodidomi*) dem Kaiser, was dem Kaiser gehört … ' Das Verb *apodidomi*, oft einfach als ‚geben' übersetzt, ist eigentlich ein zusammengesetztes Wort: ‚*apo* ist eine Präposition, die in diesem Fall ‚wieder zurück‘ bedeutet; *didomi* ist ein Verb mit der Bedeutung „geben". *Apodomi* wird insbesondere dann verwendet, wenn man jemandem Eigentum zurückzahlt., auf das er ein Anrecht hat; das Wort impliziert, dass die Person, die die Zahlung enthält, der rechtmäßige Eigentümer der Sache ist, für die bezahlt wird. Mit anderen Worten ist der Kaiser nach Jesu Meinung berechtigt, den Denar ‚wieder zurückgegeben‘ zu bekommen, nicht, weil er seinen Tribut verdient hätte, sondern weil es *seine* Münze ist. Sein Name und sein Bild sind darauf geprägt. Gott hat damit nichts zu tun. Wenn man das weiterdenkt, hat Gott ein Anrecht darauf, das ‚wieder zurückgegeben zu bekommen‘, das die Römer sich genommen haben, weil es *Gottes* Land ist. ‚Das Land gehört mir‘, spricht der Herr (3 Mos 25,23). Der Kaiser hat damit nichts zu tun.

Also, gebt dem Kaiser zurück, was dem Kaiser gehört, und gebt Gott zurück, was Gott gehört. Das ist die zelotische Position in ihrer schlichtesten, knappsten Form. Und in den Augen der Machthaber in Jerusalem ist es offenbar genug, um Jesus sofort als *lestes* abzustempeln. Ein Bandit. Ein Zelot. (Aslan 2016, S. 115f, Hervorhebung im Org.)

Kurz danach wird Jesus „nach einem kurzen blutigen Gerangel" (wir erinnern uns daran, dass Jesus seinen Jüngern geboten hatte, sich Schwerter zu kaufen) gewaltsam von römischen Soldaten gefangengenommen, in Jerusalem zum Tode verurteilt und an den Hinrichtungsort Golgatha geschickt, wo er zwischen zwei *lestei* (Räuber) an seinem Kreuz gefestigt wird. Wie alle anderen Verbrecher, die an einem Kreuz hängen, bekommt auch Jesus eine Tafel – einen *titulus*, auf dem sein Verbrechen niedergeschrieben ist. Sein *titulus* lautet: „KÖNIG DER JUDEN". Sein Verbrechen ist das Streben nach der Königsherrschaft und Aufwiegelung. „Und so wird Jesus von Nazaret, wie alle Banditen und Revolutionäre, alle aufrührerischen Zeloten und apokalyptischen Propheten, die vor und nach ihm kamen […] getötet, weil es gewagt hatte, den Titel des Königs und Messias für sich zu beanspruchen."

Ein weiterer Punkt ist dabei noch wichtig: Jesus soll gesagt haben: „Mein Königreich ist nicht von dieser Welt" (Joh. 18:36b; ELB). Aslan stellt 1. fest, dass dies die einzige Stelle in den Evangelien ist, in der Jesus derartiges behauptet und 2. dass diese Übersetzung ungenau ist. Im ursprünglichen griechischen Text lautet sie Aslan zufolge: „*ouk estin ek tou kosmou*", und eine bessere Übersetzung wäre nach Aslan: „nicht Teil dieser Ordnung/dieses Systems [dieser Regierung]. Selbst wenn man die Historizität dieses Zitats anerkenne (und das tun Aslan zufolge die wenigsten Wissenschaftler!) behauptet Jesus ausdrücklich *nicht*, dass das Königreich Gottes *unirdisch* sei, sondern nur *„anders als jedes andere Königreich und jede Regierung auf der Welt."*

Leider unterschlägt Aslan aber auch hier wieder die Fortsetzung des Zitats, in dem es heißt: „[…] wäre mein Reich von dieser Welt, so hätten meine Diener gekämpft, damit ich den Juden nicht ausgeliefert würde; nun ist mein Reich nicht von hier."

Hier fallen aber einige Dinge auf: Jesu Jünger *haben* ja gekämpft, denn wozu hatten sie sich sonst (im Auftrag Jesu!) Schwerter besorgt, was im Widerspruch zu seiner Aussage steht. Dann soll Jesus gesagt haben, dass es darum ging, dass er nicht den *Juden* ausgeliefert würde. Ausgeliefert wurde er aber den Römern. Hier liegt der Verdacht nahe, den Maccoby geäußert hatte, dass die Evangelien, die in einer römerfreundlichen Zeit geschrieben wurden, der Kampf Jesus gegen die römische Besatzungsmacht zensiert und stattdessen eine Feindschaft zwischen Jesus und den Juden erfunden wird, die es freilich nicht gab, denn Jesus war ja selbst ein Jude. Hier sehen wir, wie der Antisemitismus Einzug in die Bibel nimmt, was später dazu führen sollte, dass die Juden von den Christen als „Christusmörder" hingestellt wurden. Einen weiteren Beleg dafür, dass diese Stelle nicht authentisch, sondern, wie man heute sagt, „gefakt" ist, ist die anschließende uns aufgetischte Story von einem Pilatus, der zu den Juden gesagt haben soll: „Ich finde keine Schuld an ihm" (V. 39b) Wie wir bereits gehört haben, war Pilatus ein brutaler Schlächter, der diesen Ausspruch mit an Sicherheit grenzender Wahrscheinlichkeit nie getätigt hatte. Vielmehr hatten die hellenisierten Christen, die dieses Evangelium „überarbeiteten", hier *mit Absicht* versucht, die Schuld am Tod Jesu von den Römern auf die Juden abzuwälzen! Ob das Eingangszitat „Mein Reich ist nicht von dieser Welt" tatsächlich eine historische Grundlage auf der Basis von Aslans Übersetzung hatte, die zu säubern vergessen wurde, kann nicht ausgeschlossen werden, doch es gibt viele Gründe dafür, das zu bezweifeln und davon auszugehen, dass diese ganze (antisemitische!) Passage nachträglich hinzugefügt wurde.

Aslan bestätigt den Fakt, dass Jesus in erster Linie *Jude* war. Was viele Christen vergessen: Er war *kein* Christ! Diese Religion, die sich anmaßt, sich auf Jesus zu berufen, wurde erst nach dessen Tod erfunden! In Matth 15:24b wird Jesus mit den Worten: „Ich bin nur gesandt zu den verlorenen Schafen des Hauses Israel", zitiert.

Mit der Berufung der zwölf Jünger (genau genommen handelt es sich hierbei nur um eine *Elite* aus einer weit größeren Jüngerschaft) handelt es sich Aslan zufolge um eine Anerkenntnis der Unvermeidbarkeit des Krieges, und die Worte Jesu „Wenn jemand mit nachkommen will, verleugne er sich selbst und nehme sein Kreuz auf sich und folge mir nach" (Mk. 8:34; ELB) ist

„kein Ausdruck von Selbstverleugnung, als welcher dieses Zitat oft gedeutet worden ist. Das Kreuz ist die Strafe für Volksverhetzung, kein Symbol der Selbstaufgabe. Jesus warnte die Zwölf, dass ihr Status als Verkörperung der zwölf Stämme Israels aus denen die Nation Israel neu erwachsen und das Joch der Unterdrückung abschütteln sollte, von Rom zurecht als Verrat verstanden und daher unweigerlich zur Kreuzigung führen würde." (Aslan 2016, S. 166)

Ob Jesus nun tatsächlich ein militanter Pharisäer, wie Maccoby meint, oder ein gemäßigter Zelot, wie Aslan sagt, war: Beide Thesen haben eins gemeinsam: Jesus ist schließlich gescheitert und am Kreuz gestorben. Doch ist er das wirklich? Daran gibt es berechtigte Zweifel, wie wir gleich sehen werden...

Der Jesus, der die Kreuzigung überlebte

Es gibt tatsächlich zahlreiche Hinweise dafür, dass Jesus die Kreuzigung überlebte. Die meisten Autoren sind dabei – wie Maccoby und Aslan – der Meinung, dass Jesus schlicht ein Mensch gewesen ist, andere wiederum halten ihn tatsächlich für ein göttliches Wesen. Zu den letztgenannten gehört Soami Divyanand.

Der Yoga-Jesus und die Rettung Jesu durch die Essener

Divyanand ist das Aushängeschild der *Divyanand Spiritual Foundation*, die sich in ihrer Lehre auch aus heiligen Schriften anderer Relgionen bezieht, so auch dem hinduistischen Rigveda. Über das Thema Sohn Gottes zitiert er auf https://dsf-germany.org/ aus Kapitel 6, Hymne 41, den Vers 4, wo es heißt:

„Der Sohn Gottes segnet den Sohn (den Ergebenen) mit soma. Der Vollendete gewährt im Innern den unaufhörlichen göttlichen Klang. Durch die göttlichen Offenbarungen im Innern verbindet er uns mit Gott. Durch alle göttlichen Offenbarungen verleiht er Vollkommenheit."

Über die Sünde sagt er nach dem Jajurveda – einer ebenfalls hinduistischen Heiligen Schrift nach Kapitel 20, Vers 14:

„Der Heilige lässt die göttlichen Offenbarungen strömen und vereint mich mit Gott. Mit diesen göttlichen Offenbarungen tilgt der erleuchtete Heilige (mein) ganzes Sündenregister."

Sein Buch *Jesus überlebte die Kreuzigung* bezeichnet Divyanand als eine „Herausforderung an die zentrale Lehre der christlichen Theologie – die Lehre von Sühnetod Jesu Christi ,zur Vergebung unserer Sünden' und von seiner ,Auferstehung'." Divyanand hält es für „absurd", „die Bedeutung eines Menschen an seinem Tod zu messen, wie es Christen zweitausend Jahr lang mit ihrem Messias getan haben. Jesu Bedeutung liegt in Wahrheit gerade in seinem Leben; er kam als ein übermenschliches, reines Weisen, um seine Jünger auf dem uralten mystischen Pfad zu leiten, der zum ,Reich Gottes' führt – einer transzentralen Wirklichkeit voll Schönheit und Freunde."
Divyanand ist überzeugt davon, dass die Veden (also die beiden genannten und zwei weitere hinduistische Schriften) seine Lehre bestätigen. Divyanands Jesus ist anders als der von Maccoby oder Aslan. Er unterstreicht den Vers 30 aus dem 10. Kapitel des Johannesevangeliums, der besagt: „Ich und der Vater sind eins." (ELB) Divyanands Jesus war ein Allwissender, der Vergangenheit, Gegenwart und Zukunft kannte. Alles was sein Jesus über die Zukunft gesagt hat, ist zwangsläufig richtig, denn er tat es mit Gottes Vollmacht und somit muss es richtig sein. Für diesen Jesus ist nichts unmöglich, wie für Gott nichts unmöglich ist. Divyanand sagt, dass, wenn wir Jesu Worte akzeptieren, anerkennen müssten, dass wir es mit einem „ganz besonderen Menschen" zu tun haben, nicht mit gewöhnlichen wie uns. Weiter bezeichnet er Jeus als „Gottmensch".

Der Jesus Divyanands erhebt im Gegensatz zu dem Maccobys und Aslans keinen Anspruch auf weltliche Macht. Somit war der Begriff „König der Juden" hinsichtlich dieses Jesu eher irreführend. Seine Mission war eine andere: „Er war dazu bestimmt, den Suchern nach dem Pfad der Spiritualität, ein geistiger Führer zu sein, nicht mehr und nicht weniger". Eines hat Divyanand allerdings mit Maccoby und Aslan gemein. Auch er verurteilt die Lehre Pauli und wirft ihm „grobe Willkür" vor, wenn er beispielsweise Psalmverse verdreht, um seine krude Auferstehungsthese zu begründen. Als Beispiel führt er Pauli Verständnis von Psalm 16:8-11 an, in dem es heißt:

„Ich nehme den Ewigen mir stets vor Augen; denn ist er zu meiner Rechten, wanke ich nicht. Darum freut sich mein Herz und frohlockt, mein Geist, auch mein Leib wohnt sicher. Denn du wirst meine Seele nicht überlassen der Unterwelt, wirst nicht zugeben, dass dein Frommer die Grube schaue. Du wirst mir zeigen den Pfad des Lebens; der Freuden Fülle ist vor deinem Antlitze, Süßigkeit in deiner Rechten immerdar." (Zunz-Übersetzung)

Dieser Vers wird König David zugeschrieben, der etwa tausend Jahre vor Jesus lebte, aber Paulus münzt ihn auf Jesus um, um damit seine Auferstehungsthese zu belegen! Vielmehr noch: Paulus behauptet in der Apostelgeschichte im 2. Kapitel noch ausdrücklich, dass König David seine Worte über Jesus gesagt habe!

Divyanand jedenfalls sagt, dass Jesus sich grundsätzlich immer auf die „offenbarte Gotteskraft" berufe, „die von der Seele durch die Gnade des Gottessohnes im Tempel des menschlichen Körpers erfahren wird. Hier hören wir erstmals den Begriff „Gottessohn" aus Divyanands Mund.

Auch Divyanand schreibt, dass Jesus die „heruntergekommene, verweltlichte Art von Religion im Allgemeinen und nicht die jüdische im Besonderen" verurteilt habe.

Das bereits weiter oben zitierte Jesus-Wort aus Matth. 10:38-39 („und wer nicht sein Kreuz aufnimmt und mir nachfolgt, ist meiner nicht würdig. Wer sein Leben findet, wird es verlieren, und wer sein Leben verliert um meinetwillen, wird es finden.") sieht er auf „spirituelle Weise". In diesem Kontext bedeutet „sein Leben verlieren" „sich über das Körperbewusstsein zu erheben und in den spirituellen inneren Bereichen Offenbarungen zu empfangen. Dies ist tatsächlich ein dem Tod ähnlicher Zustand, wenn er auch nicht endgültig ist, da die Seele stets zu ihrem normalen physischen Bewusstsein zurückkehrt".

Divyanand glaubt, dass die Seele immer wieder neu geboren wird, bis dieser Zyklus irgendwann beendet sein wird und sieht auch die Jungfrauengeburt eher spirituell und meint, dass hiermit die „göttliche Kraft" gemeint sei und untermauert dies ausführlich mit Stellen aus dem Rigveda.

Im Hinblick auf die Kreuzigung Jesu orientiert sich Divyanand an einem „Brief eines Esseers in Jerusalem an seine Brüder in Alexandrien." Seiner Meinung nach gibt dieser „Bericht" „in vielen Teilen eine lebendige Beschreibung der Ereignisse um Jesus, die natürlich und überzeugend wirkt und deshalb authentisch sein könnte", wenn es ihm auch nicht darum geht, die Frage der Authentizität dieses Briefes zu erörtern. Als Quelle für diese Geschichte benennt er das Werk „Sarvadeshik Arya Pratinidhi Sabha" der Arya Samaj-Organisation, einer orthodoxen Reformbewegung des Hinduismus. Tatsächlich stimmen Inhalte dieses Dokuments mit biblischen Inhalten überein. Divyanand bezieht sich auf die Frage, ob Jesus selbst ein Esseer (Essēner)/Essener) war und betont den Umstand, dass vieles dafür spricht, dass Jesus entweder selbst ein Mitglied dieses Ordens oder ihm zumindest freundschaftlich verbunden war.

In diesem Brief schreibt der Autor, dass Jesus in Nazareth und nicht in Bethlehem geboren und unter den Schutz des Essener-Ordens gestellt wurde, bei dem Jesu Vater (ja, Joseph wird hier als Jesu' Vater bezeichnet!) und seine Mutter auf ihrer Flucht nach Ägypten Schutz gefunden hatten.

Dem Bericht zufolge wurde Jesus als Jugendlicher zusammen mit Johannes dem Täufer in den Orden aufgenommen und musste in einem Ort namens „Jutta" einen Initiationsritus durchmachen.

In diesem „Augenzeugenbericht" wird das Verhältnis zwischen Jesus und den Pharisäern als „nicht gut" bezeichnet, vielmehr hätten jene Jesus schon deswegen verachtet, weil er aus Galiläa kam und sie grundsätzlich Galiläer verachtet hätten. Weiter planten sie diesem „Augenzeugenbericht" zufolge, Jesus aufgrund seiner Lehren als Galiläa zu verbannen und lockten ihn, nachdem er als Kind im Tempel gesprochen hatte, in eine Synagoge namens Sopherim, indem sie ihm Interesse am Gesetz vortäuschten. So geschah es, dass Jesus von seinen Eltern getrennt wurde. Die Essener hielten, als sie davon erfuhren, es für nicht gut, dass Jesus sich unter dem Einfluss der Pharisäer befand. Als ein Rabbi, der ein „wahrer Freund und Lehrer des Kindes geworden war", eine Reise nach Jericho unternahm und deshalb den „inbrünstigsten Eifer des Kindes nicht länger bremsen konnte, wurde die Gefahr noch größer. So holten die Essener schließlich Jesus nach Jutta zurück. Schließlich erfolgte das oben erwähnte Aufnahmeritual. Der Älteste brachte ein Gebet dar, das „Jesus zum Gottergebenen machte". Nun – erst nach der Ermahnung, dass Joseph einen Eid, den er gegenüber seinen Brüdern gegeben hatte und eine damit verbundene Verpflichtung zu erfüllen hatte – erklärte Joseph Jesus, dass er nicht dessen Vater sei. Weiter soll auf die detailliere Wiedergabe des Initiationsritus an dieser Stelle verzichtet werden. Jesus entschied sich dafür, hinauszugehen in die Welt, um zu lehren. „Jesus fühlte sich vom Geist Gottes berufen und sehnte sich danach, den Menschen die Lehren unseres Ordens zu verkünden", heißt es in diesem „Augenzeugenbericht".

Weiter lesen wir da, dass Jesus willentlich den Tod erlitten hatte, um dadurch die Lehren des Essener-Ordens zu verherrlichen. Die Tugend des Ordens sei am meisten belohnt, „wenn es uns auf die gleiche Weise gewährt wird, uns dafür zu opfern." Gleich im nächsten Satz heißt es aber: „Ihr habt die Berichte der Juden und seiner Jünger über ihn gehört, die in den Bergen und auf der Straße sahen, nachdem sie ihn tot *glaubten*." (Hervorhebung durch RMH).

Nun setzt dieser Autor dazu an, die Empfänger dieses Briefes „davon in Kenntnis zu setzen, was ich und unsere Bruderschaft in Jerusalem gesehen und miterlebt haben; und ihr wisst ja, dass ein Essener nichts über seine Lippen kommen lässt als die reine Wahrheit." (Zitat wie alle Zitate in diesem Buch in die neue Rechtschreibung konvertiert, RMH).

Der Autor dieses Berichts erklärt, dass sie Jesus „insgeheim gerettet und damit seinen göttlichen Auftrag angesichts der ganzen Schöpfung erfüllt" hätten. Danach folgt ein Satz, der aufhorchen lässt: „Tatsächlich mehrt es den Ruhm Gottes nicht, wenn ein Mensch um seines Glauben Willens stirbt, sondern nur, wenn er voller Hingabe und göttlichen Vertrauen das Martyrium um des Glaubens Willen auf sich nimmt."

Als es schließlich zur Kreuzigung kam und die Römer die Kreuze aufstellten, wollten die Soldaten, so wie es nach Meinung des Verfassers üblich war, den Opfern ihre Sympathie dadurch zu erweisen, dass sie ihnen einen zur Bewusstlosigkeit führenden Trank anboten, der aus saurem Wein mit Wermut bestand und „Toska" hieß. Jesus jedoch weigerte sich. Er wollte nicht als Betrunkener für seinen Glauben und die Wahrheit sterben. Da er den Essenern angehörte, kannte er den Trank und konnte ihn so am Geschmack identifizieren.

Die Kreuze waren aufgerichtet, und die Verurteilten, Jesus und zwei Diebe, sollten bestraft werden. Wie üblich, wurden ihnen die Kleider vom Leib gerissen.

Der hohe Rat der Juden, der Sanhedrin, hatte mit Erfolg die Bitte an die Römer gerichtet, Jesus in der Mitte zu kreuzigen. Dies sollte demonstrieren, dass er der größte Verbrecher von den dreien war. Der Schreiber dieses Berichts betont, dass das Kreuz Jesu noch durch ein anderes Merkmal von den beiden anderen unterschieden wurden: Der senkrechte Balken ragte weit über den Querbalken hinaus, während er bei den anderen beiden wie üblich dies nicht tat. Nun ging es zur Sache: Die Soldaten ergriffen Jesus und hoben ihn auf den kurzen Pflock, der an jedem Krenz vorne angebracht war. Auf ihm sollte der Körper ruhen, während er festgebunden war. Die Soldaten banden wie bei Kreuzigungen üblich, Jesu Arme mit dicken Stricken derart fest, dass all sein Blut zum Herzen zurückfloss, wodurch die Atmung erschwert wurde. Auch seine Füße samt Beinen banden sie auf halber Höhe mit dicken Stricken fest, sodass auch das in ihnen fließende Blut zum Herzen zurückströmte. Nun rammten sie ihm dicke Eisennägel durch die Hände, jedoch nicht durch die Füße, denn dies entsprach nicht der gängigen Praxis.

Diesem Bericht zufolge wurden also die Nägel tatsächlich durch die Handflächen und nicht die Gelenke getrieben, wie das zumeist angenommen wird, da die Hände das Körpergewicht kaum tragen können.

Die Mittgasstunde ging vorüber, und Neugierige kamen, darunter auch Priester. Die Menschenmasse verspottete Jesus. Etwas weiter entfernt standen Frauen aus Galiläa, die um Jesu vermeintlichen Tod klagten. Das alles bekam Jesus gar nicht richtig mit – er blickte still zum Himmel. Plötzlich näherten sich Reiter: Der Hohepriester Kajaphas mit seinen Dienern. Auch er wollte es sich nicht entgehen lassen, Jesus zu verspotten. Nun begann zu allem Überfluss auch noch einer der beiden Diebe Jesus zu verspotten. Insgeheim hoffte er, dass Jesus sich und die beiden anderen durch ein Wunder rettete. Doch das geschah nicht.

Der angebliche Augenzeuge berichet weiter, dass die Römer, um die Juden zu verspotten, über Jesu Kopf eine Tafel angebracht hätten, die ihn in gleich vier verschiedenen Sprachen als König der Juden auswies. Die Priester waren äußerst verärgert, fürchteten sie doch Pilatus. Doch ihren Zorn ließen sie an Jesus aus.

Es wurde dunkel, und die Menschen begaben sich langsam zurück nach Jerusalem. Aber einige Personen blieben auf Golgatha: Jesu Jünger, seine Freunde und die Ältesten des Essener-Ordens, die in der Nähe eine Gemeinde unterhielten, in der sie zum Gottesdienst und dem gemeinsamen „Liebesmahl" (Dieser Begriff stammt genau genommen erst aus späterer Zeit) zusammenkamen. Jetzt erkannte Jesus seine Mutter, die unter den Weinenden stand. Jesus schrie auf, zitierte den 22. Psalm, bat seinen Gott, ihn von seinem Leid zu erlösen.

Auch Pharisäer befanden sich noch auf dem Berg. Sie verhöhnten Jesus, hatten dabei aber einen Hintergedanken: Sie hofften, er würde als *weltlicher Erlöser des Volks* vom Kreuz herabsteigen, doch dies geschah nicht, und so wurden sie zornig.

Es wurde immer heißer, und schließlich begann gar die Erde zu beben. Der römische Hauptmann erschrak derart, dass er zu seinen heidnischen Göttern betete. „Jeus ist der Geliebte der Götter" begann er zu glauben. Die meisten Menschen hasteten eilig davon und kehrten schnurstracks nach Jerusalem zurück. Der Hauptmann – ein edler Mensch von barmherzigen Wesen – erlaubte Johannes, Jesu Mutter nah ans Kreuz zu führen.

Jesus hatte großen Durst. Seine Lippen waren bereits trocken und sogar schon aufgeplatzt. Schmerz durchdrang seine Glieder. Ein Soldat hielt einen in Essig getauchten Schwamm auf einen langen Stab mit einem kleinen Busch mit stark riechenden Blättern, wie er beim Reinigungsopfer zum Besprengen verwendet wird (Ysop-Stab), damit Jesus trinken konnte. Als Jesu Kopf schließlich auf seine Brust sank und er ein letztes Mal vor Schmerzen aufschrie und verschied, war ein zischender Laut in der Luft vernehmbar.

Diejenigen Juden, die noch am Tatort verblieben waren, bekamen es mit der Angst zu tun, denn sie glaubten, die bösen Geister, die zwischen Himmel und Erde wohnten, seien erschienen, um die Menschen zu bestrafen. „Es war jener seltsame und ungewöhnliche Laut in der Luft, der einem Erdbeben vorausgeht", schreibt der „Augenzeuge". Erst bebte der Berg, dann die Umgebung und schließlich die Stadt. Die dicken Wände des Tempels gaben nach, und schließlich zerriss sein Vorhang und fiel herunter. Sogar die Felsen barsten, die in Stein gehauenen Gräber wurden mitsamt den darin befindlichen Leichen zerstört. Für die Juden war dies etwas vollkommen Unnatürliches, und der römische Hauptmann glaubte nun sowohl an die Göttlichkeit als auch an die Unschuld Jesu und tröstete dessen Mutter.

Die Essener wussten allerdings, dass es sich nur um ein Naturphänomen handelte, dass gar nichts Übernatürliches vorging, doch sie vermieden es, dies dem Volk mitzuteilen.

Der „Augenzeuge" bringt nun Joseph von Arimathia ins Spiel, einen reichen und vom Volk geachteten Mann, der insgeheim dem Essener-Orden angehörte und sich an deren Gesetze hielt. Im gleichen Atemzug erwähnt der angebliche Augenzeuge Nikodemus, den er als einen Freund des Joseph von Arimathia bezeichnet. Auch er gehörte zum Essener-Orden und war sehr gebildet. Intelligent, wie die beiden waren, fragten sie sich, wie es sein könne, dass Jesus nach noch nicht einmal sieben Stunden am Kreuz tot sein könne. So eilten sie zum Kreuz, um zu sehen, was wirklich Sache war. Sie fanden zunächst Johannes vor. Der war entschlossen, selbst zu erkunden, was aus dem Leichnam Jesu geworden war. Nun untersuchten Joseph und Nikodemus Jesu Leiche, „und Ni[k]odemus, offensichtlich sehr bewegt, zog Jesu beiseite und sagte zu ihm: *So sicher wie mein Wissen von Leben und Natur, so sicher ist es möglich, ihn zu retten.*" Weiter sagte Nikodemus zu Joseph: „*Wir müssen den Körper sofort mit ungebrochenen Knochen haben, denn er könnte noch gerettet werden...*" So überredete er Joseph, zu Pilatus zu gehen und ihm die Erlaubnis abzunötigen, Jesu Körper noch in der gleichen Nacht vom Kreuz nehmen und in das nahe Felsengrab legen zu dürfen, das Joseph gehörte. Der Augenzeuge selbst blieb seinen Aussagen zufolge bei Johannes, um zu verhindern, dass die Soldaten Jesus die Knochen brachen, denn der jüdische Rat hatte Pilatus bereits darum gebeten, den Gekreuzigten die Knochen zu brechen, damit man sie beerdigen konnte.

„Keine Leiche darf über Nacht am Kreuz bleiben, und da der nächste Tag ein Sonntag war, wären sie nun gekommen, um ihn eilends herabzuholen und zu beerdigen", schreibt der Essener in seinem Bericht und meint damit natürlich den Sabbat.

Joseph und Nikodemus waren fort, und ein Bote kam angeritten und übermittelte dem Hauptmann den Befehl, die Leichen abzunehmen und zu begraben. Der Berichterstatter will nun den Hauptmann, der ja bereits zu der Erkenntnis gelangt war, dass Jesus unschuldig ist, davon überzeugt haben, Jesus nicht die Knochen brechen zu lassen. Nun kam ein zweiter Bote, und der überbrachte dem Hauptmann den Befehl, unverzüglich zu Pilatus zu kommen. Der wollte wissen, ob Jesus wirklich tot war und der Hauptmann sagte voller Überzeugung: „Ja, das ist er, und deshalb haben wir ihm die Knochen nicht gebrochen." Um sich zu vergewissern, stach einer der Soldaten seinen Speer derart in den Körper Jesu, dass er über der Hüfte in die Seite eindrang. Der Körper reagierte nicht, zuckte nicht zusammen, und für den Hauptmann war nun endgültig klar: Jesus ist tot. Aus der Wunde, die der Berichterstatter als „unbedeutend" beschreibt, flossen Blut und Wasser. Johannes, der Jesus für tot hielt, wunderte sich, und der Augenzeuge fühlte sich in seiner Hoffnung bestärkt, dass Jesus noch lebte. Die Bruderschaft war im Besitz medizinisches Wissens, und so war selbst Johannes, der mit deren Wissen vertraut war, klar, dass aus der Wunde eines toten Körpers bestenfalls ein paar Tropfen verdickten Bluts austreten können, nicht jedoch Blut und Wasser.

Endlich kam der der sehnlichst erwartete Joseph von Arimathia zurück und dazu noch mit guten Nachrichten: Aufgrund seines guten Ansehens hatte er Pilatus dazu überreden können, den Leichnam behalten zu dürfen. Der Augenzeuge berichtet, dass Pilatus die Hinrichtung insgeheim bereute.

Nikodemus war es, der als erster aussprach, was Joseph schon lange dachte: „Jesus ist nicht tot". Während Joseph bei Pilatus war, hatte sich Nikodemus eilends zu seiner nahegelegenen Gemeinde begeben, von wo er Heilkräuter mitbrachte. Dringend mahnte er Joseph an, Johannes nichts von dem Geheimnis zu sagen, denn der könnte möglicherweise in seiner überschwänglichen Freude die gute Nachricht weitererzählen, und wenn die Menschen davon erführen, dass Jesus noch lebe, würden ihre Feinde sie vermutlich alle töten.

Nun holten sie Jesus vom Kreuz und legten ihn auf den Boden. Nikodemus bestrich lange Byssus (das Sekret aus den Fußdrüsen verschiedener Arten von Muscheln. Dabei bilden die einzelnen Sekrete mehrerer Drüsen im Fuß der Muscheln vor allem phenolische Proteide, die gemeinsam zu Haftfäden vereinigt werden und erhärten) - Streifen mit starken Gewürzen und Heilsalben. Wieder verweist der Berichterstatter auf den Essener-Orden, dem allein diese Anwendung bekannt sei. Nikodemus wickelte unter dem Vorwand, Jesu Körper bis nach dem Fest vor der der Verwesung bewahren zu wollen, die so präparierten Byssus-Streifen um Jesu Körper.

Unser Augenzeuge berichet, dass die angewandten Gewürze und Salben starke Heilkräfte besaßen und die Essener sie häufig bei der Wiederbelebung von Scheintoten anwandten. Weiter „bliesen sie Jesus ihren eigenen Atem ein" (d. h. sie beatmeten ihn! War er möglicherweise kurzzeitig klinisch tot oder wurde dafür gehalten?) und wärmten seine Schläfen.

Nikodemus war vom bevorstehenden Erfolg ihrer Mission überzeugt und strich zusätzlich Balsam in die von den Nägeln durchbohrten Hände, doch die Seitenwunde schloss er nicht, denn er war der Meinung, dass der Fluss von Blut und Wasser aus der Wunde hilfreich für die Atmung und Wiederbelebung sei.

Nach angeschlossener Behandlung legten Joseph und Nikodemus den Körper Jesu in Josephs Felsengrab und beräucherten die Grabhöhle mit Aloe und anderen „stärkenden Kräutern". Der Körper lag noch immer steif und leblos auf dem Boden, und die Handelnden rollten einen Stein vor den Eingang, damit die Dämpfe in der verschlossenen Höhle besser wirken konnten.

Gegen Morgen ging ein Mann aus dem Orden in seinem typisch weißen Gewand zum Grab, und die Diener des Hohepriesters, die hier misstrauisch Wache hielten, bekamen es mit der Angst zu tun, denn sie glauben, er wäre ein Engel. Dieser Ordensbruder rollte jetzt den Stein vom Eingang weg, und die erschreckten Soldaten ergriffen die Flucht und verbreiteten das Gerücht, ein Engel habe sie vertrieben.

Der junge Ordensbruder nahm auf einem Stein Platz, die Erde begann schon wieder zu beben, und ein in die Höhle blasender Luftzug löschte das Licht darin aus. Jetzt konnte das Morgenlicht eindringen. Dreißig Stunden waren seit dem vermeintlichen Tod Jesu vergangen, als der Ordensbruder ein leises Geräusch in der Höhle vernahm. So ging er hinein und bemerkte einen merkwürdigen Geruch in der Luft, „wie er zu bemerken ist, bevor die Erde Feuer ausspeit". Erstmals bewegte sich der Körper Jeus wieder – genauer gesagt: seine Lippen. Und er atmete! Jesus lebte! Als der Essener näherkam, konnte er leise Töne aus Jesu Brust hören. Das Gesicht wurde lebendiger, die Augen öffneten sich, und Jesus sah erstaunt den Ordensbruder.

Nun kamen 24 Essener, der Augenzeuge eingeschlossen, hinzu, und Nikodemus gab Jesus Wein zu trinken und etwas in Honig getränktes Brot zu Essen. Der konnte sich jetzt aufrichten. Nachdem die Byssus-Wickel und das Schweißtuch vom Kopf abgenommen waren, begaben sich die 25 Personen schnell von der Grabhöhle weg, denn wie Joseph meinte, könnten ihre Feinde ihr Geheimnis schnell entdecken und sie verraten. Jesus musste dabei transportiert werden, denn zum Laufen war er noch zu schwach. Die Menge bewegte sich zu einem nahegelegenen Haus des Essener-Ordens. Jesus war dem Berichterstatter zufolge sehr bewegt und betrachtete das Ganze – im Gegensatz zu den anderen Essenern – als Wunder. Er sprach: „Gott hat mich wieder aufstehen lassen, damit er an mir beweisen kann, was ich gelehrt habe, und ich will meinen Jüngern zeigen, dass ich wirklich lebe."

In der Folge entdeckte eine Frau, dass der Stein vom Grab weggerollt war, und wunderte sich nicht nur, sondern wurde von großer Furcht überfallen, weil sie dachte, dem Leichnam sei etwas zugestoßen. Nachdem sie nach Bethlehem geeilt war, kamen andere Frauen zur Grabstätte und sahen den weißgekleideten der Essener-Wächter und einen anderen Ordensbruder, und auch sie glaubten, Engel gesehen zu haben. Die Essener sagten zu ihnen: „Jesus hat sich erhoben. Sucht hier nicht länger nach ihm. Sagt seinen Jüngern, dass sie ihn in Galiläa finden werden." Der andere ergänzte, dass sie die Jünger versammeln und nach Galiläa führen sollten.

Dieser Plan war wieder einmal auf dem Mist des intelligenten und hochgebildeten Joseph von Arimathia gewachsen, denn der wollte aus Sicherheitsgründen nicht, dass sie in Jerusalem nach ihm suchten. So verließen die Ordensbrüder die Höhle durch einen Hinterausgang, von wo aus sie sehen konnten, wie die Frauen sich beeilten, auf die Straße nach Bethanien zu kommen. Jetzt lief der junge Wächter ins erwähnte Essener-Haus und erzählte den anderen, was sich ereignet hatte.

Die Essener legten Jesus mit Nachdruck nahe, sich versteckt zu halten, um wieder Kraft zu schöpfen, doch der wollte unbedingt seinen Freunden zeigen, dass er noch lebte. So legte er ein Gewand an, das die Essener trugen, wenn sie arbeiteten und sah darin wie ein Gärtner aus.

In der Folge näherte sich Maria, „die Jesus geliebt hatte und die er im Gehorsam gegenüber den Regeln unserer heiligen Bruderschaft hatte verlassen müssen", dem Grab, und auch sie hielt die dort anwesenden Essener für Engel. Einer der beiden fragte sie, warum sie denn weinte (sie weinte, weil Jesus nicht mehr dort lag, wo man ihn vor dem Sabbat hingelegt hatte), und jetzt stand der wie ein Gärtner gekleidete Jesus hinter ihr. Die Frau hielt ihn für einen Gärtner. Jesus rief aus: „Oh Maria!", und sie erkannte ihn und wollte ihm umarmen, doch Jesus ließ das nicht zu, denn er hatte Angst, ihre Umarmung könne seine Wunden aufbrechen und sagte dementsprechend: „Berühre mich nicht. Obwohl ich noch lebe, werde ich doch bald zu meinem Vater im Himmel gehen, denn mein Körper ist schwach geworden und wird bald vergehen, damit mein Tod sich erfülle."

Jetzt hörte Jesus Schritte und eilte zurück, um sich in der Nähe des Gartens seiner Freunde hinter der Gartenmauer zu verstecken.

Nun kam Johannes aus der Stadt zum Grab und entdeckte, dass es leer war. Auch Petrus kam, und die beiden Jünger suchten die Höhle ab. Schließlich fanden sie Jesu Schweißtuch. Jesus, der sich mühsam, kaum stehend könnend, an der Mauer entlangtastete, hörte das Gespräch zwischen einigen Frauen mit, die außerhalb der Mauer standen. Er trat hervor, und die Frauen glaubten, einen Geist zu sehen. Doch Jesus gab sich zu erkennen. Eine der Frauen erinnerte sich an die Worte eines der jungen Essener, der ihnen am Grab gesagt hatte, sie würde Jesus in Galiläa wiedersehen und sprachen ihn darauf an. Jesus war verwundert, weil er nicht wusste, dass die Ordensbrüder den jungen Mann angewiesen hatten, Galiläa zu erwähnen. So überlegte er einen Moment lang und sagte dann: „Ja, unterrichte meine Freunde und sage ihnen, dass ich nach Galiläa gehe und dass ihr mich dort sehen werdet."

Nach dem Gespräch führten die Essener Jesus wieder in ihr Haus zurück, damit er sich endlich ausruhen und erholen konnte. Nikodemus führte einen Verbandswechsel durch, gab Jesus einen medizinischen Trank und ermahnte ihn, Ruhe zu halten. „Jesus fürchtete nicht den Tod, sondern war heiter im Geist. Dennoch war sein Körper aufgezehrt, und er fiel in einen tiefen Schlaf", berichet der Augenzeuge weiter. Nikodemus und die Ordensbrüder schickten nun einige Brüder in die Stadt, um etwas über die Gerüchte zu erfahren, die sich nun zwangsläufig im Volk über Jesus verbreiten würden.

Als Jesus sich stärker fühlte, beschloss er, unter sein Volk zu gehen und seine Mutter zu umarmen, doch Joseph gab ihm zu verstehen, dass die Bruderschaft jetzt Vater und Mutter für ihn sei und für ihn und seine Sicherheit zu sorgen habe. Nach einigem Hin und Her begab sich Jesus gegen den Willen Nikodemi, der hier als „Arzt" bezeichnet wird, in die Stadt, und zwar auf seinen ausdrücklichen Wunsch hin allein. Da die Ordensbrüder ihm dringend nahelegten, nur bei Essener-Brüdern einzukehren und wegen des Festes (Damit dürfte Pessach gemeint sein) nicht auf der Hauptstraße zu reisen, zog Jesus über Bethanien und durch das Bergland von Ephraim, wo Samaria im Norden an Obergaliläa grenzt.

Die Brüder schickten Jesus aber heimlich einen Boten (um nicht zu sagen: Spitzel!) hinterher. Jesus reiste nun auf der Straße nach Emmaus und erfreute sich so an seinem neuen Leben, dass er mit lauter Stimme redete und der Bote mithören konnte, wie Jesus von den Prophezeiungen des Daniel sprach. Auf dieser Straße begegnete Jesus zwei Männern, von denen er erst glaubte, sie seien Essener, stellte aber schon bald fest, dass es sich um zwei seiner Freunde aus dem Volk handelte, die über seinen mutmaßlichen Tod und von der tiefen Verzweiflung seiner Jünger sprachen. Sie sprachen so, als ob Jesu Lehre nun verlorenzugehen drohte, weil seine Freunde, verzweifelt wie sie waren und ohne die einende Anwesenheit ihres Lehrers, sich vermutlich zerstreuen würden. Einer der beiden sagte gar, dass die Prophezeiung sich *nicht* erfüllt habe, dass Jesus eben *nicht* von den Toten auferstanden sei. Jesus begann nun, mit den beiden zu reden, und die beiden Jünger interessierten sich sehr für seine Worte und glaubten, ein Déjà-vu zu erleben.

Die drei hielten bei einem Haus an, und hielten dort ein „Liebesmahl" ab. Die beiden Jünger erkannten Jesus, doch das schien ihm gar nicht so Recht zu sein, und so entfernte er sich heimlich durch die Tür und ging zum Haus der Essener Freunde, das ihm als Einkehrstätte empfohlen worden war. Die beiden Jünger liefen schnurstracks nach Jerusalem zurück und überbrachten dort die Botschaft vom Auferstandenen und trafen dabei auch auf Petrus und Johannes. Gleichzeitig traf Jesus im Gespräch mit den Essenern die Entscheidung, unverzüglich nach Jerusalem zurückzukehren, um der Hoffnung seiner Freunde Nahrung zu geben.

Nun ritt er auf einem Lasttier (der „Augenzeuge" dürfte einen Esel gemeint haben) unter Begleitung des Botens zu jenem Haus in Jerusalem, in dem seine Jünger sich gewöhnlich versammelten. Jesus führte mit der Hand ein geheimes Zeichen aus, und so fand er Einlass.

Die Jünger waren gerade dabei, über seine Auferstehung zu sprechen, wogen das Für und Wider gegeneinander ab, und plötzlich stand Jesus unter ihnen. Sie wussten nicht, dass ihm die Tür geöffnet worden war. Jesus sprach mit ihnen, tröstete sie und bewies, dass er wirklich aus Fleisch und Blut bestand. Die Jünger scharten sich um ihn, waren voller Freude, berührten seine Hände und Jesus lehnte sich an die Brust des Johannes, denn er war sehr müde von der Reise.

So ruhte Jesus eine Weile, forderte anschließend etwas zu Essen und aß jenes Brot, jenen Honig und jenen Fisch, den die bereits gesättigten Jünger übriggelassen hatten. Nun ermahnte er seine Anhänger, sein Werk zu vollenden. Sie sollten nicht verzagen, sondern guten Mutes sein. Er segnete sie, sagte ihnen, wohl geheimnisvoll klingend, dass er ihnen nicht verraten könne, wohin er gehen werde, betonte aber, dass er allein gehen, aber zu ihnen zurückkehren würde, wenn sie es nur wollten, denn er habe ihnen noch viel zu sagen.

Jesus begab sich vor die Tür, wo der Essener-Novize mit dem Lasttier wartete und wies diesen an, ihn zur abgelegenen Wohnung eines Esseners zu bringen, und ein weiterer junger Essener war dazugekommen, um in Jerusalem Auskunft von ihm zu bekommen. So trugen die beiden Jesus zwischen sich, denn er war von den Anstrengungen der Reise immer noch schwach und ermüdet.

Unter großem Kraftaufwand gelang es den beiden, Jesus zum Haus des Ältesten der Essener-Bruderschaft zu transportieren, das grob einen Kilometer entfernt in der Nähe des Ölbergs gelegen war. Die Agierenden legten Jesus auf ein weiches Moosbett, und bald schlief dieser tief und fest. Nun liefen junge Essener zu Joseph von Arimathia und Nikodemus, um sie über die Ereignisse zu informieren.

Der Rat kam überein, dass Jesus die Gegend sofort verlassen müsse, da die Priester seine Jünger in einer Falle locken wollten. Er sollte sich in das stille Tal begeben, das in der Nähe von Masada liegt. Jesus hatte bereits früher zusammen mit einem Arzt namens Johannes dort gelebt, mit dem zusammen er seinerzeit in den Essener-Orden aufgenommen worden war. Dort leben viele Essener, und der Ort wird als sicher angesehen. Nicht allzu begeistert ließ sich Jesus überzeugen, forderte aber von den Brüdern, seinen Jüngern Mut zu geben. „Helft ihnen, und beschützt sie und sagt ihnen, dass sie keine Zweifel hegen sollen, denn ich bin immer noch sowohl im Körper als auch im Geist bei ihnen." Weiter sagte er: „Wenn meine Jünger nicht überzeugt sind, dass ich wirklich lebe, und wenn ich nicht zu ihnen gehe, werden sie mich für eine Erscheinung und eine Täuschung ihrer Fantasie halten" und Joseph antwortete: „Lasst uns Johannes in die höheren Grade unseres Ordens erheben, damit er von deinem Überleben überzeugt ist und deinen Anweisungen gemäß die anderen Jünger über dich unterrichten kann", doch die Ältesten waren zu diesem Schritt nicht bereit, da Johannes sich noch im untersten Grad befand.

Währenddessen kam ein Novize des Ordens aus der Stadt zurück, der berichtete, dass Johannes mit seinen Freunden nach Bethanien gelaufen war, wo er die Frauen in Lazarus' Haus getröstet und die Nachricht überbracht habe, dass Jesus noch lebte und an der Brust des Johannes gelehnt hatte. Der hatte sich zwar darüber gewundert, dass Jesus ihm nicht aufgetragen hatte, nach Galiläa zu gehen, ging daher davon aus, dass dies nicht in Jesu Absicht lag und die Jünger die Ereignisse einfach abwarten sollten.

In der darauffolgenden Nacht gingen Joseph, Nikodemus, der „Augenzeuge" und die Ältesten des Ordens auf einem geheimen Pfad über das Tal von Rephaim nach Masada. Über einen geheimen Weg, der nur den Essener-Brüdern bekannt war, kamen sie bei weiteren Essenern an, wo der Älteste für Jesus sorgte. Joseph und die anderen verabschiedeten sich, nicht ohne sich von Jesus versichern zu lassen, dass er dortbleiben würde, bis der Vater ihn abrief, um seine Mission zu vollenden.

Jesus aber wurde von wehmütigen Gedanken geplagt. In diesem Tal, in der er sich nun befand, war er zusammen mit dem eben erwähnten Johannes – bekannt als Johannes der Täufer – oft spazieren gegangen. Johannes war von seinen Feinden erschlagen worden, doch Jesus selbst von Gott errettet worden. Dies war für ihn ein Zeichen dafür, dass er sich *eben nicht* ausruhen sollte. Vielmehr gelangte er zu der Ansicht, dass sein Körper zu einem bestimmten Zweck wiederhergestellt worden sein müsse.

Die Essener-Brüder von der *Jerusalemer Bruderschaft* hatten mittlerweile in Erfahrung gebracht, dass nicht alle Jünger von der Wiederbelebung Jesu überzeugt waren. Der „ungläubige Thomas" war dem Verfasser des Augenzeugenberichts zufolge ein tiefer Denker, der seine Schulung von den Essener-Brüdern erhalten haten. Deshalb besaß er ein tiefes Wissen von den geheimen Kräften und Vorgängen in der Natur. Er war überzeugt davon, dass alle Ereignisse mit den Naturgesetzen erklärbar waren. An Wunder glaubte er nicht, und abergläubisch war er als Essener schon gar nicht. Jesus vertraute ihm vollkommen und enthüllte ihm seinen Auftrag, und Thomas glaubte ihm. Ihm war bewusst, dass die Mission seines Meisters oberste Priorität besaß. Jesus hatte deswegen Thoms ausgewählt, weil der eine klare Sicht und einen klaren Verstand besaß, während Erregung und Leidenschaft nicht zu seinen Charaktereigenschaften zählten. Bevor er etwas tat, prüfte er mit Geduld und Ausdauer; erst dann entschied er. Thomas war bei den Jüngern, als sie sich an ihrem geheimen Versammlungsort trafen und hatte einen Disput mit ihnen, weil er nicht glauben konnte, dass ein Mensch wieder aus seinem Grab auferstehen könne. Johannes aber hatte ihn doch gesehen und sogar an seiner Brust gefühlt! Trotzdem war Thomas nicht zu überzeugen, wenn er auch an die Prophezeiungen der Propheten glaubte und davon überzeugt war, dass sie schließlich eintreten würden.

Die Uneinigkeit unter den Jüngern bedrückte Jesus, und so ging er schließlich in Begleitung von Essener-Brüdern am achten Tag zu den Jüngern, wo Jesus ihn höchstpersönlich überzeugte, indem er Thomas seine Hände und seine Seitenwunde anfassen ließ.

Nun ermahnte Jesus seine Jünger, um seines eigenen Lebens Willen daran zu denken, dass sie nicht in Sicherheit waren. Er hielt sie dazu an, Vertrauen zu haben und untereinander einig zu sein. Doch wann sie ihn in Galiläa finden würden, konnte er ihnen noch nicht sagen. Das war noch nicht entschieden. Zusammen mit Johannes verließ Jesus am Abend die Zusammenkunft. Vor dem Haus fanden die beiden einen jungen Essener vor, der jetzt Jesu dienen wollte, und der überbrachte ihm die Nachricht, dass Jesus in Bethanien sei. Jetzt überquerte er zusammen mit Johannes den Fluss Kidron.

Jesus schickte nun Johannes zum Haus des Lazarus in Bethanien vor, kam anschließend nach und traf dort seine Freunde und seine Mutter an. Er klärte sie darüber auf, dass er nicht immer bei ihnen bleiben könne und sogar unmittelbar gehen müsse, da es Nacht wurde. Jetzt ginge er nach Galiläa, um seine Jünger zu unterstützen, kündigte er an.

Der Hohepriester Kajaphas hatte mittlerweile mitbekommen, dass Jesus in Jerusalem gesehen worden war und verbreitete das Gerücht, die Jünger hätten Jesu Leiche gestohlen und eine fantastische Geschichte erfunden. Im Volk gab es viele, die glaubten, dass Gott Jesus wiederbelebt hatte, beklagten sich über das Unrecht, das ihm angetan wurde und begannen, an seine Lehre zu glauben. Das missfiel Kajaphas, denn er befürchtete einen Volksaufstand, angezettelt von den Galiläern, die die Regierung stürzen wollten, um einen neuen Herrscher einzusetzen. So war er ebenso misstrauisch wie vorsichtig.

Es war der Abend noch des gleichen Tages, als Nikodemus zur Essener-Bruderschaft kam und schlechte Nachrichten mitbrachte: Joseph von Arimathia waren kriminelle Absichten unterstellt und er festgenommen worden. Seine heimliche Beziehung zu Jesus wurde entlarvt. Die Ordensbrüder bekamen es mit der Angst zu tun. War Jesus selbst etwa auch festgenommen worden? Denn keiner von ihnen hatte ihn seit seiner Begegnung mit Thomas gesehen.

Nun galt es zwei Dinge zu tun: 1. Jesus zu suchen und 2. Joseph zu befreien. Zwei Ordensbrüder wurden nach Bethanien geschickt, um Jesus zu suchen, denn schließlich hatte dieser dem jungen Essener ja gesagt, dass er dorthin gehen würde.

Es wurde Abend, die Ordensbrüder kamen in Bethanien an und wurden von Lazarus in dessen Haus geführt, wo sie Jesus auffanden und mit ihm sprachen. Die Mönche berichteten Jesus von der Festnahme des Johannes und der Gefahr, in der er sich selbst befand. Jesus schickte nun Johannes nach Jerusalem, um seine Jünger, die sich dort befanden, vor der bevorstehenden Gefahr zu warnen.

Während die Essener berieten, wie sie Joseph befreien konnten, kamen die Jünger überein, wieder ihren alten Beschäftigungen nachzugehen, und Petrus, entschlossen wie früher, seine Fischernetze auszuwerfen, schlug den anderen Jüngern vor, am Abend mit ihm aufs Meer zu fahren.

Jesus kehrte mittlerweile bei den im Tal wohnenden Essenern ein und erfuhr dort, dass Joseph aus dem Gefängnis freigekommen und auf dem Weg zu ihm war. Als Begegnungsort zwischen sich und seinen Jüngern wählte er auf Anraten der Essener-Brüder das einsame Tal am Fuße des Berges Karmel aus, wo viele Essener wohnten.

Es wurde früher Morgen, und Jesus erreichte die Küste des Sees von Galiläa. Dort fand er die Fischerhütte vor, die sich Petrus gebaut hatte und erblickte Petrus und Johannes beim Fischen. Einmal mehr stärkte Jesus sich und nahm das Liebesmahl mit ihnen ein und erfuhr, dass alle seine Jünger sich geeinigt hatten, in Bethsaida zusammenzukommen. Dort wollten sie beraten, was zu tun sei; doch Jeus berief sie – wie mit den Essenern besprochen – zum Berg Karmel.

Die Jünger kamen mit zahlreichen Jesus-Fans im Gefolge dorthin, wenn auch die meisten nur aus Sensationslust. Einige hofften, dass Jesus Wunder bewirken oder sonstige Zauberstückchen aufführen würde, während andere auf das Erscheinen des neuen messianischen Königreichs und die sehnlichst erwartete Befreiung von der römischen Besatzung hofften.

Die Regeln des Essener-Ordens jedoch ließen nicht zu, dass Jesus sich in weltliche Machtangelegenheiten einmischte.

Es wurde früher Morgen, und Jesus stieg vom Gipfel des Berges herunter und wurde dem angeblichen Augenzeugen zufolge als übernatürliche Erscheinung wahrgenommen, da er dieses weiße Essener-Gewand trug, und so warfen sie sich mit dem Gesicht nach unten zu Boden. Viele hatten auch wieder Angst und hielten einen Sicherheitsabstand ein. Jesus sprach, wie der „Augenzeuge" berichtet, dass er nicht gekommen sei, um eine Gemeinschaft zu gründen (sic!), sondern um „durch Weisheit und Tugend das Reich Gottes auf Erden zu errichten." Er führte die Taufe ein und „enthüllte seinen Jüngern das Wissen, das er von den Ältesten empfangen hatte, wie man die Kranken heilt, die Eigenschaften von Mineralien und Kräutern für Arzneien nutzt, die wilden Tiere zähmt, der zerstörerischen Kraft von Gift entgegenwirkt, und viele andere Dinge." Jesus lehrte noch viele Tage lang im Tal.

Mittlerweile hatte der Älteste die Ordensbrüder der Jerusalemer Essener-Bruderschaft mitgeteilt, dass die geheimen Kundschafter der Priester und der Hohe Rat von der Aufregung in Galiläa erfahren und sich zahlreiche Menschen auf den Weg ins Tal Karmel aufgemacht hatten. Abermals warnten die Essener-Brüder Jesus von der Gefahr. Sie hatten auf geheimem Weg erfahren, dass Kajaphas vorhatte, Jesus insgeheim zu verhaften und zu töten, denn er hielt ihn für einen Betrüger. Jesus seinerseits schickte seine Zuhörer fort und forderte sie für den Fall, dass sie ihn noch einmal sprechen wollten, auf, an Jesu Taufplatz Bethabara zu gehen. Dort wollte er auf sie warten.

Jetzt war Jesus einmal mehr erschöpft, brauchte Ruhe und nahm mit Joseph von Arimathia, Nikodemus und den Essener-Ältesten das Liebesmahl ein. Nun begann er viel über seinen Tod zu sprechen und sagte: „Missversteht mich nicht, wenn ich nicht in allen Dingen nach den Regeln unserer Bruderschaft gelebt habe. Denn, wenn ich im Verborgenen gewirkt hätte, wie ihr es getan habt, würde das Volk heute nicht die Wahrheit kennen. Auch in der Öffentlichkeit können die Weisen ihre Weisheit, die erwählte Tugend, leben." Er legte den Anwesenden nahe, zukünftig nicht mehr im Geheimen, sondern in der Öffentlichkeit zu lehren.

Joseph hatte offensichtlich Bedenken, denn er sprach:

„Weißt Du, dass die Leute, die deine Lehren überhaupt nicht verstehen, daran denken, dich als einen weltlichen König zu proklamieren, der die Römer besiegen soll? Aber Du darfst das Reich Gottes nicht durch Krieg und Revolution erschüttern. Deshalb erwähle die Einsamkeit. Lebe bei den Esse[n]er Freunden in Sicherheit, während deine Jünger deine Lehren verkünden."

Jetzt hatten die Ältesten aber etwas zu meckern, denn sie wandten ein, dass es beim Volk zu einer großen Beunruhigung führen würde, „wenn Jesus auf diese Weise wie die Abendsonne einfach verschwinden würde, ohne je wieder zu erscheinen."

Jesus aber stellte sich dem „Augenzeugen" zufolge auf die Seite des Johannes und beschloss, sich tatsächlich in die Einsamkeit zurückzuziehen, zumal er – wie an dieser Stelle zum gefühlt hundertsten Mal erwähnt wird – sehr geschwächt war. Er ging also mit Joseph von Arimathia und Nikodemus nach Bethanien, wo Jesus seine Mutter und auch die anderen Freunde von Lazarus damit tröstete, dass er „nach seiner Lehre stets bei ihnen wäre und sie nie verlassen würde." Doch bald wurde bekannt, dass Jesus sich in der Nähe von Jerusalem aufhielt, und viele trafen sich dort im Geheimen mit Jesus. Die Leute warteten nun tatsächlich darauf, dass Jesus eine Revolution anzetteln und die Römer aus dem Land werfen würde, doch Jesus erklärte ihnen, dass derartiges nicht geschehen würde. Diese Erwartung der Leute bestärkte ihn in seinem Entschluss, sich in die Einsamkeit zurückzuziehen, denn wenn er das nicht täte, würden die Leute niemals aufhören, zu glauben, dass sein Reich nicht von dieser Welt sei und infolgedessen würden sie nicht an seine Worte und Lehren glauben.

Als Jesus an diesem Tag zusammen mit Petrus und Johannes erschöpft und schwach mit seinen vertrauten Jüngern nach Jerusalem ging, rief er in einem einsamen Haus die Essener-Brüder zu sich, um ihnen zu erklären, dass „seine Zeit bald gekommen sei, Ruhe zu finden und wies sie an, am Ölberg auf ihn zu warten und ihn dort zu seinem Zufluchtsort zu begleiten. Danach versammelte er seine Jünger und ging aus der Stadt zum Tor hinaus, das zum Tal von Josaphat führt."

Er bewegte sich nach Kidron, hielt ein Weile inne und weinte um Jerusalem; dann führte er die Jünger an seinen Lieblingsplatz: „Die Stelle nahe dem Ölberggipfel, von dem aus man nach Palästina blicken kann, denn Jesus sehnte sich danach, noch einmal auf das Land zu schauen, in dem er gelebt und gewirkt hatte."

Während Jesus für die Freunde betete und die Arme hob, um sie zu segnen, verschwand er im Nebel, während die Jünger niederknieten und das Gesicht dem Boden zuwandten. Die Jünger erhoben sich, und Jesus war verschwunden. Da standen nur zwei von den Essener-Brüdern in dem vielgenannten weißen Gewand, die der Gefolgschaft erklärten, nicht auf Jesus warten zu sollen, da er „fort" sei.

Die Jünger sahen sich nun auf sich selbst gestellt, „blieben in Treue zusammen" und gingen täglich zum Tempel und den Orten, an denen er sie gelehrt hatte. Die Feinde wagten es nicht, sie zu belästigen. Dieser „Augenzeugenbericht" endet mit den Worten:

„In der Stadt aber erhob sich das Gerücht, Jesus sei in einer Wolke emporgeschwebt und in den Himmel eingegangen. Dies war die Erfindung von Menschen, die nicht dabei gewesen waren, als Jesus ging. Die Jünger widersprachen diesem Gerücht nicht, da es ihrer Lehre Nachdruck verlieh und die Menschen beeinflusste, die ein Wunder wollten, um an ihn zu glauben…"

Da wurde also ein wenig getrickst, um der eigenen Lehre mehr Glaubwürdigkeit zu verleihen, eine Praxis die auch Paulus anzuwenden wusste, wie wir bereits gehört haben, also mit der Wahrheit nahm man es da dann doch nicht so ganz genau…

Wohin Jesus tatsächlich ging, geht aus diesem Bericht nicht hervor – in die Einsamkeit halt…

Bei diesem Bericht handelt es sich wohl eher nicht um eine authentische Schilderung des Geschehens, sondern vielmehr um den Versuch, die Berichte der Bibel zu entmystifizieren und trotzdem den Wortlaut der Bibel soweit wie möglich aufrecht zu erhalten. Dies ist insgesamt mehr oder weniger gelungen, doch es bleiben Fragen offen. Kann man z. B. übernatürliche Erscheinungen tatsächlich durch ein weißes Hemd erklären?

Grundsätzlich haben wir es hier mit einem ganz anderen Jesus zu tun als mit den beiden anderen geschilderten. Die ersten beiden waren jüdische Patrioten, die ihr

Vaterland von der Besatzung der Römer befreien wollten, der eine mit etwas weniger, der andere mit etwas mehr Gewalt. Und er kämpfte für Gott. Somit war er ein Israeli im wahrsten Sinne des Wortes, denn „Israel" heißt Gotteskämpfer.

Beim dritten Jesus handelt es sich eigentlich um zwei verschiedene, denn während Divyanand ein göttliches Wesen beschreibt, ja einen von vielen „Söhnen Gottes", stellt der von ihm angeführte „Augenzeuge" Jesus als einen nicht Gott, sondern dem Essener-Orden unterwürfigen Menschen vor, der im Rahmen der Vorschriften dieses Ordens lehrte. Und da war Rebellion eben verboten. Dieser Jesus scheint manchmal etwas vom Pfad des Ordens abgewichen zu sein, doch so einigermaßen wurde er dann doch immer wieder zurechtgebogen, abgesehen von dem Predigen in der Öffentlichkeit.

Eines aber hat dieser Jesus mit den anderen vorgestellten gemeinsam: Er war *kein* Christ. Er hatte nichts mit dieser Religion zu tun! Alle diese „Jesusse" waren Vollblut-Juden!

Was aber an diesem Augenzeugenbericht beeindruckt, ist, dass die Schilderungen um den Scheintod und die Wiederbelebung Jesu ausgezeichnet zu den biblischen Aussagen passen, die im geläufigen Kontext weitaus schwieriger zu erklären sind. Und wir werden gleich noch sehen, dass es für die These, dass Jesus die Kreuzigung überlebte, weitere stichhaltige Hinweise gibt.

Rettung durch den Lanzenstich

Der Autor Historiker Johannes Fried führt in seinem Buch *Kein Tod auf Golgatha* zahlreiche Argumente dafür auf, warum Jesus die Kreuzigung überlebt haben *muss*; die interessanteste ist aber sicher die medizinische Sicht.

Der Historiker spricht das Wasser und Blut an, das nach dem Lanzenstich aus Jesu Wunde rann. Dies lässt ihn an innere Verletzungen durch Rippenbrüche denken, wie sie bei Unfällen, aber auch Folteropfern entstehen und das Gemisch aus Wasser und Blut, das dabei entsteht. Dieses Gemisch sammelt sich im sogenannten Pleuraspalt, der die Lunge umgibt. Dadurch kann sich die Lunge soweit zusammenpressen, dass das Kohlendioxid nicht mehr ausgeatmet werden kann. So muss das Serum abgelassen werden, damit der Erstickungstod abgewendet werden kann. Bevor der Patient erstickt, fällt er in Ohnmacht, die bis zu einem Zustand ähnlich der tiefen Vollnarkose führt. Im unversehrten Pleuraspalt besteht ein Unterdruck, durch den die Lunge arbeitsfähig bleibt. Entstünde dieser Unterdruck nicht, würde der betroffene Lungenflügel kollabieren. Eine andere Ausweichmöglichkeit als den Pleuraspalt gibt es für das Blut-Wasser-Gemisch nicht. Der zweite Lungenflügel kann – vorausgesetzt er ist nicht selbst mitbetroffen – allmählich eine flache, gerade noch lebenserhaltende Atmung zulassen.

Heute pumpt man im Notfall mit technischen Mitteln Sauerstoff in den Lunge, schiebt dem Patienten einen Tubus, der an ein Sauerstoffgerät angeschlossen ist, in den Mund so dass der Patient künstlich beatmet wird. Um den Patienten aber endgültig zu retten, muss der Pleuraspalt punktiert, sprich angestochen, werden, damit die Blut-Wasser-Mischung, die durchaus ein Volumen von mehreren Litern erreichen kann, abzufließen in der Lage ist.

Der Historiker weiß zu berichten, dass Verletzungen des Brustraums und erste Heilversuche seit den frühesten Überlieferungen zu Zweikämpfen belegt sind und auch den Ärzten in der Zeit Jesu bekannt waren. Allerdings wurde, wie Fried anmerkt, Jesus *nicht* ärztlich behandelt.

Fried weist daraufhin, dass das Johannesevangelium den detailreichsten Bericht zum Tod Jesu am Kreuz bietet und bezeichnet ihn auch als den bemerkenswerten. Demnach wurde Jesus Pilatus vorgeführt, wonach er gegeißelt und ausgepeitscht wurde. Danach wurde ihm die berüchtigte Dornenkrone aufgesetzt, und er wurde ausgespottet (Joh. 19:1-3). Danach wurde Jesus gezwungen, das Kreuzesholz zur Hinrichtungsstätte Golgatha (zu Deutsch: Schädelstätte) zu schleppen, wo er dann an ebendiesem Holz gekreuzigt wurde. Unter dem Kreuz standen seine Mutter und deren Schwester, die ebenfalls Maria hieß (irgendwie einfallslos von ihren Eltern) sowie Maria Magdalena. Nicht ganz korrekt schreibt Fried, dass zusätzlich zu den „drei Marien" der „Jünger, den Jesus liebte" unter dem Kreuz stand, von dem im Allgemeinen angenommen wird, dass es sich bei ihm um Johannes handelte, der sich selbst so beschrieben habe. In der entsprechenden Stelle in Joh. 19:25-26 heißt es aber im 26. Vers nur: „Als nun Jesus die Mutter sah und den Jünger, den er liebte, dabeistehen, spricht er zu seiner Mutter: Frau, siehe dein Sohn!" (ELB).

Dies ist insofern wichtig, dass, wenn man den Vers richtig liest, die Möglichkeit besteht, dass der Jünger, den Jesus liebte, nicht zwangsläufig Johannes gewesen sein muss, sondern dass es mindestens genauso gut Maria Magdalena gewesen sein kann, denn auch sie wird in den Evangelien als „Jünger" bezeichnet, und sie hielt sich gerade bei wichtigen Stationen in Jesu Leben, wie eben der Kreuzigung, in der Nähe Jesu auf. Allerdings hat diese These einen Haken, denn wie wir noch sehen werden, hat nach der Auferstehung Maria Magdalena dem „Jünger, den Jesus liebte" vom leeren Grab erzählt. Demzufolge kann sie nicht selbst dieser Jünger gewesen sein. Aber dies nur am Rande.

Nachdem Jesus „wusste, dass alles schon vollbracht war, spricht er, damit die Schrift erfüllt würde, mich dürstet!" (V. 28) Daraufhin gab man ihm einen Schwamm voller Essig um einen Ysop zu trinken, und Jesus neigte sein Haupt, sagte: „Es ist vollbracht!" und „übergab den Geist". Normalerweise werden einem auf diese Weise Hingerichteten die Beine gebrochen, und bei den beiden Delinquenten, die mit Jesus gekreuzigt worden waren, taten sich nähernde Soldaten dies auch. (Joh. 19:31-33). Doch dann folgt eine ganz entscheidende Stelle: „Als sie aber zu Jesus kamen, brachen sie ihm die Beine nicht, sondern einer der Soldaten durchbohrte mit einem Speer seine Seite, und sogleich kam Blut und Wasser heraus." (V.33b-34) Nun erlaubte Pilatus dem „heimlichen Jünger" Joseph von Arimathia, wie bei dem Jesus des essenischen „Augenzeugen" bereits gehört, die Leiche zu übernehmen. (Joh. 19:38). Fried schreibt, dass dies durchaus der Haltung römischer Juristen entsprach. Auch Fried berichtet (unter Bezugnahme auf das Johannes-Evangelium), dass Nikodemus Myrrhe und Aloe herbeibrachte und die beiden die Leiche, wie bei Juden üblich, in Tücher wickelten und ihn – weil das Pessachfestes anstand – in ein noch nicht genutztes Grab legten, das in einem nahen Garten lag. (Joh. 19:41-42). Fried weiß weiter zu berichteten, dass das Grab später leer aufgefunden wurde und man einem *lebendigen* Jesus begegnete.

Fried schreibt über den Bericht des Johannes:

„Dieser einzige Bericht eines Augenzeugen überliefert einzigartige, dem ersten An-schein nach realistische, auch zuverlässige und ausführliche Details über Jesu Todestag (Karfreitag), über sein Sterben und seinen Tod am Kreuz. Nichts mehr von jenem Lichtwesen und göttlichen Logos des Evangelienbeginns. Der nackte Mensch hing nun am Kreuz, sein Sterben wurde beobachtet und beschrieben." (Fried 2019, S. 29f)

Fried betont, dass diese „im Ganzen vorbildlose Darstellung des Johannes" einen wich-tigen Hinweis auf die „,offizielle' Feststellung des Todes durch den Stich mit der Lanze liefert, die notwendig war, weil Jesus erst wenige Stunden am Kreuz gehangen hatte".

„Darüber hinaus verrät der Bericht dem medizinischen Blick von heute die Ursache für Jesu überraschend schnellen ,Tod' binnen weniger Stunden am Kreuz, die von den The-ologen seit der Aufklärungszeit unbeachtet geblieben ist: Eine CO_2-Narkose." (S. 30)

Fried geht in der Folge auf das apokryphe Petrusevangelium ein, das aus der Perspek-tive des Simon Petrus geschrieben worden ist und manchen als die älteste bereits um 50 u. Z. entstandene Version der Passions- und Auferstehungsgeschichte gälte. Meist würde dieses Evangelium aber auf das 2. Jh. nach Chr. datiert, wäre jedoch das erstge-nannten Verfassungsdatum richtig, könnten die kanonischen Evangelien von ihm be-einflusst worden sein, spekuliert Fried.

Aus diesem weitgehend unbekannten Petrusevangelium geht hervor, dass Joseph von Arimathia sich um den Leib des vom Kreuz Abgenommenen sorgte, ihn in ein Leintuch hüllte, und ihn in sein eigenes Grab, das „Garten Joseph" genannt wird, brachte. Insofern passt dieser Inhalt zu der Geschichte des vorher genannten esseni-schen „Augenzeugen". Fried spekuliert dahingehend, dass „das Waschen gemeinsam mit der von Nikodemus gebrachten Myrrhe belebende Wirkung entfaltet haben" könnte.

Der Verfasser dieses Evangeliums will den Todesschrei Jesu gehört haben, und hier lautet er: „*Meine Kraft, meine Kraft*, warum hast Du mich verlassen." Und nicht „Mein *Gott, mein Gott*, warum hast Du mich verlassen, wie es in den traditionellen Evange-lien heißt. (s. Mk. 15:34 und Mt. 24:46), was ein Zitat aus dem 22. Psalm, V. 2 ist.

Fried zitiert eine Stelle aus dem Petrusevangelium, in der es heißt: „Da zogen sie die Nägel aus den Händen des Herrn und legten ihn auf die Erde. Und die gesamte Erde erbebte, und eine große Furcht entstand." Er schildert weiter, wie sich nach diesem Evangelium, das Grab „unter Lichterscheinungen und Himmelsstimmen auf wunder-same Weise lehrte", wonach sich der Verschlussstein von selbst zur Seite rollte. Dann schreibt er unter Berufung auf das Petrusevangelium: „Zwei himmlische Gestalten be-traten das Grab und kehrten mit einer dritten Person zurück; ihnen folgte ein Kreuz. Eine Himmelsstimme ertönte: Hast Du den Entschlafenen verkündet? Vom Kreuz er-klang die Antwort: Ja.

Erstaunlicherweise erwähnt Fried gerade jene Passage nicht, die seine These voll-kommen stützt! In dieser Stelle heißt es:

„Als nun jene Soldaten dies sahen, weckten sie den Hauptmann und die Ältesten – auch diese waren nämlich bei der Wache zugegen. – und während sie erzählten, was sie gesehen hatten, sehen sie wiederum drei Männer aus dem Grabe herauskommen *und die zwei den einen stützen* und ein Kreuz ihnen folgen und das Haupt der zwei zum Himmel reichen, dasjenige des von ihnen an der Hand geführten aber die Himmel überragen." (Zit. n. Weidinger 1990, S. 404, Hervorhebungen durch RMH)

Das Petrusevangelium findet sich auch im Internet (s. Literaturverzeichnis), und dort werden im Gegensatz zu Weidinger auch Textstellen angeführt. Demnach findet sich die zitierte Stelle in V. 38-40.

Warum mussten die beiden Männer den dritten stützen? Ganz einfach: Weil der dritte geschwächt war, da er gerade von seinem Scheintod am Kreuz genesen war! Es war Jesus, der gestützt wurde!

Hier passt die Geschichte gut mit dem „Augenzeugenbericht" des Esseners zusammen, und auch der Schluss des Petrusevangeliums, demzufolge Petrus zusammen mit Andreas mit den Fischernetzen ans Meer gingen, deckt sich mit diesem Bericht. Hier liegt der Verdacht nahe, dass der essenische „Augenzeuge" aus dem Petrusevangelium abgekupfert hat.

Was die Entstehungszeit dieses Evangeliums angeht, warum sollte es sich anders verhalten als mit den kanonischen Evangelien? Warum soll es nicht ursprünglich tatsächlich in der Zeit von 50 u. Z. (vielleicht sogar noch von Petrus selbst?) verfasst und später von den prorömischen und antisemitischen Christen umgeschrieben worden sein? Und warum soll das Johannesevangelium nicht tatsächlich in sehr hohem Alter von Johannes verfasst (und später umgearbeitet) worden sein?

Kommen wir aber zurück zu Fried und seiner These. Der beruft sich auf das *Marcion-Evangelium*, das allgemein als häretisch (ketzerisch) gilt. Dort werde gesagt, dass Jesus auf dem Weg nach Golgatha unter der Last seines Kreuzes, bzw. des Querbalkens, zusammengebrochen sei (bei Matthäus, Markus und Lukas heißt es nur, dass ein gewisser Simon von Kyrene gezwungen wurde, das Kreuz zu tragen, während bei Johannes steht, das Jesus sein Kreuz selbst tragen musste), und Fried sieht als Ursache für diesen Schwächeanfall Atemnot infolge innerer Verletzungen der Atmungsorgane durch das Auspeitschen, beispielsweise durch einen Rippenbruch mit Verletzung der Pleura[2], die nicht selten das erste Anzeichen für einen Pleuraerguss ist. Die Atemnot wurde durch den Stress am Kreuz gesteigert. Der Durst, den Jesus am Kreuz empfand, war nach Fried ein Symptom der durch den Anstieg des Kohlendioxids in der Lunge hervorgerufene reflexhaft verstärkten Atmung, und er weist darauf hin, dass die Gabe von Essig (saurem Wein) tatsächlich für eine kurze Zeit für eine gewisse Abhilfe sorgen, eine flache Atmung in Gang halten und das drohende Ersticken herauszögern könne.

Dass die Soldaten Jesus die Beine nicht brachen,

---

[2] „Pleura" ist das Brustfell, eine zweiblättrige Haut im Brustkorb: Die innere Haut, das Lungenfell, überzieht die Lunge, während die äußere Haut, das Rippenfell, den Brustkorb auskleidet. Zwischen ihnen befindet sich der mit Flüssigkeit gefüllte Pleuraspalt.

„erleichterte das Überleben und später das Aufstehen und Fortgehen. Jesus war zunächst in eine tiefe narkoseähnliche CO_2-Ohnmacht gefallen; man konnte ihn für tot halten. Sein Retter aber war nahe, jener römische Soldat nämlich, der ihm zufällig in die betreffende Seite stach. Das war kein Todesstoß, wie gelegentlich angenommen wird, vielmehr ein Kontrollstich in die Rippen, um zu prüfen, ob der Gekreuzigte tatsächlich tot war. Er war es nach Meinung der Soldaten. *Sie sahen, dass er schon tot war;* jener, der gestochen hatte, sah, dass Blut und Wasser aus der Wunde flossen, und bezeugte es; der Evangelist bestätigt dieses Zeugnis als wahr (Joh 19,33-5) Die Wunde aber brachte die Rettung, die Atmung setzte wieder ein." (Fried 2019, S. 36f; Hervorhebungen im Org.)

Das heißt also auf gut Deutsch: Der Soldat führte unbeabsichtigt eine Pleurapunktion durch und rettete damit Jesus das Leben!

Im Gegensatz zum essenischen „Augenzeugen" macht sich Fried auch darüber Gedanken, *wohin* Jesus nach seinem Überleben gegangen ist. Der Gedanken einer Himmelfahrt lehnt er ab, wobei er sich einmal mehr auf das Marcion-Evangelium beruft, in dem es ihm zufolge schlicht heißt: „Er ging fort von seinen Jüngern."

Da Jesus in Jerusalem zum Tod verurteilt worden war und in Judäa als entlaufener Straftäter und Todeskandidat galt, hieß es, Land zu gewinnen.

Frieds erster Gedanke war, dass Jesus zu den Essenern ans Tote Meer, in die Wüste, floh. Auch er nimmt einen Kontakt Jesu zu diesem Mönchsorden an und vermutet, dass die Engel, die am Grab Jesu halfen, in Wirklichkeit Essener in ihrer weißen Ordenstracht waren. Allerdings weist Fried darauf hin, dass die herausragende Siedlung dieses Ordens in Qumran im Machtbereich des Pilatus lag und Jesus dort keineswegs sicher war.

Fried zufolge müsse er aus Pilati Machtbereich herausgeflohen sein und erwähnt in diesem Zusammenhang das „Gebiet der zehn Städte östlich und südlich des Sees Genezareth." Als möglichen Zufluchtsort benennt Fried die kleine Stadt Pella, eine hellenistische Gründung mit einem Theater, einer Synagoge und schon bald auch einer frühchristlichen Kirche. Der Historiker weist darauf hin, dass der spätantike Geschichtsschreiber Eusebius in seiner „Kirchengeschichte" und später der Bischof Epiphanios von Salamis in „Panarion" schreiben, dass noch vor dem Ausbruch des Jüdischen Krieges, genauer um 66/67 u. Z. infolge eines Rats Jesu die Jerusalemer jüdische Jesus-Gemeinde, die nazoräischen Christen, geflüchtet seien. Alternativ könnten diese direkt dem Ruf des Meisters gefolgt sein, der selbst dort gewirkt habe.

Fried findet in dieser Dekapolis tatsächlich „eigentümliche Spuren von Jesu Wirken". Allerdings wirkte er dort nach traditioneller Überlieferung *zu seinen offiziellen Lebzeiten* und vollbrachte Wunder, trieb Dämonen aus. Wie wir in Mak. 5:1-20 lesen können, trieb Jesus einem Besessenen dort einen zweitausend Mann starken Dämon namens *Legion* aus und jagte ihn in eine Schweineherde, die sich daraufhin in den nahen See stürzte und ersoff. Fried beruft sich auch hier wieder auf das Marcion-Evangelium, das für ihn die Ur-Quelle der drei synoptischen Evangelien (Matthäus, Markus und Lukas) ist. Zumeist wird das Markus-Evangelium selbst, das wohl das älteste

Evangelium ist, als ursprüngliches Evangelium angesehen, ergänzt durch eine unbekannte „Logienquelle Q", aus der Stellen stammen sollten, die zwar sowohl bei Matthäus als auch bei Lukas, nicht aber bei Markus, auftauchen. Für Fried jedoch ist die Annahme einer solchen „Logienquelle" unnötig. Wie dem auch sei, das Marconium-Evangelium enthält Fried zufolge mehr Details über diese Dämonenaustreibung. So würde gesagt, dass die Menschen erschrocken waren und Jesus drängten, von ihnen zu gehen. Die Begebenheit an sich wird in allen synoptischen Evangelien erwähnt. Fried weist darauf hin, dass während des ersten jüdischen Krieges im Jahr 66 die Syrer in Gadara (das in dieser Gegend lag) und in Gerasa (wo sich die Austreibung des Dämonen anscheinend ereignete), die Juden zur Auswanderung drängten.

Diese Tatsachen kannten alle Synoptiker, als sie ihre Evangelien abfassten. Fried weist daraufhin, dass der Begriff *Legion* auf römischen Kerntruppen verweist, die aus etwa dreimal 2000 Mann bestand. In der Dekapolis wurden solche Truppen erst nach der endgültigen Niederschlagung des Jüdischen Aufstands, der nicht vor 73 u. Z. stattfand, also erst *nach* Jesus offiziellen Lebzeiten, aufgestellt. Legionäre sind Fried zufolge nicht vor den späten 80er Jahren bezeugt., sodass die Dämonenaustreibung sich frühestens sechs Jahrzehnte *nach* Jesu Kreuzigung ereignet haben müsse. Jesus habe hier also quasi die Römer verspottet! Und die Einwohner wollten, dass er weggeht, weil sie eben die von ihm verspotteten Römer fürchteten!

Einen weiteren Hinweis bringt Fried im Zusammenhang mit einer weiteren Heilung Jeus eines Taubstummen, die ebenfalls in der Dekapolis stattfand. Jesus heilte einen Taubstummen und bat die Anwesenden, niemandem davon zu erzählen? (MK. 7, 31-37) Warum? Weil er verfolgt wurde und so hätte erkannt werden können?

Fried weist weiter darauf hin, dass im Land östlich des Jordans recht früh eine „judenchristliche" (Fried setzt dieses Wort tatsächlich in Ausrufezeichen!) entstand und schreibt: „In Ostsyrien oder in Syrien dürfte in der Entstehungszeit der Evangelien das nur in kleinen Fragmenten erhaltene judenchristliche, als häretisch geltende, mittlerweile verlorene Nazoräerevangelium verbreitet worden sein."

Dieses, sowie das wohl auch zu jener Zeit (zweites Jahrhundert u. Z.) in dieser Gegend entstandene Ebionäerevangelium unterscheiden sich stark von den kanonischen Evangelien, und die Gestalt des Messias erscheint dort nicht als Erlöser, sondern als potenzieller „Helfer" im Endgericht.

Fried spekuliert dahingehend, dass diese Gemeinden nicht der paulinischen Auferstehungslehre folgten, sondern die „originäre Lehre Jesus fortsetzten, jenes Sohnes der Maria, der dem Kreuz lebend und in die zunächst sicher scheinenden Regionen der Dekapolis entkam".

Einen anderen potenziellen Rückzugsort Jesus nach seiner überlebten Kreuzigung sieht Fried in Ägypten. Hier nimmt Fried die Geschichte, in der ein Engel Joseph im Traum aufforderte, mit seiner Familie nach Ägypten zu ziehen, um ihn vor dem von Herodes geplanten Kindermord zu retten, wörtlich und spekuliert dahingehend, dass Jesus nach seiner Kreuzigung *wieder* dorthin flüchtete. Der Historiker verweist darauf, dass dort eine große jüdische Diaspora lebte und bringt ihn in Verbindung mit einer dort lebenden Sekte, den Therapeuten, die viel mit den Essenern gemeinsam hatten und ebenfalls weiße Gewänder trugen. Fried bringt diese Sekte als Jesu neue Jüngerschaft ins Gespräch.

Eine weitere interessante Spur überschreibt Fried mit „Noch einmal Jerusalem?". Er berichtet, dass zwei Jahrzehnte nach Jesu Kreuzigung dem Geschichtsschreiber Flavius Josephus zufolge „Gaukler und Betrüger" in Jerusalem ihr Unwesen trieben, „als wären sie von göttlichem Geist erfüllt" und „betörten das Volk und lockten es in die Wüste", wo ihnen Gott die Befreiung verkünden würde. Eindeutig: Eine romfeindliche Botschaft!

Dem folgte bald ein unbekannter *Ägypter*, ein „Pseudoprophet" (nach Fried Josephus' Worte), der für sich in Anspruch nahm, zaubern zu können und die Prophetengabe zu besitzen. Er habe geplant, 30.000 Mann von der Wüste aus auf den Ölberg zu führen. Fried schreibt, dass man Angst vor ihm hatte, fürchtete, dass er tatsächlich in der Lage sein könnte, die römischen Wachen zu überwältigen und die Herrschaft an sich zu reißen. Er habe angekündigt, die Mauern einstürzen zu lassen und Jerusalem zu befreien. Letztlich wurde dieser Prophet jedoch geschlagen. 4000 seiner Soldaten sollen gefallen und 2000 gefangengenommen worden sein. Dann schreibt Fried: *Das ganze Volk* habe, so Josephus, diesem Magier die Unterstützung versagt; der Ägypter aber wurde *unsichtbar."* Das erinnert den Historiker an die (nichtstattgefundene) „Himmelfahrt" Jesu. Kurz gesagt: Fried spekuliert dahingehend, dass dieser „Ägypter" niemand anders als Jesus höchstpersönlich war!

Der Historiker spricht noch einen weiteren Rückzugsort an, nämlich von der Dekapolis aus noch weiter im Osten: Ostsyrien, Edessa oder noch weiter. Mesopotamien, Armenien? Oder gar Persien, wo sich ebenfalls eine Heilsbotschaft verbreitete, die die *Nicht*göttlichkeit des Jesus, des Sohnes der Maria, lehrte und die letztlich auch den Tod am Kreuz, die Auferstehung und den Glauben an die „göttliche Dreifaltigkeit" „leugnete", wie man heute so schön (oder unschön) sagt?

Fried bringt auch die populäre These ins Spiel, dass Jesus bis nach Indien wanderte, wo später die sogenannten Thomaschristen auftraten. Nach Kaschmir, wo angeblich das wahre und endgültige Jesusgrab zu finden sein soll. Auf diese These werden wir gleich ausführlich zurückkommen. Zuvor wollen wir jedoch auf ein gewichtiges Beweisstück für die Suche nach dem überlebenden Jesus eingehen: Das sagenumwobene Turiner Grabtuch.

Das Turiner Grabtuch

Viel wurde über das sogenannte Turiner Grabtuch geschrieben, mit am ausführlichsten beschäftigten sich der Religionspädagoge Holger Kersten und der Parapsychologe Elmar R. Gruber mit diesem Thema, besonders ausführlich in ihrem gemeinsamen Buch *Jesus starb nicht am Kreuz*. Das Corpus Delikti ist ein Stück Stoff, das in einer Kapelle im italienischen Turin aufbewahrt wurde. Auf diesem Tuch soll das Antlitz Jesu „auf wunderbare Weise" erhalten geblieben sein.

Die wissenschaftliche Neugier hat sich erst vor etwas mehr als einem Jahrhundert für dieses Stück Stoff interessiert, doch weder Messungen, Strahlenbeschuss, noch

Nahaufnahmen und Computeranalysen haben uns je weitergebracht. Dies sollte sich erst am 13. Oktober 1988 ändern, als Experten gleich dreier Labors nach eingehender Untersuchung erklärten, dass das Tuch aus dem Mittelalter stamme und schlicht eine Fälschung sei. Ist damit das Thema schon beendet? Mitnichten, denn Kersten und Gruber fragten sich, wer ein Interesse an einer derartigen Fälschung haben sollte und nahmen sich selbst ausgiebig der Sache an.

Die beiden Autoren beschreiben das Turiner Grabstoff als 4,36 Meter lang, 1,10 Meter breit und das deutliche Abbild eines männlichen Körper zeigend. Auf der einen Hälfte des Tuchs sieht man die Rückenansicht, auf der anderen die Vorderansicht dieses Körpers. Das Tuch wurde in der Mitte über den Kopf des Mannes gelegt. Kopf, Gesicht, Arme, Hände, Beine und Füße sind gut zu erkennen. Das Bild ist größtenteils sepiafarben, doch einige Partien erscheinen grau. Auf dem Tuch sind deutlich Blutspuren zu erkennen, die im Original fahl karmesinrot aussehen.

Auf dem Tuch fallen Kersten und Gruber sofort zwei längs verlaufende dunkle Streifen auf; und die erweitern sich an einigen Stellen zu rhombenförmigen größeren Flecken, bei denen es sich nach Ansicht der Autoren eindeutig um Brandflecken aus dem 16. Jahrhundert handelt, die durch helle Flicken ausgebessert wurden.

Möglicherweise wurde ein Streifen entlang einer Seite des Grabtuchs aus ästhetischen Gründen später angenäht, wodurch das Abbild in die Mitte der Textilbahn rückte; neuere Untersuchungen würden allerdings zeigen, dass es sich vermutlich um einen abgenähten Teil des Originaltuchs handelt, der einst wie eine Tasche verwendet wurde, durch die für die Ausstellung des Tuchs ein Seil gezogen wurde. Heute ist der Seitenstreifen ein wenig kürzer als das Tuch selbst. An beiden Enden fehlen kurze Abschnitte – vermutlich ist der Stoff durch Abnutzung bei Zurschaustellungen beschädigt worden.

Im März 1988 gab der Vatikan eine Probe dieses Stoffes frei, damit mehrere Institute sie mit mittels Radiokarbon-Datierung untersuchen konnte, um so das Alter herauszufinden. Heraus kam, wie oben erwähnt, dass es im Mittelalter entstand. Forschungen aus früherer Zeit, auf die wir an dieser Stelle jedoch – mit einer Ausnahme – nicht eingehen wollen, galten somit als hinfällig. Diese Ausnahme bezieht sich auf die Untersuchung eines Biologen namens Paul Josef Vignon, 1997 Mitarbeiter des bedeutenden französischen Biologen Yves Delage, Professor an der Sorbonne in Paris und Direktor des Museums für Naturgeschichte. Seit 1890 beschäftige Vignon sich mit dem Turiner Grabtuch, um schließlich zu folgenden Schlüssen zu gelangen:

„1. Das Bild war durch direkten Kontakt mit einem Körper, aber durch eine Art von Projektion entstanden.
2. Körpereigene Ausdünstungen mussten die Ursache für die Entstehung des Bildnisses sein.
3. Die Wärme des Körpers hatte die Ausdünstungen nach dem physikalischen Gesetzen der Schwerkraft ausschließlich senkrechter Abstrahlung (durch aufsteigende Wärme) auf das Gewebe übertragen." (Kersten/Gruber 1998, S. 34f)

Wie dieser Vorgang allerdings vor sich gegangen war, war Vignon unklar, und so wandte er sich an den Chemiker Professor René Colson von der École Polytechnique in Paris. Der untersuchte die Auswirkungen von Gasen auf lichtempfindliche Platten und schlug vor, mit Zinkdämpfen zu arbeiten. So übertrugen Vignon und er Zinkpuder auf einen Gipskopf auf, den sie anschließend in der Weise unter eine fotografische Glaspatte legten, dass das Relief die Platte mit Stirn, Nase und Bart berührte. 24 Stunden dauerte dieser Prozess, und dann entwickelten Vignon und Colson die Fotopatte. Das Ergebnis war verblüffend: Klar und deutlich war der Abdruck eines bärtigen Männerkopfes sichtbar geworden. Die beiden Wissenschaftler waren überzeugt davon, dass sie den Entstehungsprozess auf dem Turiner Grabtuch entdeckt hatten.

Doch welche chemischen Stoffe hatten auf dem Turiner Grabtuch auf eine solche Weise zusammengewirkt, dass sie das Abbild erzeugen konnten? Nun experimentierten die beiden Wissenschaftlicher mit Ammoniakdämpfen in Reaktion mit pulverisierter Aloe (aloe medicinalis), die sie auf den Leintüchern auftrugen. Dabei erinnerten sie sich an die Mischung von Aloe und Myrrhe, die Nikodemus dem Johannes-Evangelium zufolge bei der Grablegung Jesu verwendet hatten, wie wir bereits festgestellt hatten.

„Die Ergebnisse waren in ihrer Struktur und dem farblichen Erscheinungsbild so verblüffend, dass die Forscher daraus ihre ‚Vaporisierungs-Theorie‘ der Bildentstehung entwickelten: Ammoniakale feuchte Dämpfe von der Harnstoffgärung, die in Qual und Fieberschweiß reichlich vorhanden seien, hätten mit der Mischung von Aloe und Myrrhe einen Oxydationsprozess in der Zellulose der Flachsfasern hervorgerufen, wodurch die Oberfläche des Stoffes verfärbt wurde", schreiben Kersten und Gruber. (S. 35f)

Die Verfärbung entstand ihrer Theorie zufolge durch die Reaktion der vom Grabtuch aufgesogenen Lösung von Aloe und Myrrhe „durch die Bildung von Ammoniumkarbonat, dessen Dämpfe in der feuchten Atmosphäre zwischen Haut und Leintuch die Fasern direkt proportional zum Kontakt mit dem Körper dunkel verfärbt hätten". Aus diesem Grund sei die Färbung an jenen Stellen am stärksten, an denen das Tuch den Körper berührt und am schwächsten, wo Körper und Tuch am weitesten auseinander lagen. Die klar dunklere Färbung des Blutes erklärten die Forscher als durch eine stärkere Reaktion entstanden.

Nachdem die These Vignons kontrovers diskutiert wurde, gelangen in den 1930er Jahren dem Turiner Fotografen Giuseppe Enrie technisch bessere Fotos des Abbilds auf dem Grabtuch.

Auf diesen Fotos fiel zunächst der unbekleidete Körper auf, und wie wir bereits wissen, wurden nach römischen Gesetzen Verbrecher nackt gekreuzigt. Jesus auf einer künstlerischen Darstellung nackt abzubilden, wäre dagegen undenkbar gewesen. Vor solch einer Blasphemie hätte jeder Künstler zurückgeschreckt. Auf den Fotos ist weiter ersichtlich, dass der Mann auf dem Bild mit Händen und Füßen am Querbalken und dem aufrechten Pfahl angenagelt wurde. Auch das war bis in die Regierungszeit von Kaiser Konstantin I. (306-337) Usus. Daraus ergibt sich, dass die Abbildung von einem Menschen stammt, der *vor* dem Jahr 330 ins Tuch gelegt wurde. Weiter sind auf dem Foto sechs Leidensstationen zu erkennen, wie sie in den Evangelien berichtet werden.

Hinzugezogene Fachärzte stellten eine Schwellung unter dem rechten Auge und andere oberflächliche Gesichtswunden fest, die allem Anschein nach von den Schlägen im Gesicht stammen, denen Jesus ausgesetzt war.

Weiter erkennt man auf der Vorder- und Rückseite des Körpers, besonders deutlich auf den Schulter- und Rückenpartien, über 90 kleine, hantelförmige Wunden, die in Dreiergruppen in bestimmten Winkelabständen angeordnet sind, so dass nahezu zweifelsfrei auf eine Peitsche als Folterinstrument geschlossen werden kann. Der Umstand, dass die Wunden in der Schultergegend blutverschmiert erscheinen, lässt sich dadurch erklären, dass der Delinquent den Querbalken des Kreuzes selbst tragen musste.

Unregelmäßig verlaufende Blutflüsse auf der Stirn und der Kopfrückseite lassen leicht auf die Dornenkrone schließen, wobei interessant ist, dass die Dornenkrone nicht derart war, wie sie in der christlichen Ikonographie dargestellt wird, sondern sie in Form einer Haube den gesamten Kopf bedeckte. Und das erinnert tatsächlich an orientalische Kronen in jener Zeit.

Der Verlauf der größeren Blutströme der Nagelwunden, insbesondere eine der Handwunden, legen nahe, dass die Arme am Kreuz in einem Winkel von 55 bis 65 Grad von der Senkrechten ausgetreckt lagen.

Tatsächlich zeigen die Blutungen der Wunden, dass die Nägel durch die *Handgelenke* getrieben wurden und *nicht* durch die Hände. Auf allen künstlerischen Darstellungen sind aber die *Handflächen* durchbohrt, und auch Stigmatisierte tragen die Wundmale Christi in den Handflächen. Und wir erinnern uns, dass auch der essenische „Augenzeuge" davon sprach, dass die Nägel durch die Hand*flächen* getrieben worden waren.

Auf Enries Fotos ist darüber hinaus aber noch der Lanzenstich zu erkennen – eine etwa 4,5 Zentimeter lange, ovale Wunde auf der rechten Seite, die zwischen der fünften und sechsten Rippe liegt. Aus dieser Wunde müsse eine große Menge Blut ausgeflossen sein, dessen Verteilung man insbesondere auf der Abbildung des Rückens erkennen könne.

Keine Zeichen größerer Verletzung findet man an den Ober- und Unterschenkeln, aber die sollen ja auch nicht zerschlagen worden sein.

Kersten benennt einen Arzt, den Chefchirurgen des St. Joseps-Hospitals in Paris, Pierre Barbet, als einen der ersten, der sich anschickte, die Umstände der Kreuzigung im Zusammenhang mit dem Abbild auf dem Turiner Grabtuch empirisch zu erforschen. Bei dessen Experimenten mit amputierten Armen kam er zu dem Ergebnis, dass bei einer Nagelung durch die Handflächen ein Körpergewicht von 40 Kilogramm ausreichend sei, um sie durchzureißen. Bei dem Mann, der auf dem Turiner Grabtuch abgebildet ist, befindet sich, wie bereits erwähnt, die entsprechende Wunde auf der Hand*wurzel* im sogenannten „Destotschen Spalt", und der reicht Barbet zufolge aus, um einen dicken Nagel ohne Mühe hindurchzuschlagen. Es sind die ringförmig angeordneten Handwurzelknochen, die für nötige Stabilität sorgen. Die Füße wurden bei dem „Mann auf dem Tuch" im sogenannten „zweiten metatarsalen Spezium" durchstochen. So wurden weder an den Händen noch an den Füßen größere Blutgefäße der Knochen zerstört, so dass ein aus diese Weise Gekreuzigter sich auf den Füßen abstützen konnte und sein Körpergewicht nicht die Hände durchreißen würde. Die Nagelungen konnten so ohne besondere Kraftanwendung durchgeführt werden und der Todeskampf könnte durch Abstützung und Hochziehen des Rumpfes tagelang dauern, was ja auch der eigentliche Sinn dieser brutalen Hinrichtungsmethode ist.

Der englische Arzt David Willis war es, der die Blutspur der Seitenwunde beschrieb. Er erkannte, dass die ungleichmäßige Ausbreitung, die von klaren Zonen unterbrochen war, eine Vermischung einer hellen Flüssigkeit mit dem Blut nahelegte. Dieser Befund wurde von anderen Ärzten bestätigt und beglaubigt so auch die Darstellung im Johannes-Evangelium, nach der „Blut und Wasser" aus dieser Wunde flossen. Bezüglich des „Wassers" gibt es allerdings zwei verschiedene Ansichten. So vermutet Barbet selbst, dass das „Wasser" eine Flüssigkeit aus dem Herzbeutel gewesen sei, die normalerweise allerdings nur in kleinen Mengen vorkommt, durch die Folterung aber vermutlich vermehrt wurde, während der deutsche Röntgenologe Hermann Mödder Flüssigkeit aus dem Pleuraraum vermutet, der durch die Misshandlung vermehrt wurde. Letzteres passt ausgezeichnet zu Frieds These. Eine ähnliche Spur verfolgt auch der amerikanische Arzt Anthony Sava, der in klinischen Untersuchungen mit Opfern schwerer Gewaltanwendung auf den Brustkorb feststellte, dass sich im Pleuraraum eine blutige Flüssigkeit ansammelt, deren Menge beachtlich sein kann. Kersten und Gruber halten aufgrund der vielen Wunden auf der Brust ein solche Erklärung „bei oberflächlicher" Betrachtung für plausibel.

Religiös motivierte Wissenschaftler (sogenannte Sindonologen) wollen Anzeichen von Leichenstarre bei dem Mann auf dem Tuch erkennen, doch bei einer Untersuchung von unabhängigen Experten des „East Midlands Forensic Laboratory" ergab sich, dass es sich bei dem „Mann auf dem Tuch" um einen *Lebendigen* handeln musste! Dies war ersichtlich aufgrund der gleichmäßigen Verteilung der Flecken. Während bei einem Toten in verschiedenen Körperregionen unterschiedliche Temperaturen vorherrschen, ist die Verteilung nur bei einem funktionierenden Herz-Kreislauf-Mechanismus gleichmäßig. Weiter müsste man bei einem toten Körper stärkere Abdrücke auf dem Gesäß und den Schulterblättern erwarten, da das Blut aufgrund der Gravitation in einem solchen auf die niedrigsten Punkte absinken würden.

Zudem müssten beim Vorliegen einer Leichenstarre die Arme in jene Lage auseinanderstreben, die sie am Kreuz eingenommen hatten. Doch das ist nicht der Fall. Kein Wunder also, dass der von Kersten und Gruber befragte Prof. Dr. Wolfgang Bonte klar ausschloss, dass das Abbild des Mannes auf dem Tuch einen Toten darstellt, selbst wenn er im Unterarmbereich gefesselt gewesen sein sollte, wie Sindonologen oft aus medizinischer Sicht vollkommen unverständlicher Sicht unterstellen wollen, um doch noch eine Leichenstarre zu konstruieren. Dazu erfinden sie gern auch eine „Kinnbinde", um ihre Behauptung aufrecht erhalten zu können, doch davon zeigt das Grabtuch keine Spur. Diese und alle anderen Versuche der Sindonologen, ihre These krampfhaft zu stützen, helfen nicht: Das Grabtuch zeigt einen *Lebendigen* und keinen Toten!

Beim Abbild dieses Lebenden können zwei verschiedene Arten von Blutungen unterschieden werden. 1. Eingetrocknetes Blut, das von den Misshandlungen, der Dornenkrone, der Seitenwunde stammt und 2. Frisches Blut, das erst dann aus dem Körper austrat, als der Körper – oder sagen wir doch gleich: Jesus – bereits horizontal auf dem

Tuch lag. Das Blut, das aus geronnenen Wunden stammt, ist aufgeweicht und lediglich oberflächlich noch zu erkennen. Sie sind auf der Rückseite des Tuches schon nicht mehr erkennbar. Dass viele Blutflecken nur noch oberflächlich zu erkennen sind, liegt daran, dass Aloe und Myrrhe in großen Mengen das Tuch imprägniert haben. Diese weichen – auf einen lebendigen Organismus aufgebracht – durch die Schweißabsonderung die geronnenen Blutstellen auf.

Jenes Blut, das frisch auf das Leichentuch geraten ist, bildete Serumränder: Die festen Blutkörperchen hinterließen klumpenförmige Anhäufungen und sind von der klaren Flüssigkeit aus Wasser, Eiweißstoffen und Salzen, die bei der Blutgerinnung abgesondert wird, wie von einem Strahlenkranz umgeben. Die Blutkörperchen, die bereits am Körper eingetrocknet waren und erst durch die Mischung aus Schweiß, Aloe und Myrrhe wieder aufgeweicht wurden, zeigen *keine* Serumränder; insbesondere auf den Fotografien unter ultraviolettem Licht und mit Wood-Licht, dem Licht aus der sogenannten Wood-Lampe, einer speziellen Untersuchungsmethode aus der Dermatologie, mit der sich fluoreszierende Krankheitsherde und Pigmentveränderungen auf der Haut begutachten lassen, zeigen anstelle der Serumränder einen dichten Wall an den Rändern der Flecken, der sich durch das Fibrin, einem hochmolekularen, nicht wasserlöslichen Protein, das bei der Blutgerinnung entsteht, gebildet hat.

Kersten und Gruber gehen zunächst auf die Blutungen am Kopf ein und stellen fest, dass die spitzen Dornen der Krone kleine, tiefe Stiche hinterlassen haben. Diese winzigen Wunden von vielleicht ein bis zwei Millimetern Größe waren gut von dieser Krone verschlossen, und das bisschen Blut, das bei allen kleineren Wunden gesehen werden kann, ist gleich geronnen und hat sich in den Haaren verkrustet. Das Abbild auf dem Turiner Grabtuch zeigt jedoch deutlich mehr stärkere Blutgerinnsel am Hinterkopf, die in alle Richtungen verlaufen. Dieses Blut kann erst dann auf das Tuch getropft sein, als die Dornen gerade entfernt worden waren, bevor der Körper auf das Tuch gelegt wurde. Die Kopfhaut ist dünn, und dort befinden sich lediglich feine Blutgefäße, die *durch den intakten Blutkreislauf* mit Blut versorgt werden. Wäre zuvor ein Herzstillstand eingetreten, hätte das Blut aus den Kapillargefäßen unter der Hauptoberfläche aufgrund des Luftabschlusses, unter dem der Blutkreislauf stattfindet, zurückgezogen worden, und daraus würde resultieren, dass die Kapillaren blutleer wären, wodurch die Hautfarbe sprichwörtlich leichenblass geworden wäre. Aus zumindest derart kleinen Wunden hätte in diesem Fall kein Blut austreten können, da sofort eine intravasale (d. h. bereits innerhalb der Wunde stattfindende) Blutgerinnung eingesetzt hätte. Die Blutgefäße hätten sich in diesem Falle bereits beim Beginn der Erlahmung des Herzens im Todeskampf entleert. Ein weiterer Punkt für die These, dass Jesus die Kreuzigung überlebt hat.

Kersten und Gruber gehen zur Betrachtung der Blutspur auf der Stirn des „Mannes auf dem Tuch" über, die die Form einer „verkehrten 3" aufweist. Eine solche Form kann nur dann entstehen, wenn sich der Kopf in einer leicht gehobenen horizontalen Lage befindet. Daraus kann geschlossen werden, dass der Kopf auf eine Art Kissen gelegt wurde. In dieser Lage floss das langsam nachfließende Blut bis zu einer Stirnfalte und verteilte sich dann ein wenig. Während frisches Blut nachfloss, lief es weiter zu einer weiteren Stirnfalte, die ebenfalls durch die Dornenkrone entstanden war und an der höchstgelegenen Stelle des gesamten Körpers lag. Kersten und Gruber schreiben: „Selbst, wenn unter gewissen Umständen aus großen Wunden einer Leiche noch Blut auslaufen kann, ist dies an der hochgelagerten Stirn unter keinen Umständen denkbar. Diese Blutung ist ausschließlich durch Herz-Kreislauf-Tätigkeit möglich." – Ein weiterer Punkt für die Überlebens-These.

Kersten und Gruber sind mit ihrer Argumentation aber noch lange nicht am Ende, denn sie stellen unmittelbar im Anschluss fest, dass sich die übereinanderliegenden Hände in fast der gleichen Höhe befinden und man hier eindrücklich aufzeigen kann, dass neben bereits ausgetrocknetem Blut auch frisches Blut auf das Tuch gelangt ist und weisen auf drei Blutbahnen hin, die klar erkennbar von der Handwurzel aus in verschiedene Richtungen verlaufen. Die Autoren erklären, dass die linke Hand über der rechten liegt und deren Nagelwunde verdeckt. Sie stellen weiter fest, dass ein Teil des Blutes aus der sichtbaren Hand bei der Nagelung ans Kreuz auch in die Furche zwischen den angespannten Muskeln am Unterarm entlanglief und – wie es die Gravitation gebietet – nach unten tropfte. Die kleinen vertikal verlaufenden Blutgerinnsel verlaufen fast parallel, und so können Kersten und Gruber den Winkel errechnen, in dem sich die Arme mit dem Querbalken des Kreuzes befanden und kommen auf etwa 20 Grad zueinander. Daraus schließen sie auf den Spielraum, der zwischen der aufgerichteten und zusammengesackten Haltung des am Kreuz Hängenden bestand.

Jetzt kommt noch eine dritte sichtbare Blutspur ins Spiel, die Kersten und Gruber zufolge von keinem der „anerkannten Sindonologen" erwähnt wird, obwohl sie klar und deutlich zu sehen ist. Und gerade diese Blutbahn ist es, die durch Form und Richtung beweist, dass sie erst entstanden sein kann, *nachdem* die Nägel aus der Wunde entfernt worden waren, wodurch die jeweilige Nagelwunde erneut zu bluten begann und das Blut sich flächenartig auf der flach da liegenden Hand ausgebreitet hat. Diese Blutbahn ist weit weniger scharf abgebildet als die anderen beiden und enthält Serumränder. Und die entstehen eben nur aus durch die Aktivität von vorhandenem Fibrin in *frischem* Blut, die sich nur in dem Falle darstellen, wenn sich das Blut auf einer wenig geneigten Fläche staut und deshalb nicht abfließen kann. Am Kreuz konnte das Blut noch abfließen, aber in der Lage auf dem Tuch nicht mehr. Aus einer Leiche kann kein Fibrin mehr austreten, und somit haben wir es mit einem weiteren Beweisstück dafür zu tun, dass der Gekreuzigte überlebt hat.

Kommen wir zur Seitenwunde: Auch hier erkennen Kersten und Gruber auf der Vorderansicht neben einem Flicken an den Brandstellen klar umrissene Blutgerinnsel, die dem seitlichen Schnitt entstammen und bereits am Kreuz gerannen. Auf der Rückansicht entdecktem die Autoren auf der Höhe der Seitenwunde eine auffällige Blutspur, die sich quer über den Rücken zieht. Hier lassen sich im Gegensatz zur Vorderseite deutlich Blutlinien und Serumhöfe unterscheiden, woraus aufgrund physiksalischer Gesetzmäßigkeiten geschlossen werden muss, dass dieses Blut erst ausfloss, als der Körper bereits auf dem Tuch lag. Wäre es vorher ausgeflossen, hätte es der Schwerkraft gehorchend *nach unten* fließen müssen – in Richtung des Unterbauches. Der Seitenschnitt begann durch das Hantieren am Körper erneut zu bluten, und das Blut rann seitlich unter den rechten Arm und nicht in Richtung Lenden.

Dr. Bonte bestätigte die Schlussfolgerungen von Kersten und Gruber schon bevor er erfuhr, dass es sich bei seinem Untersuchungsmaterial um Fotos des Turiner Grabtuchs handelte.

Kersten und Gruber betrachten weiter die Füße des Mannes auf dem Bild, auf dem klar erkennbar ist, wie das Blut aus der Wunde nach unten in Richtung Ferse lief, sich dort sammelte und von nachfließendem Blut nch rechts aufs Tuch abgedrängt wurde. Die Blutspur ist insgesamt 17 Zentimeter lang und unterbrochen, da das Blut über eine Falte im Tuch tropfte, bevor es weiter nach rechts rann. Am anderen Ende der Stoffbahn findet man das Ende dieses Blutflecks. Da lag das eine Ende des Tuchs über dem anderen, so dass sich die frische Blutspur auf beide Seiten übertragen hat. Aus einem Körper, der mehrere Stunden tot ist, kann niemals Blut rinnen. Ein weiterer Beweis: Jesus überlebte die Kreuzigung!

Den rechten Unterarm entlang zeichnet sich eine deutliche Blutspur ab, die schon vor der Grablegung geronnen sein muss. Sie schießt am Ende über den Ellenbogen hinaus und bildet im Tuch einen Blutfleck, der sich mehrere Zentimeter vom Arm entfernt gebildet haben muss. Eine weitere Blutspur, die erst bei der Lage im Tuch zustande gekommen sein kann.

Kersten und Gruber weisen darauf hin, dass das Turiner Grabtuch sage und schreibe 28 Wunden zeigt, die auch nach der Abnahme vom Kreuz noch bluteten. Unmöglich für einen Toten!

Oft heißt es, eine Kreuzigung könne man nicht überleben, doch wir müssen beachten, dass Jesus am Freitag gekreuzigt wurde, und an diesem Abend beginnt der Sabbat. Anscheinend, um die religiösen Gefühle der Juden nicht zu verletzen, nahmen die Römer Jeus *vor* Anbruch des Sabbath vom Kreuz ab. Den Evangelien zufolge wurde Jesus „um die sechste Stunde" (das ist zwölf Uhr mittags) ans Kreuz genagelt, und um die neunte Stunde (15 Uhr) gab er dem biblischen Zeugnis zufolge den Geist auf, bzw. „übergab den Geist", je nach Übersetzung. Danach wurde (fälschlicherweise) der Tod festgestellt und Jesus wurde bald vom Kreuz abgenommen. Andere Gekreuzigte erstickten nach tagelangem Todeskampf, Jesus aber hing gerade einmal ein paar Stunden am Kreuz.

Zudem sei erwähnt, dass Flavius Josephus in seiner Biografie von einem Gekreuzigten berichtet, der sich nach der Abnahme vom Kreuz wieder erholte.

Nun haben wir noch *ein* Problem: Die Datierung des Grabtuches auf die Zeit des Mittelalters. Kersten und Gruber führen über Kapitel hinweg Beweise dafür auf, dass mit dieser Datierung etwas nicht stimmen kann. Das geht von der Unzuverlässigkeit der Radiokarbon-Methode über Unstimmigkeiten und Ungereimtheiten bis hin zu mehreren Hinweisen auf gezielte Manipulation. In seinem Buch *Jesus lebte in Indien* fasst Kersten seine Erkenntnisse zusammen, die ich nachfolgend paraphrasiere:

Die Radiokarbon-Methode an sich beruht auf eine Messung des radioaktiven Kohlenstoffisotops ^{14}C. Lebendiges nimmt das in der Luft enthaltene Kohlendioxid auf und speichert es. Stirbt das organische Leben, zerfällt der radioaktive Kohlenstoff in ungefähr 5730 Jahren auf die Hälfte seiner ursprünglichen Menge. Um das organische Material zu datieren, misst man die Halbwertszeit , also die Zeit, in der die Hälfte der Kohlenstoffisotope zerfällt, und kann somit ein Alter eines archäologischen

Fundstücks mit einer Genauigkeit von +/- 10 Prozent bestimmen. Seit einigen Jahren reichen schon kleine Mengen des organischen Materials für eine Datierung aus.

Prinz Umberto Nicola Tommaso Giovanni von Savoyen, 1946 der letzte König von Italien, vermachte auf Drängen des Papstes das Turiner Grabtuch dem Vatikan, und der unterzog das Tuch aufgrund öffentlichen Interesses im April 1988 einer solchen Radiokarbonuntersuchung.

Gleich drei auf die Datierung archäologischen Materials spezialisierte Labors erhielten je eine briefmarkengroße Gewebeprobe, eines in Zürich, eines in Oxford und eines im amerikanischen Tucson. Sechs Monate später, im Oktober 1988, wurde der Öffentlichkeit das Ergebnis präsentiert, das lautete: Das Tuch stammt aus dem Mittelalter (zwischen ungefähr 1260 und 1390).

Kersten hatte Zweifel, weil dieses Ergebnis allen früheren Forschungsergebnissen widersprach und begab sich auf eine dreijährige Detektivarbeit, die ihn an alle Orte führte, an denen das Tuch bzw. Stücke davon mit der Radiokarbonmethode getestet wurde. Er stieß auf zahlreiche Widersprüche und Unstimmigkeiten. Es stellte sich heraus, dass die am Test beteiligten Wissenschaftler etwas zu verbergen hatten: Kersten befragte sie nach Details, und sie verhedderten sich in Widersprüche, ja sie logen sogar, wenn sie die offizielle Version der Vorgänge um die Datierung in Gefahr sahen.

Dem Leiter der Untersuchung, Dr. Michael Tite, waren von unbekannten „Freunden und Sponsoren" eine Million britische Pfund für ein neues Institut gespendet worden, und der Turiner Kardial Anastasio Ballestero war kurze Zeit nach der Veröffentlichung der Untersuchungsergebnisse völlig überraschend in den Ruhestand geschickt worden, so dass er für Fragen zu der Angelegenheit nicht mehr zur Verfügung stand.

Nur auf Umwegen und unter erheblichen Schwierigkeiten gelang es Kersten, Makrofotografien der in den Labors datierten Tuchstücke zu ergattern. Die ließ er dann von mehreren darauf spezialisierten Instituten untersuchen und verglich sie mit einer Fotografie des Originalstücks, direkt bevor es abgeschnitten wurde. Es zeigte sich: Die in den Labors datierten Tuchstücke konnten *nicht* vom Originaltuch stammen!

Kersten forschte weiter und stellte fest, dass die mit der Radiokarbonmetode untersuchten Stücke aus einem   Chorrock entnommen worden waren, der seit 1926 in der Basilika von Saint-Maximin in Frankreich aufbewahrt wurde, nämlich dem Chorrock, dem liturgisches Gewand, des heiligen Ludwig von Anjou. Die Datierung war manipuliert! Dieser Manipulation lag die Absicht zugrunde, das Tuch als Fälschung hinstellen zu wollen, „um damit die an die Grundlagen der Kirche rührende Diskussion darüber, ob Jesus die Kreuzigung überlebt hatte, zu beenden."

Damit spricht also alles für die These, dass Jesus die Kreuzigung überlebte!

So überzeugend die Arbeit Kerstens zum Turiner Grabtuch auch ist, desto weniger können seine Ausführungen zum Verbleib Jeus nach der Kreuzigung Jesu überzeugen...

Der Indien-Tripper

Kerstens Buch beginnt schon etwas unglücklich mit einem Kapitel, das die Überschrift „Die Entdeckung des Nicolai Notovitch" trägt. Dieser „Entdecker", ein russischer

Historiker und Forschungsreisender, soll im späten 1887 in der Hauptstadt Srinigar in Kaschmir, Nordindien gewesen sein. Dort will er von einem „Sohn Gottes" erfahren haben, der dort gewirkt haben soll. Dieser „Sohn Gottes" soll in Israel geboren worden und in seinem 14. Lebensjahr an den Indus gelangt sein, um die Lehren des Buddha zu erforschen. Dieser Junge namens „Issa" habe sich gegen das Kastensystem gewandt und die Schwachen getröstet. Später sei er wieder Richtung Westen gewandert, wo er sich – wie in ähnlicher Weise in Kaschmir –auch mit den persischen Priestern angelegt habe, um schließlich als Wanderprediger wieder nach Israel zurückzukehren.

Wieder in Europa angekommen, sprach Notovitch hohe kirchliche Würdenträger auf die Geschichte an, doch die rieten ihm, seine Geschichte für sich zu behalten. Trotz aller Widerstände gelang es ihm schließlich doch noch, sein Manuskript zu veröffentlichen, doch allzu viel Beachtung fand es Kersten zufolge nicht.

Wikipedia berichtet unter dem Eintrag „Nicolas Notovitch", dass dessen Veröffentlichung in französischer Sprache *„La vie inconnue de Jésus-Christ (Das unbekannte Leben Jesu Christi)"*, das später auch in weiteren Sprachen wie auch im Deutschen („Die Lücke im Leben Jesu") erschien, *doch* einiges an Aufsehen erregt hat. Allerdings erhielt der Sprach- und Religionswissenschaftler der Universität Oxford Friedrich Max Müller von jenem Kloster, in dem Notovitch diese Aussagen erhalten haben will, dem buddhistischen Convent von Hemis (Ladakh), die Auskunft, dass sowohl Notovitch selbst als auch die Manuskripte dort vollkommen unbekannt seien. Andere erhielten die gleiche Auskunft, und schließlich gab Notovitch zu, die Geschichte erfunden zu haben.

Kersten sind diese Ergebnisse (bis auf das Geständnis Notovitchs!) bekannt, doch er versucht Notovitchs Geschichte zu retten, indem er von Missverständnissen ausgeht, doch dass Notovitch die Geschichte später selbst widerrufen hat, wie der Historiker der Universität of California T. Mc Getchin in seinem Buch „Indology, Indomania, and Orientalism," das aus dem Jahr 2009 stammt, feststellt erwähnt er nicht, konnte er zum Zeitpunkt des Verfassens seines eigenen Buchs auch noch gar nicht wissen.

Nachdem Kersten 1973 im *Stern* gelesen hatte, dass ein indischer Professor das Grab Jesu in Srinigar gefunden haben will, begab er sich nach anfänglichen Recherchen im Inland 1979 selbst dorthin. In dieser *Stern*-Ausgabe (16/1973) hieß es – wie bei Notovitch –, dass Jesus auch seine Jugend in Kaschmir verbracht habe. Er begab sich in das Kloster, in dem Notovitch angeblich war und erfuhr dort, dass sich schon einmal jemand nach dem Notovitch-Manuskript erkundigt habe.

Kersten wurde mitgeteilt, dass sich in der tibetischen Stadt Leh in einer Missionsstation ein Tagebuch befinden solle, indem der Tibetforscher, Missionar und Augenarzt Karl Marx Notovitch erwähnt. Kersten besuchte diese Missionsstation – sie gehörte der „Moravian Church", die 1885 von der deutschen Herrnhuter Brüdergemeine gegründet worden war –, wo er das Tagebuch jedoch nicht vorgelegt bekommen konnte. Angeblich war es drei bis vier Jahre zuvor „auf geheimnisvolle Weise verschwunden". Ihm wurde gesagt, dass ein gewisser Professor Hassnain aus Srinigar bereits viele Jahre zuvor Fotografien aus dem Tagebuch gemacht habe. Das ist jener Professor, der dem Stern die Informationen lieferte.

Das Tagebuch konnte Kersten trotz weiterer Bemühungen nicht ausfindig machen, doch es gelang ihm, mit Hassnain in persönlichen Kontakt zu kommen, musste aber feststellen, dass die von jenem ihm vorgetragenen „historischen Fakten, Fundstücke, Zusammenhänge und Beweise" „ohne die fundamentalen Erkenntnisse der neuesten Forschungen über das Leben Jesu nur unverständliche und scheinbare absurde Hypothesen" waren.

In Srinigar gab es neben einem angeblichen „Grab Jesu" auch ein „Grab Mose", wie Kersten mitteilt. Weiter stellt er fest, dass sich in Jesu Lehre buddhistisches Gedankengut findet.

Kersten geht auf das Glaubensgut der islamischen Ahmadyya-Gemeinschaft ein, die 1835 in Qadian/Punjab von Mirza Ghulam Ahmed gegründet wurde und nimmt deren religiöse Anschauungen als Bestätigung dafür, dass Jesus „vom Kreuz gerettet und damit vor einem verfluchten Tod, der seiner unwürdig gewesen wäre, bewahrt worden" war. Tatsächlich heißt es in der Koran-Übersetzung der Ahmadiyya-Bewegung:

„Und wegen ihrer Rede: ,Wir haben den Messias, Jesus, den Sohn der Maria, den >Gesandten<Allahs getötet'; während sie ihn doch weder erschlugen noch den Kreuzestod erleiden ließen, sondern er schien ihnen nur gleich (einem Gekreuzigten); und jene, die in dieser Sache uneins sind, sind wahrlich im Zweifel darüber; sie haben keine (bestimmte) Kunde davon, sondern folgen bloß einer Vermutung; und sie haben darüber keine Gewissheit.

Vielmehr hat ihm Allah einen Ehrenplatz bei Sich eingenommen, und Allah ist allmächtig, allweise."

(Sure 4:158-159)

Das klingt wirklich so, als ob es nur so *aussähe*, dass Jesus bei der Kreuzigung ums Leben gekommen ist. Doch müssen wir beachten, dass diese Auffassung die islamische Ahmadiyya-Splittergruppe diese Anschauung exklusiv hat, denn wenn wir in eine andere Koran-Übersetzung sehen, wird diese Deutung nicht gestützt, so heißt es beispielsweise in der gebräuchlichen Henning-Übersetzung:

„Und weil sie sprachen: ,Siehe, wir haben den Messias Jesus, den Sohn der Maria, den Gesandten Allahs, ermordet', – doch ermordeten sie ihn nicht und kreuzigten ihn nicht, sondern einen ihm ähnlichen – ... (darum verfluchen Wir sie). Und siehe, diejenigen, die über ihn uneins sind, sind wahrlich im Zweifel in betreff seiner. Sie wissen nichts von ihm, sondern folgen nur Meinungen; und nicht töteten sie ihn in Wirklichkeit.

Sondern es erhöhte ihn Allah zu Sich; und Allah ist mächtig und weise."

(Sure 4:157-158[3])

---

[3] Hier und in anderen Koranübersetzungen erscheint der Text einer Sure jeweils einen Vers früher als in der Ahmadyya-Übersetzung, weil dort in jeder Sure dem Einleitungstext „Im Namen Allahs, des Gnädigen , des Barmherzigen" Vers 1 zugeordnet wird, während in anderen Übersetzungen dieser einleitende Text *ohne* Verszählung bleibt.

Hier heißt es also, dass gar nicht Jesus, sondern eine andere Person, die ihm ähnlich sah, gekreuzigt wurde. Die Paret-Übersetzung, die als sehr genau gilt, dafür aber weniger flüssig zu lesen ist, gibt die Verse folgendermaßen wieder:

„[…] und (weil sie) sagten: ‚Wir haben Christus Jesus, den Sohn der Maria und Gesandten Gottes, getötet.‘ – Aber sie haben ihn (in Wirklichkeit) nicht getötet und (auch) nicht gekreuzigt. Vielmehr erschien ihnen (ein anderer) ähnlich (so dass sie ihn mit Jesus verwechselten und töteten). Und diejenigen, die über ihn (oder darüber) uneins sind, sind im Zweifel über ihn (oder: darüber). Sie haben kein Wissen über ihn (oder darüber), gehen vielmehr Vermutungen nach. Und sie haben ihn nicht mit Gewissheit getötet (d. h. sie können nicht mit Gewissheit sagen, dass sie ihn getötet haben).

Nein, Gott hat ihn zu sich (in den Himmel) erhoben. Gott ist mächtig und weise." (Sure 4, 158-159)

Wir sehen also, dass es zumindest mehrere Übersetzungsmöglichkeiten gibt, abgesehen von dem Faktum, dass die großen islamischen Richtungen, das Sunnitentum und der Schia, lehren, dass *ein anderer* anstelle von Jesus gekreuzigt wurde. Natürlich kann man sich fragen, wie es dazu gekommen sein soll, und das werden wir später auch noch tun.

Der Mann, den Kersten als überlebenden und in Srinigar begrabenen Jesus präsentiert, heißt Yuz Asaf. Kersten stellt fest, dass dessen Sarkophag in Ost-West-Richtung orientiert ist, was der jüdischen Tradition entspricht, und somit ist für Kersten klar: Yuz Asaf kann kein islamischer Heiliger gewesen sein! Auch Buddhist oder Hindu könne er nicht gewesen sein, da dort nur Asketen und Heilige bestattet werden, während alle andere Toten verbrannt werden. Also, schließt Kersten, liegt hier jemand, der bereits vor der Ankunft des Islam begraben wurde: In einer Zeit, in der Kaschmir mahayana-buddhistisch und tantrisch-hinduistisch war. Kersten stellt fest, dass es zahlreiche Urkunden gibt, die für die jüdische Herkunft des Toten sprächen.

Wenn man sich allerdings überlegt, dass die Ahmadiyya-Bewegung in Punjab, einem indischen Bundestaat, der an das Unionsterritorium Jammu und *Kaschmir* grenzt, entstanden ist und man ebenso weiß, dass es gerade diese Gemeinschaft ist, die Yuz Asaf mit Jesus identifiziert, muss man sich fragen, ob dies tatsächlich allzu verwunderlich ist.

Hier drängt sich doch eher der Verdacht auf, dass Kersten, der in Bezug auf das Turiner Grabtuch eine vorbildliche Arbeit geleistet hat, hier von Anfang an in gutem Glauben und bester Absicht einer falschen Fährte gefolgt ist, die er konsequent weiterverfolgt hat, was an ihrer Falschheit freilich nichts ändert.

Die aramäische Sicht

Der Autor Johann-Tönjes Cassens beklagt in seinem Buch *Jesus starb nicht am Kreuz*, dass die Übersetzungen der Evangelien auf griechische und lateinische Schriften basieren, obwohl die Muttersprache Jesu Aramäisch war. Auf die Landessitten, Zeitumstände und persönliche Verhältnisse des Einzelnen wird zu wenig eingegangen, sagt

Cassens im Einklang mit dem Theologen und Philosophen Aurelius Augustinus, der von 350 – 413 u. Z. lebte.

Cassens weist weiter darauf hin, dass der gläubige Jude Jesus in Gleichnissen redete – in Allegorien, Sprichwörtern und Illustrationen. Gleichnisse zu erzählen sei für die Semiten eine „allgemein übliche Art der Verständigung". Logischerweise geht er davon aus, dass die Worte Jesu ursprünglich auf Aramäisch niedergeschrieben wurden. Wichtig ist es diesem Autor, darauf hinzuweisen, dass Bibelexegeten der Zugang zur aramäischen Sprache verschlossen blieb, weil sie aus dem griechischen oder lateinischen Kulturraum kamen. Doch: Die *aramäische Sprache* ist es, die eine willkommene Möglichkeit bietet, zum wahren Kern der Gleichnisse vorzudringen, gibt sich Cassens überzeugt. Der geht noch weiter und behauptet: „Zahlreiche Bibelstellen lassen sich ohne Rückgriff auf die aramäische Sprache überhaupt nicht verstehen und die Sinnhaftigkeit der Worte bleibt verschlossen."

Dies macht er an einem Beispiel deutlich: Wenn Jesus nach Ostern seinen Jüngern erschien, wie in Joh. 20 berichtet wird, und zu ihnen sagte „Friede euch! Wie der Vater mich ausgesandt hat, sende ich auch euch. Und als er das gesagt hatte, hauchte er sie an" (V. 21-22; ELB), sei die Deutung, dass Jesus den Jüngern heiligen Geist eingeblasen hatte, „verfehlt". Vielmehr bedeute „Er blies sie an" „Er stärke ihren Mut für die weitere Missionsarbeit." Nichtsdestotrotz heißt es in der Folge des Zitats oben in der Elberfelder Übersetzung und fast gleichlautend in anderen ([…] und spricht zu ihnen: Empfanget Heiligen Geist." (V.22b)

Wie dem auch sei, Cassens beruft sich auf den Theologen und Aramäisch-Experten George M. Lamsa, der aus Assyrien stammt und von 1892-1975 lebte, wenn er versucht, „einige Fehldeutungen und Missverständnisse in Jesu Leben und seiner Lehre aufzudecken".

Unspektakulär schildert Cassens die Stationen des Lebens Jesu, bis er mit der Behauptung „Judas Iskariot war kein Verräter" eine Bombe zündet. Unter Berufung auf Lamsa stellt er fest, dass einige von Jesu Begleitern bereits vor seiner Ankunft in Jerusalem von ihm abgefallen waren, während die zwölf Jünger, die zu ihm standen, seine Landsleute waren – Galiläer. Mit einer Ausnahme: Judas. Der stammte aus Judäa. Dazu muss man wissen, dass für Lamsa die Galiläer *keine* Juden waren – eine Ansicht, die Lamsa (und mit ihm wohl auch Cassens) exklusiv hat, wenn auch Galiläa zur Zeit Jesu eine eigene Provinz war.[4]

Wohl aber war es, wie Cassens feststellt, vermutlich so, dass es im Verhalten der Galiläer und der Juden aus Judäa gravierende Unterschiede gab. Die Galiläer verfolgten gewisse Vorschriften der Ältesten nicht so gewissenhaft wie die Judäer, wie z. B. das Waschen der Hände vor dem Essen, das Fasten und die rigorose Einhaltung der Sabbatruhe.

---

[4] Lamsa spielt wohl auf den Umstand an, dass das Königreich Israel mit der Hauptstadt Jerusalem in zwei Staaten, einen Nordstaat namens „Israel" mit Samaria als Hauptstadt und einen Südstaat namens „Juda" mit Jerusalem als Hauptstadt zerfiel. Galiläa gehörte zum Nordreich, das durch Assyrien erobert wurde, wobei die israelische Oberschicht deportiert wurde. Auf dem Gebiet siedelten in der Folge verschiedenen Angehörige östlicher Völker, und so legt Lamsa Wert auf die Feststellung, dass die Galiläer ein „Mischvolk" waren.

Cassens fällt auf, dass Judas bei der Aufzählung der zwölf Jünger immer an letzter Stelle steht und weiter, dass er bereits bei der Berufung der Jünger als Verräter bezeichnet wird. Als Beleg dafür nennt Cassens Mt. 10:1-4; Mk. 3:13-18 und Luk. 6:12-16). Wir wollen uns die Stelle aus dem Markus-Evangelium, dem wohl ältesten, aus dem die Autoren des Matthäus- und Lukas-Evangeliums mit hoher Wahrscheinlichkeit einiges abgekupfert haben, ansehen. Dort heißt es über Jesus:

„Und er steigt auf einen Berg und ruft zu sich, die *er* wollte. Und sie kamen zu ihm; und er berief zwölf, damit sie bei ihm seien und damit er sie aussende zu predigen und Vollmacht zu haben, die Dämonen auszutreiben. Und er berief die Zwölf, und er gab dem Simon den Beinamen Petrus. Und Jakobus, den (Sohn) des Zebedäus., und Johannes, den Bruder des Jakobus, und er gab ihnen den Beinamen Boanerges, das ist Söhne des Donners, und Andreas und Philippus und Bartholomäus und Matthäus und Thomas und Jakobus, den (Sohn) des Alphäus, und Thaddäus und Simon, den Kanaanäer, der ihn auch überlieferte." (ELB, Hervorhebung im Org.)

Tatsächlich: der Autor des Markus-Evangeliums kann es nicht lassen, Judas hier gleich zu Beginn als Verräter zu brandmarken. Insofern hat Cassens absolut Recht, wenn er schreibt: „Judas wurde von den Evangelisten von Anfang an stigmatisiert" und: „Die Evangelisten waren stets bemüht, die Erfüllung der Prophezeiungen aktenkundig zu machen". Unter Berufung auf Matth. 10:5f weist er jedoch daraufhin, dass Judas genauso zuverlässig war wie seine Jünger-Kollegen, ja er bezeichnet ihn sogar als *besonders* vertrauenswürdig, da ihm von Jesus die Verwaltung der Finanzen übertragen worden war. Jesus bezeichnet ihn, als der „Verrat" bereits im Laufen war, als „Mein Freund" (Matth. 26:50) (In der Elberfelder Übersetzung fehlt das „Mein"). Sehr aufschlussreich ist das Zitat Classens:

„Doch wurden Judas geldgierige Eigenschaften zugesprochen. Seine Person bot kirchlichen Interessengruppen eine willkommene Möglichkeit, sich vom Judentum allgemein abzuwenden." (Classens 2016, S. 68f)

Classen verweist weiter auf den Theologen Irenäus von Lyon, der im 2. Jahrhundert u. Z. lebte, und zitiert ihn mit den Worten: „Und da er als einziger von allen die Wahrheit erkannt hat, vollbrachte er das Mysterium des Verrats." Judas begann den Verrat, weil er „als einziger die Wahrheit erkannt hatte?" Wie kommt der Kirchenvater auf so etwas?

Offensichtlich bezieht Irenäus sich an dieser Stelle auf eine pseudepigraphische Schrift namens „Judas-Evangelium", eine Abhandlung, die wahrscheinlich im 2. Jh. nach Chr. in einer frühgostischen Sekte entstanden ist. Irenäus hat sich als erster mit dieser Schrift beschäftigt. Der Blogger Viktor Janke schreibt in seinem Blogbeitrag „Welche Quellen haben wir über Judas Iskariot (Judasevangelium)?":

„In dieser Schrift wird behauptet, Judas habe in Wahrheit als einziger Jünger die wahre Bestimmung Jesu erkannt. Jesus selbst habe Judas um den Verrat gebeten – um sich von seiner körperlichen Hülle befreien und seinen Daseinszweck erfüllen zu können.

,Du wirst sie alle übertreffen. Denn du wirst den Menschen opfern, der mich kleidet', sagt Jesus nach Angaben der National Geographic Society in der wichtigsten Passage des Manuskripts."

Weiter schreibt Janke – nicht ohne zu erwähnen, dass die Deutung des Judas-Evangeliums umstritten ist:

„Die Gnostiker, von deren Anhänger jemand diese Schrift wohl schrieb, glaubten, dass Jesus Gott war, der sich durch die Schein-Kreuzigung seiner menschlichen Hülle entledigt habe."

Der israelische Schriftsteller Amos Oz entwickelt, um wieder auf Cassens Erkenntnisse zurückzukommen, in seinem Roman „Judas" aus dem Jahr 2014 die These, dass die Verratsgeschichte der Ursprung des Antisemitismus sei. Er fragt sich nicht unbegründet: „Jesus war in ganz Jerusalem bestens bekannt, weshalb war es dann notwendig, ihn zu identifizieren?", und ergänzt, dass Jesus nie den Versuch unternommen hätte, sich zu verstecken. Es dürfte kein Problem gewesen sein, Jesus auch ohne diesen angeblichen Verrat aufzufinden.

Classens spekuliert dahingehend, dass der berüchtigte „Kuss", mit dem Judas Jesus verraten haben soll, schlicht und einfach ein Abschiedskuss war, „weil Jesus am Ende doch nur Menschensohn bleiben wollte, aber nicht der Messias mit der klaren Zielsetzung der Propheten". Dazu kommt, dass im Orient der Kuss einhergehend mit Wiedersehen und Umarmungen absolut üblich war. Classens spekuliert nicht ganz unglaubwürdig dahingehend, dass die Kussszene auf die Stelle 2. Sam. 20:9 im Tanach zurückgeht, wo es nach Zunz heißt: „Und Joab sprach zu Amasa: Bist du wohl, mein Bruder? Und es fasste die rechte Hand Joabs an den Bart Amasas, um ihn zu küssen." Auch diese Szene spielte übrigens während eines Kampfes, und die Frage mit dem angedeuteten Kuss diente offensichtlich nur der Ablenkung, denn im folgenden Vers 10 heißt es: „Und Amasa hatte sich nicht in Acht genommen vor dem Schwerte, das in Joabs Hand, und er schlug ihm damit in die Weiche und verschüttete seine Eingeweide zur Erde, und er gab ihm keinen zweiten Stoß, und der starb." Es lässt sich darüber streiten, ob dieses Beispiel aufgrund der Umstände klug gewählt ist, doch die Stelle an sich zeigt deutlich, dass die angesprochene Küsserei im Orient üblich war. Judas war, wie Classens folgert, offensichtlich davon überzeugt, dass die Errichtung des irdischen Israelreiches, um die es letztlich ging (!) nicht mehr zu erreichen war.

„Verhängnisvoll ist und bleibt die folgenschwere Entwicklung einer christlichen Judenfeindlichkeit", schreibt Classens. Und weiter:

„Judas wurde mit Antijudaismus und Antisemitismus gleichgesetzt. Für Augustinus und Thomas von Aquin war Judas das Böse schlechthin. Hans Holbein der Jüngere malt den Juden im Bild „Die graue Passion" mit ausgeprägter Hakennase und fleischigen Lippen. Das Nazi-Kampfblatt „Der Stürmer" hat dieses Bild begierig auf-genommen. Der Verrat Judas' entwickelte sich zu einer Fehlinterpretation mit verhee-renden Auswirkungen für Wohl und Wehe aller Juden in der Welt." (Classens 2016, S. 69f)

Ich möchte noch einen Schritt weitergehen. Wäre es nicht denkbar, dass im Zuge der weiter oben im Buch angesprochenen Verfälschung der Evangelien durch die hel-lenisierten und romhörigen Christen diese Verratsgeschichte schlicht und einfach *er-funden und eingefügt* wurde, um die Juden noch besser als „Christusmörder" hinstel-len zu können? Ist der Ursprung des Antisemitismus am Ende in der (von Christen verfälschten) Bibel zu finden?

Classens stellt in seiner Betrachtung fest, dass in den Evangelien *zwei* Menschen unter den Jüngern vor besondere Herausforderungen gestellt wurden. Neben Judas auch Petrus, der Classens zufolge unter Berufung auf die Stelle Mt. 16:18 für Jesus „Der Erste unter Gleichen" war. (Das ist jene berühmte Stelle, der zufolge Jesus zu Petrus sagt: „Du bist Petrus, und auf diesen Felsen will ich meine Gemeinde bauen". (ELB) Petrus war derjenige, der für Jesus den Tempelgroschen bezahlen musste, schließt Clas-sens aus Mt. 17: 24, wo es heißt: „Als sie nach Kapernaum kamen, traten die Einwohner der Doppeldrachmen zu Petrus und sprachen: Zahlt euer Lehrer nicht die Doppel-drachmen? Er sagte: Doch". Petrus trug, wie Classens richtiger Weise feststellt, ein Schwert bei sich, um Jesus notfalls verteidigen zu können., doch als Petrus bei Jesu Gefangennahme im Garten Gethsemane das Schwert zu diesem Zweck zückte, um dem Soldaten, der die Festnahme vollzog, das Ohr abzuschlagen, forderte Jesus ihn auf, es wieder in die Scheide zu stecken (Joh. 18:10-11). Classens zweifelt nicht daran, dass Petrus zuverlässig war und Jesus liebte. Schließlich war Petrus auch der einzige Jünger, der Jesus auf seinem Weg zur Anhörung vor dem Hohen Rat begleitete. Die synopti-schen Evangelien sind sich jedoch daran einig, dass Petrus „kläglich in dem Augenblick scheiterte, als Bekennermut gefragt war".

Dass sich diese drei Evangelien einig sind, sollte nicht weiter verwundern, haben die Verfasser des Matthäus- und Lukas-Evangeliums vermutlich doch aus dem Älteren Markus-Evangelium, hier der Stelle Mk. 14:66-72, abgeschrieben.

Im Gegensatz zu Judas, der sich angeblich das Leben nahm (tatsächlich sind aber gleich drei Todesarten überliefert![5]) wurde Petrus, der Jesus „beharrlich und damit vorsätzlich verraten hat" (vgl. Mk. 14,66-72) „zu höheren Ämtern erkoren", wobei sich Classens auf Joh. 21,15) bezieht, wo Jesus Petrus geboten haben soll: „Weide meine Lämmer".

So kann man durchaus zu folgendem Schluss kommen: „*Wenn* jemand Jesus verraten hat, dann war es Petrus – der angeblich erste Papst…"

Auch Classen kommt übrigens im vollen Gegensatz zu seinem Mentor Lamsa zum Ergebnis, dass Jeus *nicht* am Kreuz gestorben ist, sondern sein Leben am Ende „einer ungewöhnlichen Häufung von Zufällen und spontaner Hilfsbereitschaft" verdankte:

„Jesus wurde an ein T-Gerüst gebunden und nicht genagelt.[6]

Der am Freitagabend beginnende Sabbat verlangte nach jüdischem Brauch die Abnahme eines Gekreuzigten.

Jesus hing nicht einmal sechs Stunden am Kreuz, in dieser kurzen Zeit wird in der Regel zwar qualvoll am Kreuz gelitten, aber nicht gestorben.

Judäische Frauen schafften Rausch- und Schmerzmittel nach Golgatha, die Jesus zunächst ablehnte, die ihm später mittels Schwamm aber verabreicht wurden.

Joseph von Arimathia war rechtzeitig zur Stelle, um von Pilatus die Herausgabe des Leibes zu verlangen.

Die Absicht des Hannas[7]-Clans, Jesus die Beine zu brechen, um seinen schnellen Tod herbeizuführen, blieb folgenlos, weil sie Jesus für tot hielten; die beiden Räuber ereilte aber dieses Schicksal durch die römische Wachmannschaft.

---

[5] Nach Mt. 27 erhängte er sich noch in der Nacht vor Jesu (angeblichem) Tod, nach Apg. 1 stürzte er auf einem Acker, den er sich mit dem „Lohn für seine Ungerechtigkeit" erworben hatte, „kopfüber und barst mitten entzwei, wobei „alle seine Eingeweihten ausgeschüttet wurden" (V. 18), und nach dem altkirchlichen Bischof Papias, der Mitte des 2. Jh. in Hierapolis in der heutigen Türkei lebte, von einer „schrecklichen Krankheit" spricht, an der Judas seit seiner Tat litt. (Vgl. https://www.bibelwissenschaft.de/wibilex/das-bibellexikon/lexikon/sachwort/anzeigen/details/judas-iskarioth/ch/87311509863494532bc01866bf341815/#h7) Papias zufolge starb Judas schließlich an Erstickung infolge dieser Erkrankung. (https://en.wikipedia.org/wiki/Papias_of_Hierapolis#Death_of_Judasgl. https://en.wikipedia.org/wiki/Papias_of_Hierapolis#Death_of_Judas). Nach der Internet-Seite „Death of Judas according to Papias" wurde Judas für seinen Verrat an Jesus bestraft, indem er sich „im Fleisch entzündete"- so groß, dass er nicht durch enge Gassen gelangen konnte, seine Augen anschwollen, seine Genitalien sich vergrößerten, wenn er sich erleichterte, Eitern und Würmer aus allen Teilen seines Todes hindurchgingen. Der Tod kam zu ihm ‚in seinem eigenen Land' und niemand kann dort durchgehen, ohne die Nase zu halten."

[6] Classens sagt jedoch an anderer Stelle, dass durch die Handgelenke Jesu tatsächlich Nägel getrieben wurden.

[7] Hannas (auch *Annas*) war jüdischer Hohepriester zwischen den Jahren 6 und etwa 15 u. Z., als der römische Kaiser Augustus regierte. Der Name Hannas wird in dem Johannesevangelium in Verbindung mit den Umständen des Prozesses gegen Jesus genannt. (Zit. n. https://de.wikipedia.org/wiki/Hannas). Classen meint mit dem Begriff „Hannas-Clan" offensichtlich schlicht das Hinrichtungskommando, wobei allerdings angemerkt werden muss, dass die Scharfrichter *Römer* waren, während Hannas Jude war.

Die Grablegung war nur ein Vorwand, um die Wundheilung Jesu zu beginnen. Daher fanden Freunde und Angehörige nur ein leeres Grab vor." (Classen 2016, S. 92)

Lamsa, der in seinem Buch *Die Evangelien in aramäischer Sicht* deutlich macht, dass er an den Tod Jesu bei der Hinrichtung glaubt[8], schreibt allerdings auf S. 209 unter Bezugnahme auf Mt.28:6 und die Auferstehung:

„Das aramäische Wort für ‚auferstehen' lautet *kam*. Es umfasst die Begriffe; ‚vom Tod auferstehen', ‚aufstehen' und ‚Erfolg haben' und wird oft verwendet, wenn uns jemand sagen will, ‚es sei ihm etwas gelungen', ‚er sei (glücklich) durchgekommen', oder ‚es sei aufgewacht'.

Classen wirft aber eine wichtige Frage auf: Wenn Jesus für unsere Sünden gestorben ist, welchen Sinn hatte dies, wenn er gerade mal drei Tage tot blieb und dann wieder auferstand?

Was die Himmelfahrt Jesu betrifft, so kommen sowohl Classen als auch Lamsa zu einem positiven Ergebnis: Zunächst erinnert Classen an Lk. 24:50-51, bis auf noch danach folgende zwei Verse das Ende des Lukasevangeliums, wo es heißt:

„Er führte sie [seine Jünger] aber hinaus bis gegen Betanien und hob seine Hände auf und segnete sie. Und es geschah, während er sie segnete, schied er von ihnen und wurde hinaufgetragen." (ELB)

Zu diesem Vers zitiert Classen Lamsa, der auf S. 355 zu V. 51 dieses Kapitels sagt:

„Wir können nicht nachprüfen, was eigentlich geschah, doch so viel wir wissen, glaubten die Juden, dass Propheten in den Himmel auffahren konnten. Mose und Elia hatten dies schon bewiesen. Daher bereitete es den frühen Christen keinerlei Schwierigkeit, an eine Himmelfahrt ihres Meisters zu glauben." (Vgl. Classens 2016, S. 101)

Lamsa schreibt – was Classens nicht erwähnt – an dieser Stelle weiter:

„Dieses Aufsteigen war jedoch, wie ich früher schon erwähnt habe, rein geistiger Art. Jesus erhob sich mit dem geistigen Körper, mit dem Er aus dem Grabe auferstanden war, zum Himmel."

Kein Zweifel: Lamsa war davon überzeugt, dass Jesus bei der Kreuzigung starb und später mit einem nicht näher definierten „geistigen Körper" in den Himmel aufgefahren

---

[8] So schreibt Lamsa auf S. 263 in seinem genannten Buch im Zusammenhang mit Mk. 16:2: „Jesus war am Freitag verschieden." Auf S. 437, in dem es um Joh, 19:31 geht, schreibt Lamsa ganz klar: „Jesus wurde […] am Freitag gekreuzigt und ist am Sonntag auferstanden." Auf S. 441 sagt er in Zusammenhang mit Joh, 20:17, „Jesus auferstand aus dem Tode in der Frühe jenes Morgens."

ist. Allerdings hat – wie wir bereits gesehen haben – Classen allen Grund, an dieser Deutung zu zweifeln.

Die Erwähnung der Himmelfahrt Mose gibt Rätsel auf. Während Elias dem biblischen Zeugnis zufolge eindeutig in den Himmel aufgefahren ist (s. 2. Kön. 2:1: „Und es geschah, da der Ewige den Elijah auffahren ließ in der Wetterwolke gen Himmel, gingen Elijah und Elischa von Gilgal" und V. 11-12a: „Und es geschah, als sie fortgingen und redeten, siehe da, ein Feuerwagen und Feuer-Rosse, die trennten beide, und Elijah fuhr in einer Wetterwolke gen Himmel. Und Elischa sah es und schrie Mein Vater, mein Vater! Jisraëls Wagen und seine Reiter! Aber er sah ihn nicht mehr.“; beide Bibelzitate nach Zunz), einzig übrig von Elias blieb sein Mantel; wurde Moses nach dem biblischen Zeugnis begraben. Am Ende des Deuteriums (5. Buch Moses) heißt es (ebenfalls nach Zunz):

„Und es starb daselbst Moscheh, der Knecht des Ewigen, im Lande Moab, auf Befehl des Ewigen. Und er [allem Anschein nach Gott selbst!] begrub ihn im Tale im Lande Moab, gegenüber Bet Peor, und niemand kennt seine Grabstätte bis auf diesen Tag. Und Moscheh war einhundertvierzig Jahre alt, da er starb; sein Auge war nicht getrübt und seine Säfte nicht geschwunden." (Deut. 34:5-7)

Das klingt doch gerade so, als ob Gott einen rüstigen Moses aus der Mitte seines Volkes herausgenommen und ihn ohne Zeugen an einem unbekannten Ort begraben hätte – *wenn* er ihn überhaupt begraben hat und diese Story den Israeliten nicht nur aufgetischt hat! In einer jüdischen Sage namens „Der Tod Moses" heißt es jedenfalls geheimnisvoll:

„Also starb Mose, der große Schriftschreiber. Und zwölf Meilen rund um das Lager Israel war eine Stimme zu hören: Moses, der große Schreiber der Thora, ist nicht mehr! Es gibt aber welche, die sagen, er wäre gar nicht gestorben." *(Die Sagen der Juden*, S. 899)

In der jüdischen Sage *Moses Ruhm* heißt es gar:

„Drei fuhren lebendig in den Himmel: Henoch, Mose und Elia. Von Moses heißt es: Und Mose fuhr auf von dem Gefilde Moabs, und keiner wusste, wo sein Grab wäre." (ebd. S. 923)

Es existiert sogar eine Schrift, die den Titel „Die Himmelfahrt des Mose" trägt, doch sind in den erhaltenen Fragmenten nur Anweisungen von Moses an seinen Nachfolger Josua zu finden. (Vgl. Riessler 1928/1988, S. 485-495; https://de.wikisource.org/wiki/Himmelfahrt_des_Moses)

Wenn wir also den Faden bei Classen wieder aufnehmen, sehen wir, dass er glaubt, zu den drei oben Genannten sei noch ein weiterer hinzugekommen: Jesus! Lamsa glaubt wohl das Gleiche mit Abstrichen, denn nach ihm ist Jesus offensichtlich als vom Tode wiederaufgestandener und nicht als wirklich Lebendiger im Sinne von „körperlich Lebendigen" hinzugekommen.

Unterm Strich gelangt auch Classen zur Erkenntnis, dass Jesus keine neue Religion gründen wollte, sondern eher ein jüdischer Reformator war.

Ein anderer Autor, der sich intensiv mit der aramäischen Sichtweise auf Jesus auseinandersetzte, war Günter Schwarz.

Der Jesus des Günter Schwarz

Dr. Phil. Günter Schwarz war evangelischer Theologe und Aramäischforscher und lebte von 1928 bis 2009. Er kam zu der Ansicht, dass die z. B. in der Einheitsübersetzung vorliegenden Worte Jesu zum Teil schwerwiegende Fehler enthielten. Um die wahren Worte zu erfassen, „bediente er sich einer speziellen Technik der Rückübersetzung ins Aramäische, also in die Sprache Jesu." (Jesus-Forscher.de) Weiter heißt es auf dieser Seite: „Im so wieder gewonnenen ursprünglichen Wortlaut – ohne Anspruch auf Unfehlbarkeit, wie Dr. Schwarz stets betonte – erstrahlt die Botschaft Jesu von Gott als liebendem Vater wieder in ihrer vollen Schönheit und Kraft. Wann und warum die Fehler entstanden sind, wird unter *Fehler in der Bibel* näher beleuchtet." (Hervorhebung durch RMH) Über die Fehler, die er fand, berichtet er auf seinem PDF-File *Rückübersetzung*.

Kernpunkt der Darstellung Schwarz' ist seine Behauptung, Jesus sei ein aramäisch sprechender Dichter-Prophet gewesen. In seinem PDF-File *Worte des Rabbi Jeschu* erklärt er, dass Jesus ein „Wissender" (allerdings kein Allwissender!) war, der es „nicht nötig hatte, an Gott zu glauben, denn er kannte ihn" (vgl. Joh. 8:55) Zudem kannte Jesus dieser Schrift zufolge Engel, Satan und Dämonen, die ihn an seinem „Lichtglanz" erkannten. (Von einem „Lichtglanz" ist allerdings in den von Schwarz angeführten Stellen Mk. 1:24 und Luk. 4:34 nach den gebräuchlichen Übersetzungen nicht die Rede). Schwarz' Jesus war ein „Dämonenaustreiber" und Krankenheiler, Prophet, Lehrer, wie bereits erwähnt: Dichter, „ein Mächtiger", und „ein Dienender" (er diente nach oben und nach unten, also sowohl Gott als auch den Menschen.) Wie wir später bei der Betrachtung des aus Schwarz' Eso-Jesus gemachten Öko-Jesus des Franz Alt noch sehen werden, macht Schwarz aus den Schwertern, die die Jünger besaßen, Messer. Schwarz zufolge beschrieb Jesus bzw. Rabbi Jeschu Gott ausdrücklich als „das eine" und nicht „dreieinige" „Geistwesen", nach dessen Willen man zu handeln habe. Für Schwarz war Gott die „Liebe in Person". Die Welt beschrieb Jesus Schwarz zufolge als „einen materiellen und daher nicht heilen Teil der ursprünglich nur geistigen und daher heilen Welt Gottes." Den Menschen beschrieb „Rabbi Jeschu" Schwarz zufolge als „ein geistiges Wesen, im Wesentlichen ihm gleich", „ein materielles Wesen, dessen geistiges Selbst irgendwann, wie sein Selbst, in einen Körper eingekörpert wird (Johannes 1:14; 9:1-2; Hebräer 2:14-17) und das irgendwann aus seinem sterbenden Körper herausgezogen wird. (Lukas 12:20) oder, beim gewaltsamen Sterben, hinausgeschleudert wird." Weiter beschreibt er den Menschen als „als ein geistiges Wesen, das sich – in den Himmeln, noch vor Grundlegung der Welt, mit Lügen geködert (Johannes 8:44) – durch freie Entscheidung schuldhaft von Gott abwandte und, nachdem es sich der Herrschaft

Satans unterworfen hatte, aus den Himmeln verbannt wurde (Offenbarung 12:9), um erst in der Unterwelt und dann auf der Erde die Folgen seiner Abwendung von Gott zu erleiden – bis er, einsichtig geworden, aus freier Entscheidung, in die Himmel zurückzukehren wünscht." Dies ähnelt dem Menschen in der Geschichte von Edgar Cayces Jesus, auf die wir bald eingehen werden.

Jesu Lehre bezeichnete Schwarz ausdrücklich als „esoterisch" – und das ist sie unverkennbar auch.

Für uns interessant ist an dieser Stelle vor allen Dingen Schwarz' Einstellung zu Jesu Kreuzigung, Auferstehung und Himmelfahrt.

Auch Schwarz orientiert sich am Turiner Grabtuch und kommt zu ähnlichen Schlüssen wie Kersten.

Hinsichtlich der Darstellung der Umstände um die Kreuzigung Jesu bezeichnet er die Darstellung in den drei synoptischen Evangelien – womit er zweifellos Recht hat – als „skizzenhaft". Auch die Darstellung im Johannes-Evangelium bezeichnet er als skizzenhaft, spricht hier aber von einer „genaueren und vollständigeren Skizze".

Das Turiner Grabtuch betreffend hat er allerdings auch eine ihm eigene Vorstellung, so spricht er in Teil 1 seiner Ausführungen zum Thema *Hat Jesus überlebt* in PDF-Form davon, dass Jesu „hauchdünnes Abbild durch einen Energieblitz (!) auf das Tuch ‚aufgeblitzt' wurde.

Darüber hinaus stellt er anhand des Turiner Grabtuchs fest, dass der rechte Arm Jesu ausgekugelt war – ihm fällt eine „Überlänge" auf. Weiterhin trifft er die Feststellung, dass sowohl am linken Knie als auch an der rechten Ferse Jesu Spuren von Straßenschmutz entdeckt worden seien, wie sie auch bei Ausgrabungen in Jerusalem, in der Nähe des Damaskustores, gefunden worden waren. Schwarz findet noch mehr Details, auf die Kersten nicht eingeht, wichtig ist aber, dass auch er zu folgendem Schluss kommt: „Jesu Herz muss noch geschlagen haben, als sein Leib zwischen die beiden Hälften jenes Tuches gebettet wurde, das heutzutage ‚Turiner Grabtuch' genannt wird. Daraus folgt: Der am Kreuz hängende Jesus muss, ohne gestorben zu sein, von einem bestimmten Augenblick an von Freunden und Vertrauten (wie auch von seinen Feinden und Folterern) für tot gehalten worden sein" und fügt hinzu: „Zum Glück!" Im Anschluss schreibt er in der zweiten PDF-Datei seiner Ausführungen zum Thema *Hat Jesus überlebt:*

„Denn nur dadurch, dass er für tot gehalten und in der Grabkammer Josefs aus Arimathäa[9] provisorisch bestattet wurde, ohne tot zu sein, konnte sich *das* an ihm ereignen, was die Kirche mit einem leider Verständnis verhindernden Ausdruck ‚Die Auferstehung Jesu' nennt, die aber korrekt ‚die Umwandlung Jesu' genannt werden sollte."

Bevor wir auf diesen von Schwarz angenommenen esoterischen Vorgang zu sprechen kommen, gehen wir noch auf einen von Schwarz vorgelegten Beweis dafür ein, dass das Grabtuch aus der Zeit Jesu stammen muss. Er weist darauf hin, dass man an einer Stelle des Tuches (wenn man weiß, wo) mit bloßem Auge die Buchstaben „UCAI" erkennen

---

[9] Andere Schreibweise für Joseph von Arimathia

könne, und das sind Schwarz zufolge Teile einer Münze, die im Jahr 29 unter Pontius Pilatus geprägt wurde. Diese Münze befindet sich auf dem rechten Augenlied. „UCAI" ist der Mittelteil von „[T]IOUCAICAROC", was so viel wie „des Kaisers Tiberius" bedeutet. Münzen legte man Schwarz zufolge auf die Lider Verstorbener, wenn es aus irgendeinem Grund nicht möglich war, deren Lider geschlossen zu halten. Auf der Abbildung auf der PDF-Datei, die offensichtlich aus einem Buch eingescannt wurde, ist dieser Beweis nicht zu finden, doch der gesamte Scan ist von derart schlechter Qualität, dass dies auch nicht zu erwarten gewesen wäre. Schwarz schließt:

„Folglich kann Jesus nicht am Kreuz gestorben sein. Anders: Demnach kann sein Geist seinen materiellen Leib nicht endgültig verlassen haben, sondern muss noch durch die ‚Silberkordel' (Pred. 12,6) mit ihm verbunden gewesen sein. Denn wäre sie ‚zerrissen' gewesen, dann hätte er nicht mehr in ihn zurückkehren können".

Diese Silberkordel, oft auch als „Silberschnur" oder „Astralschnur" bezeichnet, ist ein fester Bestandteil der modernen Esoterik-Literatur. Der sogenannte Astralleib oder Astralkörper ist in der Esoterik eine Art Körper innerhalb des Körpers, der den Tod überlebt. Manche Menschen führen in ihrem Leben sogenannte Astralreisen durch, bei denen der „grobstoffliche" oder physische Leib mit dem „feinstofflichen" Leib, dem Astralleib durch eben diese Silberkordel verbunden bleibt. Beim Tod des Menschen (bzw. dem Tod des physischen Körpers) reißt diese Astralschur, und eine Rückkehr in den physischen Körper ist für den „Astralkörper" nicht mehr möglich. Weitgehend unbekannt ist aber der Umstand, dass bereits im Tanach dieser Begriff auftaucht, wie Schwarz aufführt. In der von Schwarz im obigen Zitat angesprochenen Stelle heißt es (ergänzt durch V. 7) nach Zunz:

„Ehe denn reißt die silberne Schnur und bricht die goldene Schale, und zertrümmert wird der Krug an der Quell und zerschlagen wird das Rad an dem Borne;
    Und zurückkehrt der Staub zur Erde, so wie er gewesen, und der Geist kehrt zu Gott, der ihn gegeben hat."

Sicher klingt der Ausdruck „Silberne Schnur" verlockend, insbesondere, da in V. 7 auch die Rede davon ist, dass der Geist zu Gott zurückkehrt, doch es bleiben Fragen: „Was ist mit der „Goldenen Schale" gemeint, was mit dem „Krug an der Quell", was mit dem „Rad an dem Borne"? Mir erscheint es eher so, also ob diese Begriffe – einschließlich der „Silbernen Schnur" eher metaphorischer Art sind.
    In der Folge – im dritten PDF-Dokumentes zu diesem Thema – erwähnt Schwarz wieder, dass das Abbild auf dem Turiner Grabtuch „aufgeblitzt" war, und zwar „von innen her".
    Der Theologe stellt sich selbst die Frage: „Wie kam das ‚Bild' auf das Tuch?" und gibt darauf folgende Antwort:

„Die Tatsache, dass das TG-Körperbild den Charakter eines fotografischen Negativs hat, lässt den Schluss zu, dass es sich bei ihm im Wortsinne um ein ‚Lichtbild' handelt;

um ein Bild also, das durch ‚Licht' (mit Projektionscharakter auf dem Leintuch entstand."

Und weiter:

„Doch welche Art von Licht konnte das leisten? – Es muss ähnliche Eigenschaften wie ein Atomblitz gehabt haben, jedoch ohne dessen zerstörerische Wirkungen. Dafür spricht, dass das TG-Körperbild ein hauchdünnes ‚aufgeblitztes Bild' zu sein scheint.

Ist es aber ein ‚aufgeblitztes Bild', sollte es dann nicht erlaubt sein, aus der Tatsache, dass es auf ihm zwar etliche Blut- und helle Blutserumspuren, aber keinerlei Verwesungsspuren gibt, folgende (hypothetische) Schlüsse zu ziehen.

Erstens: der für tot gehaltene materielle Leib Jesu sei am Ostersonntagmorgen von innen her durch eine uns Menschen unbekannte Energie in seine atomaren Teilchen ‚zerstrahlt' und anschließend wieder um seinen geistigen Leib herum verdichtet worden;

Zweitens: es sei eine ‚unbekannte Energie' gewesen, die während des blitzartigen ‚Zerstrahltwerdens' des materiellen Leibes Jesu dessen Abbild auf dem TG hinterließ; und zwar folgerichtig als ‚aufgeblitztes Bild"."

Dass Jesus auf dem Weg nach Golgatha nur das T-Stück trug, hält Schwarz für unrealistisch, da auf dem Grabtuch dafür zu schwere Verletzungen zu sehen sind. Schwarz entnimmt dem Grabtuch, dass Jesus „eine lange runde Holzlast (also einen ungeschälten Baumstamm und zwei kurze, darauf festgebundene Kanthölzer)" auf der rechten Schulter trug und dass er „damit, von der Geißelung geschwächt, mehrmals stürzte, davon einmal schwer." Schwarz will aus dem Tuch sogar erschließen, dass Jesus bei dem schweren Sturz vornüber gefallen sein muss, wobei „das vordere Ende des Baumstammes vor ihm auf das Straßenpflaster aufgeschlagen" sein müsse, „dabei wird ihm dessen Mitte die Haut von der rechten Schulter abgeledert haben; und dabei wird, weil er zuerst mit dem linken Knie stürzte und dann der Länge nach zu Boden stürzte, die ganze übrige Holzlast mit Wucht auf sein linkes Schulterblatt gefallen sein." Als Beweis bietet er einige Abbildungen, die aber aufgrund der schlechten Qualität der PDF-Datei praktisch nicht beurteilbar sind. Ein Querbalken allein hätte jedenfalls, so Schwarz, diese schweren Verletzungen nicht verursachen können.

Auf eine interessante Frage geht Schwarz in der siebenten PDF-Datei zu diesem Thema ein. Sie wurde schon mehrfach im Laufe dieses Buches angesprochen und lautet schlicht: „Was bedeutet ‚Ich bin noch nicht aufgestiegen?" Schwarz spielt auf die bereits erwähnte Stelle aus Joh. 20,17a an, wo Jeus zu Maria Magdalena sagt: „Rühre mich nicht an! Denn ich bin noch nicht aufgestiegen zum Vater."

Schwarz findet es merkwürdig, dass Jesus nur eine Woche später seinen Jünger Thomas sogar *aufforderte*, ihn zu berühren. Und das war vor der Himmelfahrt. Schwarz schreibt dazu:

„Eine befriedigende Antwort auf diese Frage lässt sich erst geben, nachdem der ursprüngliche Wortlaut der obigen Aussage Jesu wiederhergestellt ist. Das aber ist, wie immer ich solchen Fällen, nur möglich, nachdem der griechische Standardtext ins Aramäische rückübersetzt worden ist.

Zum Glück gibt es einen Beleg in den Qumramtexten, der den Schlüssel zur Lösung dieses Problems lieferte. (Genesis-Apokryphon 20:29, zitiert nach K. Beyer, Die aramäischen Texte vom Toten Meer [1984], Seite 177):

‚Und ich [Abram] betete für ihn [den Pharao] zu seiner Heilung und legte meine Hände auf sein Haupt, und die Plage wurde von ihm entfernt und der böse Geist ihm ausgetrieben und *er wurde wiederhergestellt'* (aramäisch: *ittoqam*).

Mit diesem Wort (hier, weil erste Person Singular: *ittoqamit* ‚ich wurde = bin wiederherstellt') lautete die Aussage zu Maria:

Berühre mich nicht. Denn ich bin noch nicht wiederhergestellt."

Bis hierhin können wir dies durchaus mit unseren bisherigen Erkenntnissen vereinbaren, denn Jesus war ja noch geschwächt von den Folterungen vor der Kreuzigung und der Kreuzigung selbst. Insofern war er schlicht *gesundheitlich* nicht wieder hergestellt. Die Rückübersetzung würde also das bestätigen, was wir bereits herausgearbeitet haben, doch Schwarz will auf etwas anderes, esoterisches, hinaus. Er schreibt weiter:

„Nur mit dieser Begründung konnte er Maria verständlich machen, warum sie ihn (noch) nicht berühren dürfe. Denn was wirklich mit ihm geschehen war und was, als er dies zu ihr sagte, noch im Gange war (nämlich:

Dass sein *materieller Leib* von innen her durch eine uns unbekannte Energie ‚zerstrahlt' worden war

Und dass er sich inzwischen sozusagen neu bildete, indem er sich wieder verdichtete),

das zu begreifen, lag außerhalb dessen, was ihr möglich war und – fällt auch heute lebenden Menschen noch schwer genug."

Wahre Worte! Zumindest die letzten…

Schwarz erklärt noch, wie es zum „wiedersinnigen" Wortlaut des überlieferten griechischen Textes kommen konnte und stellt die These in den Raum, dass Maria Magdalena zwar Jesus akustisch korrekt verstanden habe, als der das Wort *ittoqamit* (Ich bin wiederhergestellt) verwendete, der Übersetzer, der den Text später ins Griechische übersetzte, dies jedoch falsch interpretiert hatte, „vermutlich deswegen, weil er es (das war *auch* möglich) als ‚ich wurde aufgerichtet' im Sinne von „ich bin aufgestanden = auferstanden) deutete." Der Übersetzer sei dann durch diese Fehldeutung zu der offensichtlich falschen Wiedergabe „Denn ich bin nicht auferstanden" gelangt und wusste nicht, was er damit anfangen sollte. Der Übersetzer war irritiert, denn Jesus *war ja* auferstanden. Was also hatte er damit ausdrücken wollen? So gab er dem Satz eigenmächtig die einzige Bedeutung, die ihm nach dem damaligen kirchlichen Verständnis möglich war, nämlich, dass Jesus von der bevorstehenden Himmelfahrt sprach.

Dass Maria Magdalena Jesus nicht erkannte, sondern für einen Gärtner hielt, lag Schwarz zufolge daran, dass der „blitzartig zerstrahlte" materielle Leib Jesu zum Zeitpunkt seiner Begegnung mit Maria Magdalena noch nicht „völlig um seinen geistigen

Leib herum verdichtet = wiederhergestellt" war und er deswegen „anders aussah als der, den sie kannte, dass nichts an ihm sie an Jesus erinnerte." Schließlich habe sie ihn erst an seiner Stimme erkannt. (Die Stimmbänder wurden anscheinend *nicht* umgewandelt resp. „neu verdichtet".) Den Umstand, dass Maria Magdalena Jesus nicht erkannte, sieht er sogar als „untrüglichen Hinweis" dafür an, dass Jesu blitzartig zerstrahlter Leib noch nicht wiederhergestellt war....

In der achten PDF-Datei, auf die Schwarz' Beitrag *Hat Jesus überlebt* verteilt ist, erklärt Schwarz, dass Materie umgewandelte Energie sei, die existierte, bevor es die materielle Welt gab. Und sie würde auch dann noch existieren, wenn es keine materielle Welt mehr gäbe, was er mit „das heißt.: wenn die ‚neue' = geistige Welt umgewandelt sein wird.", ausdrückt. Er beruft sich auf Joh. 4:24, wo Jesus sagt: „Gott *ist Geist* (ein Geistwesen)". Und in Mk. 14:62 habe Jesus vorausgesagt, dass er „zur Rechten der Kraft" sitzen würde, wobei „Kraft" ein galiläisch-aramäisches Wort für „Gott" sei. (In der Elberfelder Übersetzung heißt es wie in der Schlachter- und auch der Menge- und Neue-Welt-Übersetzung auch „zur Rechten der Macht". Luther 1914 dagegen verwendet den von Schwarz benutzten Begriff „zur Rechten der Kraft". Die Wendung „Zur Rechten der Kraft" verwendete Luther bereits in der letzten aus seiner Hand entstandenen Übersetzung von 1534. Schwarz hat aus obigem Grund keinerlei Zweifel an der Richtigkeit der Übersetzung „Kraft", die er in diesem Zusammenhang mit „Energiewesen" gleichsetzt und betont: „Weil Gott, der ein ‚Geistwesen' ist, zugleich ‚Kraft' (ein Energiewesen) ist, verbunden mit der Anmerkungen „Aber nicht nur!"

Weiter beruft er sich auf Lk. 24:49, wo Jesus (angeblich) das Pfingstfest ankündigte und seinen Jüngern (nach seiner aramäischen Rückübersetzung) gebot: „Bleibt in der Stadt/ bis euch ergriffen hat/eine Kraft aus der Höhe." Dies entspricht tatsächlich in etwas dem Wortlaut der Elberfelder Bibel, in der es heißt: „Ihr aber, bleibt in der Stadt, bis ihr bekleidet werdet mit Kraft aus der Höhe!" oder bei Schlachter, der übersetzt: „[...] ihr aber bleibet in der Stadt Jerusalem, bis ihr angetan werdet mit Kraft aus der Höhe!"

Schwarz schließt: „Demnach definierte Jesus auch den Pfingstgeist (ein Geistwesen) als ‚Kraft' (ein Energiewesen). Daraus folgt: Wenn Gott selbst, der Vater, das ‚Geistwesen' schlechthin, ‚Kraft' (ein Energiewesen) ist, und wenn auch der Pfingsttag ‚Kraft' (ein Energiewesen) ist – wie Gott – dann kann es nicht unzulässig sein, von Jesus zu sagen, er sei am Ostersonntagmorgen von Gott ‚aus Materie' (einem Materiewesen) in Geist (ein Geistwesen) = Energie (ein Energiewesen) umgewandelt worden.

Er erklärt weiter, dass bei den Vorgängen auf dem Berg der Verklärung Jesu „materieller Leib lediglich von ihm [dem geistigen Leib] überstrahlt und dadurch unsichtbar wurde." Den Unterschied zwischen dem Vorgang auf dem „Berg der Verklärung" und der „Umwandlung" am Ostersonntag vergleicht Schwarz mit dem Unterschied zwischen „vorübergehend" und „endgültig", wobei diese Umwandlung doch gar nicht so endgültig war, denn Jesus konnte ja seinen Leib wieder „verdichten".

Mit dieser Umwandlung erklärt Schwarz auch die Berichte in den Evangelien, nach denen Jesus (scheinbar) durch geschlossene Türen gehen konnte. Es war schlicht so, dass sein „Erscheinungsleib" nicht seine normale Dichte hatte. Aber es wird noch komplizierter: „Sie musste vielmehr nach Bedarf unterschiedlich sein. Genauer: Wenn Jesus seinen Schülern (durch verschlossene Türen hindurch!) erscheinen wollte, musste er (im Raum) die ‚zerstrahlten' Teilchen wieder *ver*-dichten; und wenn er seine Schüler wieder verlassen wollte, müsste er jene Teilchen wieder *ent*-dichten (auflösen) können.

Die Möglichkeit der Wiederherstellung des materiellen Leibes war in Schwartz' Theorie nur vorübergehend, und nur deswegen, da er ihn noch brauchte, um seinen Jüngern durch verschlossene Türen leibhaftig erscheinen zu können, um die ‚Emmausjünger' auf ihrer Wanderung begleiten zu können, sie für ihren künftigen Dienst vorbereiten zu können und – „um ein Abbild seines gemarterten Leibes auf einem Leintuch hinterlassen zu können – als unwiderlegbares Zeugnis für die Nachwelt!"

Für Schwarz bedeutet die Wendung „Er übergab seinen Geist" aus dem Johannesevangelium nicht, dass er starb, sondern dass er „ausleibig" war. Zu dem Wort „Tod", das in Apg. 2:22-24 vorkommt (in der Elberfelder Übersetzung heißt es da: „Männer von Israel, hört diese Worte: Jesus, den Nazoräer, einen Mann, der von Gott euch gegenüber erwiesen worden ist durch Machttaten und Wunder und Zeichen, die Gott durch ihn in eurer Mitte tat, wie ihr selbst wisst – diesen (Mann) , der nach dem bestimmten Ratschluss und nach Vorkenntnis Gottes hingegeben worden ist, habt ihr durch die Hand von Gesetzlosen an (das Kreuz) geschlagen und umgebracht. Den hat Gott auferweckt, nachdem er die Wehen des Todes aufgelöst hatte, wie es denn nicht möglich war, dass er von ihnen behalten würde"), sagt Schwarz: „ Diesem Text zufolge, der von Jesu bildhaftem Ringkampf mit dem ‚personenhaften' Tode handelt, blieb *Jesus* Sieger: ‚weil es unmöglich war, dass *er* von ihm besiegt werde' Folglich hat er seine Kreuzigung überlebt. (Hervorhebungen im Org.)

Zur Wendung „Hinabgestiegen in das Reich des Todes" sagt Schwarz:

„Mit dem Wort Mt 12,40[10] hatte Jesus vorausgesagt:
Wie Jona trotz des ihm zugedachten Todes
am Leben geblieben war, auch im Bauche des Fisches = in der Unterwelt, so werde auch Jesus trotz des ihm zugedachten Todes am Leben bleiben, auch im Inneren der Erde = in der Unterwelt".

Schwarz deutet die „Unterwelt" als das jenseitig-geistige Gegenstück zur jenseits-geistigen „Herrschaft der Himmel" – der „Überwelt".

Die Wendung „von den Toten" ist nach Schwarz *willkürlich* mit dem Wort „auferstanden" verbunden worden, was er als eine „missglückte Wiedergabe der traditionellen jüdischen Formel „Wiederbelebung der Toten'" bezeichnet. In Bezug auf Jesus sei dies jedoch unzutreffend und durch den Irrtum seiner Schüler, er sei am Kreuz gestorben, veranlasst worden.

Der nimmermüde Schwarz hat auch eine Erklärung für die Stelle aus Mk. 9:1b-e, (vgl. Mt. 16:28 und Lk. 9:24) wo es heißt: „Wahrlich, ich sage euch: Es sind einige von denen hier, die den Tod *nicht* schmecken werden, bis sie das Reich Gottes in Kraft haben kommen sehen."

---

[10] Hier heißt es in der Elberfelder Übersetzung: „Denn wie Jona drei Tage und drei Nächte in dem Bauch des großen Fisches war, so wird der Sohn des Menschen drei Tage und drei Nächte im Herzen der Erde sein.

Da es nach Deut. (5. Buch Mose) 18:22[11] nicht möglich ist, dass sich Jesus irrte, wie es oft angenommen wird, zieht Schwarz nach einer langen Erklärung seine aramäische Rückübersetzung aus dem Hut, in der es heißt:

„Amen, amen! – Ich soll euch sagen:
Es gibt einige, die hier stehen,
die werden ‚den Becher des Todes nicht schmecken,
während sie m i c h in meinem Lichtglanz sehen.“

Hier haben wir wieder diesen ominösen Lichtglanz. Hier zieht Schwarz einige Jünger als Zeugen hinzu, die Jesus in seinem „Lichtglanz“ gesehen haben wollen, der ‚den Glanz seines materiellen Leibes überstrahlt habe‘, wie wir bereits gehört haben und bringt einmal mehr seine „Umwandlung Jesus in Lichtglanz“ ins Spiel, wobei „Lichtglanz“ für „Energie“ oder „Geist“ steht. Wenn es bspw. im Johannesevangelium in Kap. 1:14c heißt „und wir haben seine Herrlichkeit angeschaut“ (vgl. 2. Petrus 1, 16c) ist für Schwarz klar, dass mit „Herrlichkeit“ „Lichtglanz“ gemeint ist. Jesu habe demnach seinen Jüngern nur gesagt, dass sie „den Becher des Todes nicht schmecken“, also nicht sterben würden, *während* sie ihn in seinem Lichtglanz stehen. Diese Ankündigung sei notwendig gewesen, da Moses nach Exodus (2. Mose) 33:18b zu Gott sagte: „Lass mich doch sehen deine Herrlichkeit“, worauf Gott (u. a.) antwortete: „Du vermagst nicht, mein Angesicht zu schauen, denn mich schauet kein Mensch und bleibt leben.“ (V. 20; beide Zitate n. Zunz. Nach Schwarz müssen also die Jünger die Ankündigung Jesu, dass sie ihn in seinem „Lichtglanz“ sehen würden, eine Bedrohung darstellen, und so musste er sie beruhigen. Was hier ein wenig stört, ist das Wort „einige“. Das scheint mir hier nicht so recht zu dieser Deutung zu passen, denn die „anderen“ (außer den „einigen“), die da standen, starben ja auch nicht!

Schwarz zitiert noch Paulus, der sagte:

„Siehe, ich sage euch ein Geheimnis. Wir werden nicht alle entschlafen, wir werden aber alle verwandelt werden, in einem Nu, in einem Augenblick, bei der letzten Posaune, denn posaunen wird es, und die Toten werden auferweckt werden, unvergänglich (sein), und wir werden alle verwandelt werden.“ (1. Kor. 15:51-52; ELB)

Dieser Vers wird oft als Hinweis auf die „letzte Zeit“ angesehen, in der die Toten auferstehen, doch – offensichtlich, um dieses Missverständnis gar nicht aufkommen zu lassen – zitiert Schwarz nur bis „verwandelt werden“ im ersten Satz bzw. Vers 51 und sieht in dieser Stelle den gravierenden Unterschied zwischen der Auferstehung Jesu und der seiner Jünger. Aber zunächst fällt ein Satz von Schwarz auf, in dem er lapidar erklärt: „In dem er sagt: Dass Paulus sich bei seiner Voraussage ‚Wir (er selbst und die Adressaten seines Briefes) werden nicht entschlafen‘ geirrt hat, ist die eine Sache. Aber

---

[11] Dort ist zu lesen: „Was der Prophet redet im Namen des Ewigen, und die Sache geschieht nicht und trifft nicht ein; das ist das Wort, das der Ewige nicht geredet. Sei dir nicht bange vor ihm! (n. Zunz)

um die geht es hier nicht." Das heißt, Paulus darf sich irren, Jesus und die Propheten des Tanach aber nicht?

Worum es Schwarz aber hier geht, ist folgendes:

„Jesus erlebte diese Umwandlung; jedoch anders, als wir sie erleben werden. Denn wir werden sie erleben, nachdem wir ‚den Becher des Todes' getrunken haben = gestorben sind. Jesus aber erlebte sie, ohne ihn trinken zu müssen = zu sterben."

Schwarz deutet an, dass Jesus bei seiner Himmelfahrt sich seines materiellen Leibes endgültig entledigte, doch konkretere Aussagen darüber macht er in den mir vorliegenden Quellen nicht.

Ein Jünger von Günter Schwarz ist der populäre Journalist Franz Alt, der sich aber um die Umstände von Jesu Tod, Auferstehung und Himmelfahrt weniger Gedanken macht – auch wenn er sie in einem Kapitel zusammenfasst und auf die Existenz der Reinkarnation hinweist. Ihn interessiert nicht so sehr der Schwarzsche Eso-Jesus, sondern er beschäftigt sich in seinem Buch *Was Jesus wirklich gesagt hat*, mehr mit dem *Leben* Jesu.

Der Öko-Jesus des Franz Alt

Was Jesus wirklich gesagt hat, will uns der bekannte Journalist in seinem Buch dieses Namens nahebringen. Gott ist für Alt die Liebe in Person und außerdem „Urlicht", „Urkraft", „Urenergie" und „Urkeim alles Lebendigen". Jesus war für ihn „das Ebenbild des unsichtbaren Gottes, der Erstgeborene der ganzen Schöpfung". „Durch ihn ist alles geworden, und ohne ihn ist nicht geworden, was geworden ist", stellt der Journalist unter Berufung auf Joh. 1:1-3 fest. Und Alts Jesus war noch mehr: Er war der „Regierungssprecher Gottes", ein „von ihm selbst bevollmächtigter Sprecher!" Jesus, der nach Alt der Sohn Josefs und Marias war, konnte als Sprecher des Gottes, der die Liebe an sich war, natürlich Kriege nicht gut heißen, und so distanziert sich Alt vom Alten Testament, oder – wie wir es korrekter nennen – dem Tanach -, denn dort befiel Gott ja Gewalttaten. Dass das „Neue Testament" unzweifelhaft auf dem „Alten" basiert, interessiert Alt weniger. Wir kommen später noch einmal darauf zurück.

Alt gibt sich ziemlich politisch, wenn er „auf dem Höhepunkt des atomaren Nachrüstungswahns, als die Menschheit vor dem Abgrund stand", den „Bergprediger sagen hört", dass einer mit dem Wettrüsten aufhören müsse. Er lobt Gorbatschow, Gandi, Nelson Mandela, Vaclav Havel und Lech Walesa und verurteilt George W. Bush (und dessen Vater gleich mit), und gleichsam tadelt er Putin, einen „Politiker alten Denkens" für die „völkerrechtwidrige Annexion der Krim". Auch Helmut Schmidt und Helmut Kohl kommen bei ihm nicht gut weg, da „der evangelische Christ" Helmut Schmidt die „atomare Wahnsinnspolitik Ende der Siebziger vorangetrieben" und der „katholische Christ" Kohl „sie in Deutschland in den Achtzigern realisiert" habe. Diese Feststellung markiert der empörte Alt noch mit einem Ausrufezeichen.

Dies alles ist als seine persönliche politische Meinung natürlich auch zu akzeptieren, wenn, ja wenn er nicht Jesus mit ins Spiel bringen würde. Da Gott ja die Liebe ist, muss Jesus ein Pazifist gewesen sein. Das ist für Alt von vornherein klar. So nennt er sogar die friedliche Revolution in der DDR 1989 „die Jesus-Revolution" und erinnert sich daran, dass sich „viele vor der Demonstrationen „in Kirchen mit Gebeten eingestimmt" hätten. Ein Pfarrer, auf den Alt sich beruft, heißt zufällig Christian *Führer*. Der habe die Nicolaikirche für Gebete geöffnet.

Dass „Double-u " sich „Christ" nennt, ist für Alt unfassbar, da dieser stolz auf Massenmord sei.

Wie das Christentum ist auch der Islam nicht so gewalttätig, wie er oft hingestellt wird. Nein, wie Alt unter Berufung auf den Koranforscher und Syrologen Christoph Luxenberg (Pseudonym) feststellt, gebietet der Islam Frauen gar nicht, ein Kopftuch tragen zu müssen, nein, dass in der Sure 24:31 verwendete Wort „Chumur" heißt im Aramäischen gar nicht Kopftuch, sondern „eher" Gürtel. Den Frauen ist also geboten, einen Gürtel um die Lenden zu schlagen und nicht etwa ein Kopftuch aufzusetzen. Da haben sich offensichtlich alle anderen, die sich mit dem Koran beschäftigten, geirrt! Dass aber in Alts eigener Religion, dem pazifistischen und toleranten Christentum Paulus der Frau (zumindest kurzhaarigen!) wenigstens beim Gebet mit drastischen Worten gebietet, ihr Haar zu bedecken (1. Kor. 11: 5-6,15), erwähnt er an dieser Stelle nicht.

Und hier ist eindeutig von „Haar" die Rede…Aber vielleicht gibt es ja auch hier in irgendeiner Rückübersetzung eine plausible Erklärung…

Ja, und auch die „berühmt-berüchtigten 72 Jungfragen, die im Paradies angeblich auf Märtyrer warten," gibt es nicht, sondern sie „sind synonym mit „saftigen weißen Weintrauben", wie Alt weiter unter Bezugnahme auf Luxenberg feststellt.

Entzückt resümiert Alt: „Der Rückbezug auf die gemeinsamen aramäischen Wurzeln der heiligen Bücher in allen drei monotheistischen Religionen kann für den künftigen Dialog zwischen Juden, Muslimen und Christen hilfreich sein. Viele ‚dunkle Stellen' lassen sich auf diese Weise erhellen."

Ja, Friede, Freude, Eierkuchen, wohin man schaut. Dieser pazifistische Öko-Jesus kann natürlich auch nie die Verwendung von Schwertern emp- oder gar befohlen oder gar selbst gesagt haben, dass er gekommen sei, um das Schwert zu bringen.

Wenn Jesus nach dem Wortlaut der Elberfelder-Bibel in Matth. 10:34 sagt, „Meint nicht, dass ich gekommen sei, Frieden auf Erden zu bringen; ich bin nicht gekommen Frieden zu bringen, sondern das Schwert", so liegt die Schuld an diesem gravierenden Missverständnis selbstverständlich beim griechischen Übersetzer, denn im Aramäischen habe Jesus unzweifelhaft gesagt: „Ich bin nicht gekommen, um Kompromisse zu schließen! Sondern ich bin gekommen, um Streitgespräche zu führen" wie er unter Bezugnahme auf Schwarz' aramäische Rückübersetzung befriedigt feststellt, um noch belehrend hinzuzufügen: „Durch falsche Übersetzung ‚Heiliger Schriften' können auch die göttlichsten und humansten Ideen pervertiert werden."

Weiter verweist der Journalist darauf, dass der „Jesus-Freund Schwarz" „ohne Rücksicht auf Meinungen, die in fast 2000 Jahren herausgebildet wurden" u. a. auf die bereits erwähnte heikle Stelle im – „griechischen" – wie er nicht hinzuzufügen vergisst – Lukasevangelium (Kap. 22:36-38), wo es nach dem Wortlaut der Elberfelder Bibelübersetzung heißt:

„Er sprach nun zu ihnen [den Jüngern]: Aber jetzt, wer eine Börse hat, der nehme sie und ebenso eine Tasche, und wer nicht hat[12], verkaufe sein Gewand und kaufe ein Schwert; denn ich sage euch, dass noch dieses, was geschrieben steht, an mir erfüllt werden muss. ‚Und er ist unter die Gesetzlosen gerechnet worden; denn auch das, was mich betrifft, hat eine Vollendung. Sie aber sprachen: Herr, siehe, hier sind zwei Schwerter. Er aber sprach zu ihnen: Es ist genug."

Dazu schreibt Alt entrüstet:

„Der Friedensfreund Jesus soll seinen Anhängern empfohlen haben, sich ein Schwert zu kaufen? Ist das der Jesus, der die Friedenstifter seligpreist?[13] Was soll dieser Unsinn?

---

[12] Hier merkt der Übersetzer an: „d. h. entweder: wer keine Börse oder Tasche hat, oder: wer kein Schwert hat"

[13] Diese Stelle entstammt paradoxerweise der Bergpredigt, die Alt später interessanter Weise als Fälschung bezeichnet!

Diese Fragen stelle ich mir seit Jahrzehnten. So etwas Widersprüchliches zu seiner ganzen Lehre kann der Pazifist Jesus niemals gesagt haben." (Alt 2016, S. 78f)

Hier kann man nur zustimmen: *Wenn* Jesus tatsächlich ein Pazifist war, kann er das niemals gesagt haben…
   Alt lässt seiner Entrüstung freien Lauf, wenn er weiter schreibt:

„Was aber haben Theologen in Jahrzehnten und Jahrhunderten nicht alles an sprachlichen und gedanklichen Winkelzügen versucht, um die ‚dunkle Stelle‘ zu interpretieren, anstatt sich zu fragen, was der Aramäisch und nicht griechisch sprechende Jesus wirklich gesagt haben könnte. Mithilfe dieser ‚Schwert-Apells‘ haben Theologen und Kirchenobere ‚gerechte Kriege‘ und ‚Kreuzzüge‘ gerechtfertigt und rechtfertigen heute noch ‚humanitäre Interventionen‘ oder ‚Militär als letztes Mittel‘ bis hin zur dreisten Lüge des US-amerikanischen Außenministers Colin Powell 2003 über die angeblichen Atombomben und Giftgaswaffen des Saddam Hussein."

Doch zum Glück für Alts Blutdruck gibt es die offensichtlich unfehlbaren Rückübersetzungen des Günter Schwarz, der „Alt aufklärt". Im Aramäischen gibt es nämlich für Schwert und Messer nur ein und dasselbe Wort: „Sepha". Und so fällt es Schwarz bei wieder fallendem Blutdruck wie Schuppen von den Augen: „Arme Wanderprediger wie Jesu Jünger brauchten unterwegs Messer, sonst wären sie wohl verhungert. Daran erinnerte sie Jesus. Seine Jünger und Messer passen gut zusammen."
   Und im Anschluss stellt er befriedigt fest:

„Rückübersetzt ins Aramäische und dann ins Deutsche, hat Jesus sich nach Lukas 22:35-38 so ausgedrückt:
   ‚Von nun an:
   Wer einen Gelbeutel hat –
   Er soll ihn mitnehmen!
   Und wer nichts Essbares hat –
   Er soll seinen Mantel verkaufen
   Und soll Essbares kaufen!
   Sie antworteten: Meister" Sieh hier: Zwei Messer.‘"

Jetzt ist alles klar. Wenn es in Joh. 18, wo die Gefangennahme Jesu im Garten Gethsemane beschrieben wird, im Vers 10 heißt:

„Simon Petrus nun, der ein Schwert hatte, zog es und schlug den Knecht des Hohepriesters und hieb ihm das rechte Ohr ab",

bedeutet das ganz eindeutig, dass Petrus ein Messer aus seinem Beutel kramte und dem Hohepriester damit unvermittelt das komplette Ohr abschlug, vermutlich um es zu essen, um dem nahenden Hungertod zu entgehen…

Vielleicht aber haben Alt und Schwarz eine noch genialere Erklärung in ihrer aramäischen Trickkiste, allerdings sind mir keine bekannt…

Wenn Alt, wie weiter oben zitiert, verzückt festgestellt hat, dass der Rückbezug auf die gemeinsamen aramäischen Wurzeln der heiligen Bücher in allen drei monotheistischen Religionen für den künftigen Dialog zwischen Juden, Muslimen und Christen hilfreich sein kann, so wird im weiteren Verlauf seines Buches ersichtlich, dass er für das Judentum gar nicht so viel übrig zu haben scheint, wenn er einige Stellen aus dem Alten Testament zitiert, in dem Gott grausame Befehle gegeben hat. Im Zorn gegen Israel sprach Gott beispielswese zu Moses, dass der alle Anführer des Volkes für den Herrn im Angesicht der Sonne auf Pfähle spießen soll, „damit sich der glühende Zorn des Herrn von Israel abwendet". (vgl. Numeri/4. Buch Mose 25:3) Ebenso zitiert er eine Stelle, in der Gott befiehlt, alle männlichen Kinder und Frauen umzubringen, die schon „einen Mann erkannt" und mit einem Mann geschlafen haben. (Vgl. Num. 31:17-18). Ebenso gibt er eine Stelle wieder, nach der Gott gebietet, dass „niederträchtige Menschen, die aus deiner Mitte herausgetreten und ihre Mitbürger vom Herrn abgebracht" „mit scharfem Schwert erschlagen" werden sollen," und bringt weitere Beispiele dieser Art.

Weiter weist er darauf hin, dass im Tanach vom „Heiligen Krieg" die Rede ist, wenn Gott beispielsweise in Jeremia 51,28 nach der Einheitsübersetzung sagt: „Bietet Völker zum Heiligen Krieg auf gegen die Stadt, die Könige von Medien, seine Statthalter und Vorsteher und das ganze Land ihrer Herrschaft!" Allerdings muss gesagt werden, dass der Begriff „Heiliger Krieg" in anderen Übersetzungen nicht vorkommt. So heißt es beispielsweise bei Zunz: „Rüstet gegen die Völker, die Könige von Madai, ihre Landpfleger und all ihre Statthalter, und das ganze Land seiner Herrschaft" oder in der Elberfelder: „ Heiligt Nationen gegen es (zum Krieg), die Könige von Medien, dessen Statthalter und alle seine Befehlshaber und das ganze Land ihrer Herrschaft!" So könnte ich locker noch 5-6 weitere Übersetzungen zitieren.

Doch es ist unbestritten: Manche Befehle aus Gottes Mund, die im Tanach geschildert werden, *sind* grausam. Allerdings vergisst Alt zu erwähnen, dass es *Menschen* waren, die diese Zeilen niedergeschrieben haben. So wurden gerade die Bücher der Thora (zu der bspw. Numeri gehört) erst lange Zeit nach den Geschehnissen aufgeschrieben (Vgl. Friedmann, Richard Elliott: *Wer schrieb die Bibel?*) und allgemein wird vermutet– und das scheint auch plausibel – dass die Schreiber ihre *eigenen* Gedanken, ihre *eigenen* Gottesvorstellungen mit einfließen ließen. Die wenigsten glauben heute noch, dass Gott die Bibel wörtlich diktiert hat.

Alt dagegen nimmt ausgerechnet diese blutrüstigen Stellen wörtlich, während er das „Neue Testament" und den Koran auf der Basis dubioser Rückübersetzungen entschärft.

Wieder müssen wir uns um Alts Blutdruck sorgen, wenn er nach dem Zitieren der o. g. (und anderen) Stellen entrüstet ausruft:

„Wie um Himmels Willen soll eine solche ‚Gewalt-Theologie' je mit der Lehre Jesu harmonisiert werden, wie es bis heute noch in jeder Bibelausgabe versucht wird? Hanna Wolf hierzu: ‚Das Christentum ist bisher nie wirklich aus dem Schatten des Judentums herausgetreten. Das ist seine Schuld. Das ist seine Tragik, das ist sein Existenzproblem.' Und das ist der Grund, weshalb wir heute noch einmal neu mit Jesus anfangen müssen?'"

Das „Alte Testament – der Tanach – ist also daran schuld, dass wir Jesus nicht richtig verstehen? Wie wir wissen, war Jesus gläubiger Jude und hielt die Gesetze des Tanach ein. Doch Alt fordert die Abkehr vom sogenannten Alten Testament – jenen Schriften, auf denen das „Neue Testament" basiert. Das käme einer Entwurzelung des „Neuen Testaments" gleich. Anscheinend kennt Alt jene Stelle im Römerbrief nicht, in der Paulus sagt:

„Ich sage nun: Hat Gott etwa sein Volk verstoßen? Auf keinen Fall! Denn auch ich bin ein Israelit aus der Nachkommenschaft Abrahams, vom Stamm Benjamin. Gott hat sein Volk nicht verstoßen, das er vorher erkannt hat. Oder wisset ihr nicht, was die Schrift bei Elia sagt? Wie er vor Gott auftritt gegen Israel: ‚Herr, sie haben deine Propheten getötet, deine Altäre niedergerissen, und ich allein bin übrig geblieben, und sie trachten nach meinem Leben.' Aber was sagt ihm die göttliche Antwort: ‚Ich habe mir siebentausend Mann übrig bleiben lassen, die vor Baal nicht das Knie gebeugt haben.' So ist auch in der jetzigen Zeit ein Rest nach Auswahl der Gnade entstanden. Wenn aber aus Gnade, so nicht mehr aus Werken, sonst ist die Gnade nicht mehr Gnade. Was nun? Was Israel sucht, das hat es nicht erlangt, aber die Auswahl hat es erlangt, die Übrigen sind jedoch verstockt worden, wie geschrieben steht: ‚Gott hat ihnen einen Geist der Schlafsucht gegeben, Augen, um nicht zu sehen, und Ohren, um nicht zu hören bis auf den heutigen Tag.' Und David sagt: ‚Es werde ihr Tisch ihnen zur Schlinge und zum Fallstrick und zum Anstoß und zur Vergeltung! Verfinstert seien ihre Augen, um nicht zu sehen, und ihren Rücken beuge allezeit.

Ich sage nun: Sind sie etwa gestrauchelt, damit sie fallen sollten? Auf keinen Fall! Sondern durch ihren Fall ist den Nationen das Heil geworden, um sie zur Eifersucht zu reizen. Wenn aber ihr Fall der Reichtum der Welt ist und ihr Verlust der Reichtum der Welt ist und ihr Verlust der Reichtum der Nationen, wie viel mehr ihre Vollzahl! Denn ich sage euch, den Nationen: Insofern ich nun der Nationen Apostel bin, bringe ich meinen Dienst zu Ehren, ob ich auf irgendeine Weise sie, die mein Fleisch sind, zur Eifersucht reizen und einige aus ihnen retten möge. Denn wenn ihre Verwerfung die Versöhnung der Welt ist, was wird die Annahme anders sein als Leben aus den Toten? Wenn aber das Erstlingsbrot heilig ist, so auch der Teig; und wenn ihre Verwerfung und wenn die Wurzel heilig ist, so auch die Zweige. Wenn aber einige Zweige herausgebrochen sind und du, der du ein wilder Ölbaum warst, unter die sie eingepfropft und der Wurzel und der Fettigkeit des Ölbaumes mit teilhaftig geworden bist, so rühme dich nicht gegen die Zweige! Wenn du dich aber gegen sie rühmst – du trägst nicht die Wurzel, sondern die Wurzel dich." (Röm. 11:1-18; ELB)

An dieser Stelle möchte ich einen Cut machen, obwohl Paulus noch viel zu diesem Thema zu sagen hat, doch das Zitat ist auch so schon lang genug ausgefallen. Und wir sind hier am Punkt angelangt: Man mag von Paulus halten, was man will – und Sie werden sicher schon gemerkt haben, dass ich wahrlich nicht sein größter Fan bin – aber dieser Mann ist der eifrigste Schreiber im Neuen Testament, und wer sich Christ nennt (was ich explizit *nicht* tue, Alt aber schon), sollte auch Paulus akzeptieren. Und Paulus hat gesagt, dass das Volk Gottes – Israel – die *Wurzel* ist und die sog. „Heidenchristen", also nichtjüdische Christen, die Zweige. Letztlich versorgt die Wurzel die Zweige, und Alt will offensichtlich den Zweig absägen, auf dem er selbst sitzt. Vielleicht hat er aber noch eine genaue aramäische Rückübersetzung von Röm. 11 zur Hand, die *seinen Jesus* zur Wurzel und die Juden zu Unkraut macht. Man weiß es nicht…

In diesem Zusammenhang schreibt Alt interessanter Weise:

„Jesus spricht die Friedensstifter selig. Sie werden ‚Gottes Kinder‘ sein. Gott wird ‚barmherzig‘ sein. Die ein reines Herz haben, ‚werden Gott sehen‘. *All das sagt Jesus in der Bergpredigt.*" (Alt 2016, S. 155; Hervorhebungen durch RMH)

Wenn Alt über lange Strecken hinweg diese Bergpredigt quasi als Vorbild hinstellt, kommt es sehr überraschend, dass er auf S. 283 seines genannten Buches plötzlich schreibt:

„Die Bergpredigt, so wie sie bei Matthäus in den Kapiteln 5 bis 7 steht, hat es nie gegeben."

In Wirklichkeit ist Alt zufolge die Bergpredigt „die Ansammlung von einzelnen Sprüchen und Aussagen Jesu, die er an verschiedenen Orten zu verschiedenen Zeiten für verschiedene Menschen vorgetragen hat. Vor theologischen Gegnern, vor seinen Jüngern, vor Einzelpersonen." Selbstverständlich vergisst Alt auch nicht zu erwähnen, dass Jesus die Worte, die wir jetzt in der Bergpredigt finden, in galiläischem Westaramäisch gesprochen habe. „Sie enthält die Summe der Lehre Jesu auf knappem Raum. Sie ist die Magna Charta seiner Botschaft." Wichtiger ist aber Alts nachfolgend zitierte Äußerung:

„Was wir als Bergpredigt oder Feldpredigt kennen, sind Abschriften von Abschriften von Abschriften. Und bei jeder Abschrift schleichen sich Fehler ein – wie jeder weiß, der schon mal längere Texte abschreiben musste. Vor allem im Laufe von mehreren Jahrhunderten. Und teilweise noch in fremden Sprachen. Der älteste griechische Text, der alle Worte der Bergpredigt kennt, ist etwa 250 Jahre nach Jesu Tod geschrieben worden. Es handelt sich dabei nicht um einen aramäischen Urtext, sondern um einen aus dem, Aramäischen ins Griechische übersetzten Wortlaut. Aus dieser Tatsache hat Günther Schwarz gefolgert: ‚Die Worte der Bergpredigt offenbaren erst im aramäischen Originalton ihre ursprüngliche Bedeutung‘ und ‚Zwei Drittel der bisherigen Bergpredigt-Übersetzungen sind falsch übersetzt.‘" (Alt 2016, S. 283, Hervorhebungen durch RMH)

Das ist interessant. Nicht so sehr die Folgerungen von Schwarz, sondern die eingangs getroffenen Erkenntnisse von Alt selbst. Die Bergpredigt ist also eine „Abschrift von

Abschriften von Abschriften". Diese Abschriften dürfen (oder genauer gesagt *„müssen"* zwangsläufig) Fehler enthalten. Aber die von Alt zuvor zitierten blutrünstigen Stellen aus dem Tanach sind *keine* „Abschriften von Abschriften von Abschriften"? *Da* kann es nicht sein, dass sich bei den jeweiligen Abschriften Fehler eingeschlichen haben (sofern es überhaupt eine ursprüngliche Fassung gibt!). Das ist wohl ein weiteres Eigentor. Die Bergpredigt, auf die sich Schwarz ständig beruft, ist plötzlich eine Fälschung, die durch das mehrmalige Abschreiben von Abschriften entstanden ist, während Stellen aus dem Tanach, die ihm gut ins Konzept passen, wörtlich verstanden werden müssen. Alt scheint beim Sägen an seinem Ast äußerst eifrig zu Werke zu gehen.

Abschließend zu diesem Thema sei noch Werner Trutwin vom Borromäusverein – einer Einrichtung der Katholischen Kirche und ein Dienstleister, dessen Ziel es ist, sich einen Überblick über den Medienmarkt zu verschaffen und als Bildungsvermittler zu dienen – zitiert, der im Rahmen einer Rezension von Alts Buch schreibt:

„Es sei nicht bestritten, dass im Einzelfall der Rekurs aufs Aramäische nützlich sein kann. Aber man muss der ganzen Rückübersetzung gegenüber skeptisch bleiben, da sie in der Bibelwissenschaft nicht akzeptiert wurde und nirgends als seriöse Quelle anerkannt wurde."
(https://www.borromaeusverein.de/medienprofile/rezensionen/9783579085227-was-jesus-wirklich-gesagt-hat/)

Bevor wir auf den Jesus des Edgar Cayce kommt, der (zufällig) tatsächlich die ein oder andere Ähnlichkeit mit dem Jesus des Günter Schwarz ausweist, müssen wir noch ein Thema zu Ende bringen, mit dem wir im Grunde bereits begonnen haben: Dem Jesus des Islam.

Der islamische Jesus

Weiter oben haben wir den Jesus der islamischen Ahmadyya-Sekte angesprochen, doch nun wollen wir uns damit befassen, wie Jesus im *traditionellen* Islam gesehen wird. Mit diesem Thema hat sich bespielweise ein Autor namens M. Abdulsalam auf der Internet-Seite IslamReligion.com auseinandersetzt.

Im ersten Teil seines dreiteiligen Artikels *Jesus im Islam* schreibt er, dass Jesus im Islam als einer „als einer der größten und am meisten vorhergesagten Propheten neben Noah, Abraham, Moses und Muhammad [...] betrachtet" wird, und er betont, dass Jesus im Islam als Messias angesehen wird.

Abdulsalam stellt fest, dass der Koran nicht die detaillierte Lebensgeschichte Jesu enthielte, allerdings die wichtigsten Punkte seines Lebens beleuchte. Damit spricht er auf Jesu Geburt, Berufung, und *sein Emporsteigen zum Himmel* an.

Tatsächlich glaubt auch der Islam an die Jungfrauengeburt, wie Abdulsalam feststellt. Diesbezüglich beruft er sich auf die Sure 19:16-21 des Koran, wo es nach Henning heißt:

„Und gedenke auch im Buche der *Maria*. Da sie sich von ihren Angehörigen an einen Ort gen Aufgang zurückzog,

Und sich vor ihnen verschleierte, da sandten Wir Unseren Geist zu ihr, und er erschien ihr als vollkommener Mann.

Sie sprach: ‚Siehe, ich nehme meine Zuflucht vor dir zum Erbarmer, so du Ihn fürchtest.

Er sprach: ‚Ich bin nur ein Gesandter deines Herrn, um dir einen reinen Knaben zu bescheren.

Sie sprach: ‚Woher soll mir ein Knabe werden, wo mich kein Mann berührt hat und ich keine Dirne bin?'

Er sprach: ‚Also sei's! Gesprochen hat dein Herr: Das ist Mir ein Leichtes; und wir wollen ihn zu einem Zeichen für die Menschen machen und einer Barmherzigkeit von Uns. Und es ist eine beschlossene Sache.'"

Der Heilige Geist erschien Maria als vollkommener Mann. (Paret übersetzt „wohlgestaltet"; alt. „ebenmäßig"). Da ist nicht von einer ominösen „Kraft" die Rede, von der Christen oft sprechen und auch nicht von einem Teil eines „dreieinigen Gottes", sondern einem „vollkommenen Mann", von dem man annehmen sollte, dass er auch ein „vollkommenes" Geschlechtsteil aufzuweisen hatte und der nichts anderes tat, als mit Maria den Geschlechtsakt zu vollziehen und sie zu schwängern! So heißt es auch folgerichtig im Vers 22 nach Henning: „Und so empfing sie ihn und zog sich mit ihm an einen entlegenen Ort zurück."

Abdulsalam betont, dass diese Stelle (er zieht den Begriff „Tatsache" vor) weder belege, dass Jesus göttlicher Natur war, noch dass er würdig sei, angebetet zu werden, denn die Existenz Adams sei noch wunderbarer gewesen als die von Jesus. „Wenn seine wunderbare Geburt ein Beweis dafür wäre, dass Jesus Gottes Wiedergeburt oder Sein Sohn sei, dann wäre Adam wohl eher berechtigt, göttlich zu sein als er," schreibt er und fügt hinzu, dass es sich sowohl bei Adam als auch bei Jesus „wohl eher um Propheten" handelte, „die von der Offenbarung Gottes, des Allmächtigen, inspiriert wurden, und beide waren Seine Diener, die Seinen Anweisungen entsprechend lebten." Jesus war demnach weit davon entfernt, Gott zu sein, sondern vielmehr dessen Diener, der seine Anweisungen zu befolgen hatte. Allerdings war der islamische Jesus, wie der christliche auch, in der Lage, Wunder zu vollbringen, was – wie Abdulsalam betont – auch für alle anderen Gesandten Allahs galt. In diesem Zusammenhang zitiert Abdulsalam eine Koran-Stelle, die auch deshalb interessant ist, weil sie Aussagen über Jesus enthält, die auch in einem apokryphen Kindheitsevangelium berichet werden[14]. In Sure 5:110 heißt es nach Henning:

„Dann wird Allah sprechen: ‚O Jesus, Sohn der Maria, gedenke Meiner Gnade gegen dich und deine Mutter, als Ich dich mit dem Heiligen Geist stärkte, auf dass du reden solltest zu den Menschen in der Wiege und als Erwachsener.

Und als ich dich lehre, die Schrift und die Weisheit und die Tora und das Evangelium, und als du aus Ton mit Meiner Erlaubnis die Gestalt eines Vogels erschufst und in sie hineinhauchtest und sie ein Vogel ward mit Meiner Erlaubnis heiltest und die Toten herauskommen ließest mit Meiner Erlaubnis; und als ich die Kinder Israel von dir zurückhielt, als du ihnen die deutlichen Zeichen brachtest. Und das sprachen die Ungläubigen unter ihnen: ‚Dies ist nichts als offenkundige Zauberei.'"

Abdulsalam bringt auch hier wieder den Vergleich zu anderen Propheten an, denn sie alle wurden „mit besonderen Wundern zu ihren Völkern geschickt," „damit sie ihnen die Wahrhaftigkeit ihrer Botschaft beweisen konnten." Abdulsalam betont erneut ausdrücklich, dass die Propheten – unter denen Jesus nur einer von vielen war – diese Wunder nicht aus eigenem Antrieb, sondern nur durch Gottes Willen vollbringen konnten.

Im zweiten Teil seines Artikel betont Abdulsalam erneut, dass Gott absolut einzigartig ist und *keine* Partner hat. *Er* ist der Schöpfer aller Dinge und Jesus und seine Prophetenkollegen haben genau diese Botschaft gebracht. Eine Dreieinigkeit gibt es im Islam nicht, und Jesus ist auch nicht der „Sohn Gottes". Jesus sei nur auf der Basis von Lügen zu einem Objekt der Anbetung geworden. Abdulsalam verdeutlicht dies, wenn er die Koranstelle 5:72-75 zitiert, die bei Hennig folgendermaßen lautet:

„Wahrlich, ungläubig sind, welche sprechen: ‚Siehe Allah, das ist der Messias, der Sohn der Maria'. Und es sprach doch der Messias: ‚O ihr Kinder Israel, dienet Allah meinem Herrn und eurem Herrn.' Siehe, wer Allah Götter an die Seite stellt, dem hat Allah das Paradies verwehrt, und seine Behausung ist das Feuer; und die Ungerechten finden keine Helfer.

---

[14] Genau handelt es sich um das Sprechen Jesu in der Wiege und die Erschaffung des Vogels aus Lehm

Wahrlich, ungläubig sind die, die da sprechen: ‚Siehe, Allah ist ein dritter von drei.‘ Aber es gibt keinen Gott denn einen einigen Gott. Und so sie nicht ablassen von ihren Worten, wahrlich, so wird den Ungläubigen unter ihnen schmerzliche Strafe. Wollen sie denn nicht umkehren zu Allah und Ihn um Verzeihung bitten? Und Allah ist verzeihend und barmherzig.

Nicht ist der Messias, der Sohn der Maria, etwas andres als ein Gesandter; voraus gingen ihm gesandt, und seine Mutter war aufrichtig. Beide aßen Speise. Schau, wie Wir ihnen die Zeichen deutlich erklären! Alsdann schau, wie sie sich abwenden.“

Vers 72 scheint hier gegenüber den nachfolgenden etwas widersprüchlich zu sein, wenn man aber die Übersetzung nimmt, der Abdulsalam sich bedient, löst sich der scheinbare Widerspruch allerdings auf, denn dort heißt es: „„Fürwahr, ungläubig sind diejenigen, die sagen: ‚Gewiss, Gott ist der Messias, der Sohn Marias‘, wo doch der Messias (selbst) gesagt hat: ‚O Kinder Israels, dient Gott, meinem Herrn und eurem Herrn!‘“

Als weiteren Beleg wartet Abdulsalam mit Sure 4:171 auf, wo es nach Henning heißt:

„O Volk der Schrift, überschreitet nicht euern Glauben und sprechet von Allah nur die Wahrheit. Der Messias Jesus, der Sohn der Maria, ist ein Gesandter Allahs und Sein Wort, das Er in Maria legte, und Geist von Ihm. So glaubet an Allah und an seinen Gesandten und sprechet nicht: ‚Drei‘. Stehet ab davon, gut ist’s euch. Allah ist nur ein einiger Gott; Preis ihm, dass Ihm sein sollte ein Sohn! Sein ist, was in den Himmeln und was auf Erden, und Allah genügt als Beschützer.“

Abdulsalam erklärt, dass Jesus sich „am Tag des Gerichts“ „selbst von dieser falschen Behauptung“ befreien würde. Er schreibt: „Gott[15] gibt uns einen Ausblick darauf, was er antworten wird, wenn er darüber befragt wird, warum ihn die Leute angebetet haben, um gleich im Anschluss wieder aus dem Koran zu zitieren. Ich gebe diese Stelle (5:116-177) aus der Henning-Übersetzung wieder:

„Und wenn Allah sprechen wird: ‚O Jesus, Sohn der Maria, hast Du zu den Menschen gesprochen: ‚Nehmet mich und meine Mutter als zwei Götter neben Allah an?‘ Dann wird er sprechen: ‚Preis sei Dir! Es steht mir nicht zu, etwas zu sprechen, was nicht wahr ist. Hätte ich es gesprochen, dann wüsstest Du es. Du weißt, was in meiner Seele ist, ich aber weiß nicht, was in Deiner Seele ist. Siehe, Du bist der Wisser der Geheimnisse.

Nichts andres sprach ich zu ihnen, als was Du mich hießest, nämlich: ‚Dienet Allah, meinem Herrn und eurem Herrn.‘ Und ich war Zeuge wider sie, solange ich unter ihnen weilte [...].“

---

[15] Es fällt auf, das Abdulsalam durchweg „Gott“ und nicht „Allah“ schreibt. Auch in der von ihm genutzten Übersetzung ist, wo Henning und Paret „Allah“ übersetzen, schlicht von „Gott“ die Rede.

Mit Nachdruck erklärt Abdulsalam, dass es eine große Gotteslästerung ist, Jesus als „Sohn Gottes" zu bezeichnen, weil Gott „Einzig" und nicht „wie seine Geschöpfe ist". Als Referenz hierfür nimmt er auf die Bibel (wobei er das Wort „Bibel" in Anführungszeichen setzt), wo es in 2. Mose 20:1-3 (nach Zunz) heißt:

„Und Gott redete all diese Worte und sprach: Ich bin der Ewige, dein Gott, der dich geführt aus dem Lande Mizrajim, aus dem Knechthause." Du sollst keine fremden Götter haben neben mir."[16]

Für Abdulsalam ist Jesus eindeutig ein Mensch und ein Prophet, aber *keinesfalls* ein Gott. Dies bekräftigt er mit der Koran-Stelle „Und die Dschinnen[17] und die Menschen habe ich nur dazu erschaffen, dass sie mir dienen." (Sure 51,56; nach Henning)

Auch wenn die Propheten nur Menschen waren, waren sie doch ganz besondere: die besten der Schöpfung! Der Jesus des Islam unterscheidet sich nicht von den anderen Propheten, aber er ist derjenige, der zu den Juden gesandt war, die, wie Abdulsalam betont, von den Lehren Moses und anderer Gesandter abgewichen waren. So sagt er in Sure 61:6: O ihr Kinder Israel, siehe ich bin Allahs Gesandter an euch, bestätigend die Tora, die vor mir war" (nach Henning) Abdulsalam stellt Jesu Aufgabe insofern jener seiner Vorgänger gleich, die von Gott auserwählt worden waren und die Menschen dazu aufriefen, Gott zu dienen – und er betont „*Allein Gott*" – und dessen Befehlen „gehorsam zu folgen". Aber: Obwohl, wie Abdulsalam schreibt, Jesu „wunderbare Empfängnis, Geburt und Kindheit, seine zahlreichen Wunder, die er mit Gottes Hilfe vollbrachte", allesamt Beweise dafür waren, dass er „Gottes Gesalbter" war, leugnete die große Mehrheit der Juden sein Prophetentum, entrüstet er sich. Und jetzt zieht er einen „anderen Propheten" aus dem Hut, der nach Jesus kommen sollte und zitiert den vollständigen Wortlaut von Sure 61:6, wo es nach Henning heißt:

„Und da Jesus, der Sohn der Maria sprach: ‚O ihr Kinder Israel, siehe, ich bin Allahs Gesandter an euch, bestätigend die Tora, die vor mir war, und einen Gesandten verkündigend, der nach mir kommen soll, des Name Ahmad ist." (Ahmad bedeutet so viel wie „Der Gepriesene".)

Um dies weiter zu belegen, zieht Abdulsalam auch einen Bibelvers heran, Joh. 14:16-17, wo es nach der Elberfelder Übersetzung heißt:

„[...] und ich werde den Vater bitten, und er wird euch einen anderen Beistand geben, dass er bei euch sei in Ewigkeit, den Geist der Wahrheit."

---

[16] „Mizrajim" ist der jüdische Name für Ägypten. In der christlichen Elberfelder Übersetzung wird diese Stelle wie folgt wiedergegeben: „Und Gott redete alle diese Worte und sprach: Ich bin der HERR, dein Gott, der ich dich aus dem Land Ägypten, aus dem Sklavenhaus, herausgeführt habe. Du sollst keine andern Götter haben neben mir."

[17] Die Dschinnen sind ein (durchaus interessantes) Thema für sich, das aber in diesem Rahmen nicht angesprochen werden kann.

Der Übersetzer gibt hier, für „Beistand" „Fürsprecher", „Helfer" und „der (zur Unterstützung) Herbeigerufene" als Alternative an. Die bekannteste Übersetzung ist „Tröster" (wie bei Luther 1914), aber damit ist die Auswahl noch nicht erschöpft. So wartet beispielsweise Menge mit „Anwalt" als Alternative für „Helfer" auf. Interessant ist, dass von den mir vorliegenden Übersetzern abgesehen von Luther keiner die bekannteste Übersetzung „Tröster" wählt. Allgemein scheinen „Beistand" und „Helfer" die geläufigsten Übersetzungen zu sein. Im Christentum wird die Identität dieses „Trösters" allgemein als der „Heilige Geist" bestimmt, der anstelle von Jesus die an ihn Glaubenden trösten würde, was mit der „Ausgießung des Heiligen Geistes" am initialen Pfingsttag seinen Anfang genommen habe. Abdulsalam stellt jedoch fest, dass „sorgfältige Nachforschungen" belegen würden, dass die Stelle sich auf den gleichen Propheten beziehen würde, der im Koran in Sure 61:6 erwähnt wird.

Im dritten Teil seines Artikels geht Abdulsalam auf die Kreuzigung Jesu ein und betont unter Berufung der bereits zitierten Stellen, dass dieser *nicht* gekreuzigt wurde, sondern „es erschien ihnen nur so". Interessanter Weise betont er hier nicht, dass ein anderer anstelle Jesu gekreuzigt worden sei, sondern nimmt hier eher die Postion der Ahmadyya-Sekte ein, schließt aber daran an, dass Gott ihn „zu sich erhoben" habe. Ausdrücklich weist Abdulsalam darauf hin, dass Jesus *nicht* auf die Erde kam, um die Sünden von Adam, Eva und dem Rest der Menschheit auf sich zu nehmen und ihnen diese Last abzunehmen. „Der Islam weist die Vorstellung, dass irgendjemand die Sünde eines anderen tragen könnte, strikt zurück" schreibt er und zitiert die Sure 39:7, in der es nach Henning heißt: „Und keine beladene (Seele) soll die Last einer anderen tragen." Überzeugte Christen werden nun einwenden, dass Jesus ja keine „beladene" (oder wie die von Abdulsalam genutzte Übersetzung sagt: „lasttragende" Seele war, sondern er war ja sündlos und außerdem noch Gott. Auf diesen Einwand wollen wir aber an dieser Stelle nicht eingehen, aber auf ein anderes Thema, das christlichen Fundamentalisten wichtig ist und auch von Abdulsalam stellvertretend für den Islam angesprochen wird: „Das zweite Kommen des Christen" (gemeint ist wohl eher Christs*)*.

Hierzu hat Abdulsalam allerdings ganz andere Vorstellungen, als sie die Christen haben, denn er schreibt, dass er „in erster Linie auf die Erde zurückkommen" wird, „um seine Sterblichkeit unter Beweis zu stellen"! Es ginge ihm darum, „die falschen Ansichten, die die Menschen über ihn verbreitet haben, zu widerlegen. Er wird ein normales Leben führen, heiraten und wie jeder andere Mensch auch sterben. Dann wird die Angelegenheit in Bezug auf ihn klar sein, und alle Menschen werden glauben, dass er wirklich sterblich ist." Dazu zitiert er Sure 4:159, wo es nach Henning heißt:

„Und wahrlich vom Volke der Schrift [damit sind Juden und Christen gemeint; Anm. RMH] wird jeder an ihn glauben vor seinem Tode, und am Tag der Auferstehung wird er wider sie Zeuge sein."

Henning macht hierzu noch eine interessante Anmerkung, wenn er schreibt.: „Dies geht wahrscheinlich auf den Tod Jesu nach seiner Wiederkunft, nach der er den Antichrist erschlagen hat." Abdulsalam führt das noch weiter aus, wenn er schreibt:

„Jesus wird ebenfalls den falschen Christen bekämpfen, der die Leute glauben machen will, dass er Gott sei und der kurz bevor Jesus zurückkehrt, auftauchen wird. Er wird den Antichristen schlagen und alle Menschen werden die wahre Religion Gottes annehmen. Die Welt wird einen Zustand des Friedens und der Ernsthaftigkeit erleben, die sie in ihrer Geschichte nie gefühlt hat: alle dienen demselben Gott, unterwerfen sich Ihm allein und leben in Frieden miteinander."

Einen wichtigen Punkt erwähnt Abdulsalam noch in seiner Schlussfolgerung, nämlich der, dass der Islam „die Botschaft der Unterwerfung" bedeute.
Der große Diskussionspunkt in Bezug auf Jesus innerhalb des Islam ist wie erwähnt dessen Tod. Der Autor des Artikels „Was der Koran über den Tod Jesus sagt" zitiert die Sure 4:157-158 wie folgt:

„Und weil sie (die Juden: Anm. d. Red.) sprachen: „Wir haben Christus Jesus, den Sohn Marias, den Gesandten Gottes, getötet!" Aber sie haben ihn nicht getötet und haben ihn auch nicht gekreuzigt. Sondern es kam ihnen nur so vor. (*) Siehe, jene, die darüber uneins sind, sind wahrlich über ihn im Zweifel. Kein Wissen haben sie darüber, nur der Vermutung folgen sie. Sie haben ihn nicht getötet, mit Gewissheit nicht, vielmehr hat Gott ihn hin zu sich erhoben.
Gott ist mächtig weise."

Dazu merkt der Verfasser der Seite an:

„Sure 4:157-158 kann nicht eindeutig übersetzt werden: Der mit (*) gekennzeichnete Vers ist im arabischen Original sehr kompliziert und ein eindeutiges Verständnis schwierig. So lässt die Wortbedeutung des Verbs zwei Übersetzungen zu: „zweifelhaft, unsicher sein" oder „ähnlich machen, vergleichen". Auch das dazugehörige Bezugswort kann entweder als „es" oder „er" übersetzt werden."
Hartmut Bobzin hat sich in seiner Übertragung des Korans für „es kam ihnen so vor" entschieden.
Rudi Paret überträgt in seiner deutschsprachigen Übertragung im Gegensatz zu Bobzin den arabischen Korantext mit:

„Vielmehr erschien ihnen (ein anderer) ähnlich (so dass sie ihn mit Jesus verwechselten und töten)."

Letztere Übersetzung haben wir ja weiter oben schon betrachtet und ebenso die von Hennig, der im gleichen Sinn übersetzt. Auf der angesprochenen Seite heißt es aber weiter:

„Die beiden Koranverse zum Tode des Propheten Jesu gehören zu den geheimnisvollsten Versen überhaupt im Koran. In den beiden Übertragungen von Bobzin und Paret werden zwei unterschiedliche Möglichkeiten des Verständnisses und damit auch zwei unterschiedliche Optionen der Interpretation dieser Verse deutlich:

Bobzin [Der Autor der Seite beruft sich auf: Hartmut Bobzin. Der Koran. München 2010; Anm. RMH] übersetzt ihn so, als ob die Wahrnehmung der Jüdinnen und Juden bzw. der [Zeuginnen und Zeugen; Gendering wurde aus dem Zitat entfernt, Anm. RMH] der Kreuzigung gemeint seien. Paret wählt dagegen eine Übersetzung, die sich eher auf einen angenommenen Stellvertreter Jesus' bezieht.

Die Übertragungen von Bobzin und Paret stehen damit beispielhaft für die unterschiedlichen Verstehensweisen muslimischer Gelehrter, die sich zur Deutung dieser Verse geäußert haben. Daraus sind im Laufe der Jahrhunderte der islamischen Theologiegeschichte zahlreiche widersprüchliche Traditionen und Interpretationen entstanden. Sie sind in den bedeutendsten Hadith-Sammlungen und Korankommentaren zu finden."

Die Seite „Der Prophet des Islam" veröffentlichte am 09.04.2012 einen Artikel mit dem Titel *Der Kreuzestod Jesu in koranischer Sicht*, und darin werden gleich schwere Geschütze aufgefahren, wenn es heißt:

„Die Juden haben gemäß folgendem Koranvers behauptet, Jesus ermordet zu haben. Nicht er soll aber am Kreuz gestorben sein, sondern ‚*ein ihm ähnlicher*'. Demnach wäre Jesus also gar nicht umgebracht worden ‚*und nicht töteten sie ihn in Wirklichkeit*,' sondern eine andere Person:

‚Sure 4, Vers 157: Und weil sie sprachen: >Siehe, wir haben den Messias Jesus, den Sohn der Maria, den Gesandten Allahs, ermordet< – doch ermordeten sie ihn nicht und kreuzigten ihn nicht, sondern einen ihm ähnlichen – darum verfluchten Wir sie. Und siehe, diejenigen, die über ihn uneins sind, sind wahrlich im Zweifel in betreff seiner. Sie wissen nichts von ihm, sondern folgen nur Meinungen; und nicht töteten sie ihn in Wirklichkeit.<'" (Hervorhebungen im Original)

Der Name der Übersetzung wird hier nicht genannt., doch der Wortlaut entspricht jenem der Henning-Übersetzung.

Gleich darauf wird wieder relativiert, wenn es heißt, „dass die Behauptung der Juden: „*Siehe, wir haben den Messias Jesus, den Sohn der Maria, den Gesandten Allahs, ermordet*" im Umfeld Mohammeds nicht einheitlich vertreten wurde, denn der zitierte Vers stelle auch fest: „*Und siehe, diejenigen, die über ihn uneins sind, sind wahrlich im Zweifel in betreff seiner. Sie wissen nichts von ihm, sondern folgen nur Meinungen …*"

Die Autoren der Seite deuten diesen Satz dahingehend, dass Mohammed mit unterschiedlichen christlichen Sekten wie den Nestorianern und den Doketisten in Kontakt gekommen sei und stellen fest, dass sich die Idee, dass Jesus vor seinem Passionsweg gegen „einen ihm ähnlichen" ausgetauscht worden war, mit der Lehre der Nestorianer decke.

Sie zitieren aus Schirrmacher, Ch: Der Islam, Band 2, Holzgerlingen (S. 224):

„Demnach könnte Jesus, statt eines gewöhnlichen Todes gestorben zu sein, lebendig in den Himmel entrückt worden sein. Das wäre mit der Überlieferung des Prophetenbiographen Ibn Ishaq vereinbar, nach welcher Mohammed bei seiner Himmelsreise Jesus mit den übrigen im Koran genannten Propheten im Himmel angetroffen hat.“

Dies würde wiederum mit Classens Vorstellung übereinstimmen.

Auf der angesprochenen Seite wird uns mitgeteilt, dass der Koran selbst nichts über Jesu Wiederkunft aussagt, doch die Sunna *(neben dem Koran die zweite Quelle des islamischen Dogmas)* sage darüber sehr wohl etwas aus. Sie berufen sich auf eine detaillierte Beschreibung der Rolle Jesu am Ende der Zeiten, die sich auf einen Hadith *(eine Erzählung über das Leben des Propheten oder darüber, was er für richtig befunden hat)* -Beleg aus der Hadith-Sammlung des Gelehrten Muḥammad ibn Ismāʿīl al-Buchārī *(gest. 870)* und zitieren diesen wiederum aus Schirrmachers genanntem Buch (S. 225), wo es ihnen zufolge heißt:

„Jesus wird am Ende der Tage in Damaskus auf die Erde zurückkehren, den Anti-Christen mit dem Schwert vernichten, alle Kreuze zerbrechen, alle Schweine töten, alle Synagogen und Kirchen zerstören und alle Christen töten, die dann nicht an den Islam glauben wollen. Dann wird er in der Moschee in Jerusalem das islamische Gebet verrichten. Dabei wird der dortige Führer ihm seinen Platz als Vorbeter überlassen wollen; Jesus reiht sich jedoch ein in die Gemeinde der Betenden, womit er ausdrücklich die Vorrangstellung des islamischen Vorbeters, ja des Islam selbst, anerkennt und demonstriert. Wenn er den Antichristen getötet hat, werden alle „Leute der Schrift" [also Juden und Christen; Anm. RMH] an ihn glauben und es wird nur noch eine Glaubensgemeinschaft, nämlich die des Islam, geben. Es werden Gerechtigkeit und Frieden auf der Erde herrschen (so die schiitische Sichtweise), sogar im Tierreich. Nach 40 Jahren wird Jesus sterben und in Medina neben Mohammed zwischen Abu Bakr und Umar begraben werden."

Was die Idee betrifft, ein anderer sei anstelle Jesu gekreuzigt worden, gibt es einige wenige Thesen, wer der Unglückliche war, der an Jesu Stelle gekreuzigt worden sein könnte, aber glaubwürdig ist davon keine.

Basilides, ein ägyptischer Gnostiker aus dem 2. Jahrhundert u. Z., behauptet einer alt-apokryphischen Idee zufolge, dass Simon von Kyrene, jener, der das Kreuz Jesu tragen musste, dies nicht nur transportierte, sondern (anstelle von Jesus) auch noch selbst daran gekreuzigt wurde. Jesus habe […] demnach „mittels seiner besonderen Kräfte das Aussehen Simons [angenommen], sodass jeder glauben musste, es handele sich um ihn selbst, wie die Autorin Tanja Braid *Starb Jesus am Kreuz* (01.04.2020) auf „Neoterisches Bewusstsein" schreibt. Ihr zufolge ging es Basilides mit dieser Darstellung allerdings in erster Linie darum, die „Schande der Kreuzigung Jesu" zu tilgen, da man es gemäß dem damaligen Moralverständnis als beschämend empfand, dass ein Messias gekreuzigt worden wäre. Basilides soll seinen eigenen Angaben zufolge geschrieben haben, dass Jesus selbst, noch während Simon auf dem Weg zur Kreuzigung war, dabeigestanden und gelacht hätte...

Der Autor Oliver Fehn erinnert in seinem Buch *Der dunkle Jesus*, dass die syrische Gemeinde Thomas nie als Apostel betrachte, sondern als Zwillingbruder Jesu. Fehn bringt die Idee ins Spiels, dass dieser „Zwillingsbruder" anstelle von Jesus gekreuzigt wurde und Jesus anstelle von Thomas nach Indien ging, um dort zu missionieren, steht selbst dieser These jedoch eher kritisch gegenüber.

Im apokryphen *Barnabasevanglium* muss einmal mehr Judas Iskariot herhalten, der „nach dem Versuch, Jesus mit den Soldaten zu verhaften, das Aussehen von Jesus erhält und Jesus von Engeln in den Himmel emporgehoben wird". Wie es im Internet-Artikel „Die scheinbare Kreuzigung" weiter heißt, ist die Vorstellung von einer „scheinbaren Kreuzigung" bereits *vor* dem Koran entstanden. Sie scheint dem oben erwähnten Doketismus zu entspringen. Der muslimische Gelehrte al-Tabarī habe in einem Korankommentar geschrieben, dass der bereits erwähnte Geschichtsschreiber Ibn Ishāq (704-768 u. Z.) berichtet habe:

„Und einige Christen behaupteten, dass Jūdus Zikaryā Yūtā es war, welcher das Aussehen von ʿĪsā [arabischer Name Jesu; Anm. RMH] bekam und gekreuzigt wurde. Und er sagte: „Ich bin es nicht. Ich bin derjenige, der ihn euch gezeigt hat." [überliefert im Tafsīr al-Tabarī zu Sure 4,157]."

Dies wäre schon die vierte überlieferte Todesart des Judas...

Der langjährige Pressesprecher der Ahmadiyya Muslim Jamaat in der Bundesrepublik Deutschland e. V. Hadayatullah Hübsch sagte in seinem Vortrag *Die Kreuzigung Jesu und ihre Auswirkungen auf das Abendland und das Morgenland*, der in Masud Ahmads Buch *Jesus starb nicht am Kreuz* veröffentlicht wurde:

„Die Muslime glauben mehrheitlich, dass nicht Jesus gekreuzigt worden ist, sondern ein anderer, der ihm ähnlich sah. Jesus indes sei lebendig in den Himmel aufgefahren. Die Unsinnigkeit eines solchen Glaubens liegt auf der Hand. Hätte der andere, der auf einmal Jesus so ähnlich sah, dass weder Römer noch Juden noch die Jünger es merkten, nicht laut protestieren müssen? Warum hätte er sich, unschuldig, wie er doch gewesen war, nicht zur Wehr setzen sollen? Sind denn alle Aussagen der Evangelien erlogen? Oder hat dieser Mensch, der Jesus so ähnlich gesehen hat, dessen Rolle mit übernommen und am Kreuz wie ein echter Messias agiert? Warum hat Gott denn zu einem solchen Täuschungsmanöver greifen müssen, durch das ein Mensch, von dem zuvor nichts bekannt war, unschuldigerweise ermordet wurde?" (Hübsch in Ahmad 1992, S. 33f)

und gelangt zu dem Schluss:

„Der Heilige Qur-ân[18] belegt diese wundersame These nicht."

---

[18] Arabischer Begriff für Koran

Kein Wunder, das Hübsch so schreibt, schließlich er ist ein Vertreter der Ahmadyya-Bewegung und glaubt, dass Jesus nach seiner überlebten Kreuzigung nach Kaschmir wanderte.

Der ehemalige Imam der Berliner Ahmadiyya Muslim Gemeinde Abdul Basit Tariq äußert sich in seinem Vortrag *Die Kreuzigung Jesu nach den Zeugnissen der Bibel und des Heiligen Qur-ân* zu Jesu Wiederkunft und glaubt, dass diese sich in Hazrat Mirza Ghulam Ahmad erfüllt habe, der „eine andere Person" war und *„die gleichen Aufgaben des historischen Jesus* haben würde".

Auch er behauptet, dass Jesus bei der Kreuzigung nicht gestorben war und belegt das mit einer etwas verkürzten und ergänzten Version von Sure 3:55: „Und sie planten (Jesus hinzurichten) und Allah plante (ihn zu retten), und Allah ist der beste Planer." Wollen wir diesen Vers wirklich erfassen, müssten wir (mindestens) einen zweiten mitzitieren, und so heißt es nach der Ahmadyya-Übersetzung in den Versen 55-58:

„Und sie planten, auch Allah plante; und Allah ist der beste Planer.

Wie Allah sprach: ‚Oh Jesus, ich will dich [eines natürlichen Todes] sterben lassen und will dir bei Mir Ehre verleihen und dich reinigen (von den Anwürfen) derer, die ungläubig sind, und will die, die die folgen, über jene setzen, die ungläubig sind, bis zum Tage der Auferstehung: dann ist zu mir eure Wiederkehr, und Ich will richten euch über das, worin ihr uneins seid.

Was nun die Ungläubigen anlangt, so will ich ihnen strenge Strafe auferlegen in dieser und jener Welt, und sie sollen keine Helfer finden.

Was aber jene anlangt, die glauben und gute Werke tun, so wird er ihnen ihren vollen Lohn auszahlen. Und Allah liebt nicht die Frevler."

Bei Paret heißt es da in den relevanten Versen allerdings ganz anders. Dort beginnt aus besagtem Grund die Passage bei Vers 54:

„Und sie (d. h. die Kinder Israels) schmiedeten Ränke. Aber (auch) Gott schmiedete Ränke. Er kann es am besten.

(Damals) als Gott sagte: ‚Jesus! Ich werde dich (nunmehr) abberufen und zu mir (in den Himmel) erheben und rein machen, so dass du den Ungläubigen entrückt bist. Und ich werde bewirken, dass diejenigen, die dir folgen, den Ungläubigen bis zum Tage der Auferstehung überlegen sind. Dann (aber) werdet ihr (alle) zu mir zurückkehren, Und ich werde zwischen Euch entscheiden über das, worüber ihr (im Erdenleben) uneins waret.

Diejenigen die ungläubig sind, werde ich im Diesseits und Jenseits schwer bestrafen. Und sie haben (dereinst) keinen Helfer.

Denen aber, die glauben und tun, was Recht ist, wird er (d. h. Gott) ihren vollen Lohn geben. Gott liebt die Frevler nicht!"

„Eines natürlichen Todes sterben" und „zu mir in den Himmel zu heben" – das ist doch schon ein gewaltiger Unterschied. Bei Henning finden wir hier übrigens eine Art „Zwischending". Er übersetzt:

„Und sie schmiedeten Listen, und Allah schmiedete Listen; und Allah ist der beste Listenschmieder.
(Gedenke,) da Allah sprach: ‚O Jesus, Ich will dich verscheiden lassen und will dich erhöhen zu Mir und will dich von den Ungläubigen säubern und will deine Nachfolger über die Ungläubigen setzen bis zum Tag der Auferstehung. Alsdann ist zu Mir eure Wiederkehr, und Ich will richten zwischen euch über das, worin ihr uneins seid.
Was aber die Ungläubigen anlangt, so werde Ich sie peinigen mit schwerer Pein hienieden und im Jenseits; und nicht werden sie Helfer finden.'
Was aber die Gläubigen und das Rechte Tuenden anlangt, so wird Er ihnen ihren Lohn heimzahlen. Und Allah liebt nicht die Ungerechten."

Die Tendenz geht hier wohl eher zur Ahmadyya-Übersetzung als zu Paret. Tariq ist der Meinung, dass mit den Verlorenem aus dem Hause Israel, zu denen Jesus geschickt wurde, die nach Osten bis nach Kaschmir verstreuten verlorenen zehn Stämme Israels gemeint seien, die 721 u. Z. von den Assyrern aus dem Nordreich Israel des geteilten einstigen geeinten Reiches gleichen Namens verschleppt wurden. Er erwähnt auch, dass Jesus mit 120 Jahren in Kaschmir starb, benennt aber keine Quelle.

Der nächste Jesus, mit dem wir uns beschäftigen werden, starb tatsächlich am Kreuz, jedoch ist dem Verkündiger dieses Jesus sein Leben und das Vorbild, das er uns gegeben hat, weitaus wichtiger als sein Tod.

Der Jesus des Edgar Cayce

Edgar Cayce (ausgesprochen Kei-Sie") lebte von 1877 bis 1945 und wurde als „Der schlafende Prophet" bekannt. Er wurde auf einer Farm in Hopkinsville, Kentucky, geboren und bereits früh in seiner Kindheit entwickelten sich seine übersinnlichen Fähigkeiten. Er konnte nicht nur den Geist seines toten Großvater sehen, sondern sogar mit ihm sprechen. Außerdem spielte der junge Edgar häufig mit imaginären Freunden, die behaupteten, von der „anderen Seite" zu kommen. Zudem hatte er ein fotografisches Gedächtnis. Darüber hinaus kannte er die Inhalte von Büchern, wenn er sie nur unter sein Kopfkissen legte und darüber schlief quasi auswendig. Bereits dem jungen Edgar Cayce ging es nur darum, anderen, insbesondere Kindern, zu helfen.

Später stellte Cayce fest, dass er die Fähigkeit hatte, sich selbst in einen schlafähnlichen Zustand zu befördern, in dem er sich auf eine Coach legte, seine Augen schloss und die Hände über seinem Bauch faltete. In diesem Zustand der Entspannung und Meditation war er, wie die von ihm gegründete Organisation *Association for Research and Enlightenment* (A.R.E.) schreibt, in der Lage, seinen Geist mit jeder Zeit und jedem Ort zu verbinden – dem universellen Bewusstsein bzw. dem überbewussten Verstand. Aus diesem Zustand heraus konnte er Fragen z. B. über die Geheimnisse des Universums oder den Sinn des Lebens eines bestimmten Fragestellers beantworten. Des Weiteren konnte er bei Fragen wie „Was kann ich gegen meine Arthritis tun?" helfen und wusste detailliert zu berichten, wie und wann die alten ägyptischen Pyramiden erbaut wurden. Seine Antworten gab er in Sitzungen, die „Readings" genannt wurden.

Darüber hinaus war Cayce ein hingebungsvoller Kirchgänger und Sonntagsschul-Lehrer. Schon als junger Mann begann er damit, die Bibel in jedem Jahr seines Lebens einmal zu lesen und behielt diese Gewohnheit bis zu seinem Tode bei.

Seine Themen kann man in fünf Punkte zusammenfassen: 1. Gesundheitsbezogene Informationen; 2 Philosophie und Reinkarnation; 3. Träume und Traumdeutung; 4. Außersinnliche Wahrnehmung und psychische Phänomene; und 5. Spirituelles Wachstum, Meditation und Gebet.

Es sollte ergänzt werden, dass Cayce in seinem frühen Leben als Fotograf (sein erlernter Beruf) und später als Buchhändler arbeitete.

Außer den Readings stammen viele weitere interessante Aussagen von Cayce aus Vorträgen, die er während der letzten vier Jahren seines Lebens jeden Dienstagabend hielt.

Anfangs eher fundamentalistischer Christ, entwickelte er später eine – in der Hauptsache aus seinen Readings erwachsene, an deren Inhalt er sich im Wachzustand nie erinnern konnte – ziemlich eigenwillige Philosophie, in der Jesus eine wichtige Rolle spielt.

Cayces Philosophie geht von *einem* Gott aus, einem „Allgeist": einem unermesslichen Meer voll von geistiger Potenz, voll von bewusster Schöpferkraft, der allen Raum und alle Zeit erfüllte. Allwissenheit, Allmacht und Allgegenwart waren der Ursprung, der *erste Grund* der umfassenden Macht. Das war das Ganze, das Wesen des Lebens, der ICH-BIN-DER-ICH-BIN. Das war der *ewige Gott*.

Der Autor Lytle W. Robinson berichtet in seinem Buch *Edgar Cayces Bericht von der Bestimmung des Menschen,* dass Gottes Wesen alle Schöpferkräfte barg, alle Grundformens des Seins „IHM" entstammen, dem „EINEN, dem ERSTEN Grund.

„Alle Zeit, aller Raum, alle Kraft und alle Materie sind eins und gründen im Gesetz von Anziehung und Abstoßung, den positiven und negativen Mächten, die das Universum bewegen. Diese Bewegungen, die Schwingungen in seinem innersten Gefüge, sind die Manifestationen des Schöpfers. Aus all der unbewussten Aktivität, aus den Ansammlungen von positiven und negativen Kräften erwuchs die Schöpferkraft. Atome und Moleküle, Zellen und vielerlei wandlungsfähige Materie entstanden; aber das Innerste blieb unverwechselbar dasselbe, der EINE. Nur die Form seiner Erscheinung wechselte, nicht seine Identität mit dem ersten Grund." (Robinson 1979, S. 39)

Jetzt bringt Robinson einen „zweiten Grund" ins Spiel, und der ist „Die Begierde: Das Verlangen nach Selbstverwirklichung, das Verlangen, selbst schöpferisch tätig zu wirken, das Verlangen nach Gemeinschaft." So „geriet der Geist in Bewegung" und schuf, indem er aus sich selbst heraustrat, eine „gesonderte Schwingung" – eine „weitere Lebensäußerung". „So gelangte in das Meer friedlicher und harmonischer Schwingungen *Amilius*, das Licht. „Dieser erste Impuls der göttlichen Kraft, die erste Verkörperung, der erste *Sohn* aus der Quelle des Geistes, wurde es als leuchtender Gedanke geschaffen, als Idee geboren. Das geschah am ersten Schöpfungstag."

Amilius nun war „notwendigerweise" mit freiem Willen sowie mit Vernunft ausgestattet, da er sonst „auch abhängig vom Willen des Ganzen" geblieben wäre. So war Amilius zwar immer noch ein Teil der Quelle, mit der er sich auch identifizierte, doch er war „als Wesenheit herausgelöst" und sich so „seiner eigenen Individualität bewusst", wobei er immer noch eins mit dem Schöpfer und dessen Plan war. Dieser Amilius bewirkte den Eintritt der Seelen in diese „geistgeprägte Welt". Alle Seelen waren bereits am Anfang geschaffen worden. Diese Seelen besaßen allesamt einen freien Willen und eine Vernunft und existierten „als Kinder im Stande der Vollkommenheit, in voller Harmonie mit dem göttlichen Willen ihres Ursprungs". Sie waren geschlechtslose „Erscheinungen des Geistes" und „makellose Abkömmlinge eines gütigen Vaters und erfreuten sich in einer rein geistigen Welt." Diese Seelen waren Gefährten des Vaters", „Teile des Ganzen", aber: „selbstbewusste einzelne und unabhängige Wesenheiten", die einen freien Willen besaßen und sich in ihrem Denken und Verhalten geringfügig von den anderen unterschieden. Jede einzelne Seele konnte sich nun selbst verwirklichen. „Ein Gedanke wurde zum anderen, eine Erfahrung hatte weitere Erfahrungen zur Folge, bis jene noch nicht inkarnierten Seelen ihre eigene besondere Individualität, ihren eigenen Charakter ausgebildet hatten. Auf diese Weise wurde die Aktivität, das Denken, Fühlen und Wollen jeder dieser geistigen Wesenheiten als-Seelen-Aufzeichnungen protokolliert. Und was jede von ihnen dachte, wurde Wirklichkeit".

Die Gedanken und die Taten wurden nicht nur in der „Seele der Wesenheit" aufgezeichnet, sondern auch in der „Akasha-Chronik", das auch als „Buch des Lebens" bezeichnet wird. In diese Akasha-Chronik wird alles aufgezeichnet, was von Urbeginn der Zeit geschah.

Nun kam es jedoch zu einem Problem: Der Wille dieser Seelen stimmte mit der Zeit nicht mehr mit dem Willen ihres Ursprungs überein. Die Seelen waren fasziniert von der Macht ihrer eigenen schöpferischen Persönlichkeit und begannen zu experimentieren. „Begierde und Selbsterhöhung gebaren das Zerstörerische, das sich gegen das Gute wandte, gegen Gottes Willen. Durch Übersteigerung ihres eigenen Willens und ihren Unabhängigkeit entstand ihr Egoismus. Das war die Abkehr vom Willen Gottes, die zum Abfall führte, zur Trennung, und die den Stand der Vollkommenheit beendete. Dies war der Aufstand der Engel oder der Sündenfall des Menschen", berichte Robinson auf der Basis der Cayce-Readings.

Nun haben also die Seelen sich um ihres eigenen Willens wegen vom Schöpfer abgewandt, und damit haben sie sich gleichzeitig von ihrer natürlichen geistigen Heimat getrennt. Eine Rückkehr war nur durch eine weitere freie Willensentscheidung möglich. Doch stattdessen kam es zu einer Entwicklung in die entgegengesetzte Richtung: Die Seelen entfernten sich immer weiter vom göttlichen Willen, und nun war eine Rückkehr in ihre natürliche Heimstatt bis auf Weiteres nicht mehr möglich.

Wie nun die verirrten Seelen aus ihre unglücklichen Lage befreien? Amilius hatte den Durchblick über das, was geschehen war und entwarf einen Plan. „Durch sein Eingreifen nahm er freiwillig die Bürde der kommenden Welt auf sich – eine Aufgabe von überwältigender Größe. Das war das erste von vielen Opfern", schreibt Robinson.

Zu diesem Plan gehörte die Verstofflichung, denn nun wurde die Materie gebraucht, „um durch den Zustand der Verkörperung die *Abspaltung vom Geist* zu veranschaulichen, damit die Seelen sich ihres Falles bewusst werden konnten". Das Universum entstand, und jedes Atom und jede Zelle ist ein Kosmos für sich – „angetrieben von dem gleichen lebenspendenden Geist; nicht durch den Schöpfer, sondern durch die Manifestation des Schöpfers."

Die Überwachung der „Erdensphäre" oblag Amilius. Nun geschah es, dass die noch im Geiste wurzelnden Seelen von der Materie angezogen wurden, und einige von ihnen beobachteten die verschiedenen Formen des tierischen Lebens „und der irdischen Verbindungen." „Sie schwebten darüber hin, betrachteten den zunehmenden Überfluss der Dinge auf der allmählich abkühlenden, aber noch tropischen Erde. Sie sahen die Fruchtbarkeit des Bodens und wollten sie genießen; sie bemerkten das Geschlechtsleben der Tiere und wollten es kennenlernen. Als ihr erwachtes Begehren sie dazu trieb, nun ebenfalls ihren Ausdruck in der Materie zu suchen, nahmen sie mehr am materiellen Dasein teil: sie wurden Verzehrer und Ernährer ihrer physischen Umwelt".

Nun waren die Seelen selbstbewusst und in der Lage, auch Gott gegenüber Standpunkte zu vertreten, ja sie konnten sein wie Gott selbst, und so begannen auch sie, schöpferisch tätig zu werden. „Sie ahmten nach die Tiere auf den Feldern und die Vögel in der Luft, Leiber sich erträumend, die zu bewohnen, ihnen als Vergnügen erschien."

Da Gedanken in Wirklichkeit Taten sind, strömten diese Wünsche schließlich in die Materie ein

„und konnten sich verwirklichen, denn von Anfang an waren dem Menschen die Hilfsmittel der ganzen Schöpfung verfügbar. Diese so erdachten Formen waren zwar ihrer Natur nach zuerst nur Vorstellungen und entstanden, als sie sich aus sich heraus abstießen, wie jedes dieser Bilder auch immer beschaffen sein mochte – vergleichbar dem Verhalten des Atoms, das im Augenblick seiner Spaltung zwei noch vollständigere Atome bildet; oder dem Wachsen der Amöben im stehenden Wasser eines Teiches, die sich unablässig vermehrten. Als die Befriedigung ihrer sinnlichen und materiellen Begierden jedoch Gestalt annahm, verhärteten oder erstarrten die Gedankenformen selbst zu Materie und nahmen die Farbe seiner Umwelt an – ähnlich wie ein Chamäleon sich anpasst, und die Farbe seiner Umwelt annimmt." (Robinson 2016, S. 45)

Die Seele an sich hatte einen dominierenden Betätigungsdrang, doch durch den Umstand, dass das Geistige sich beständig in und mit Materie „zu äußern und zu verbinden" versuchte, wurde nun eine Teilung der geistigen Kraft notwendig, die in drei Phasen gipfelte. 1. In *bewussten* Gedanken, der Aufbau, Gebrauch und Kontrolle der Materie lenkt, 2. Im *Unterbewussten* bzw. Unbewussten, einem Zwischenraum, der die Erinnerungen speichert und 3. Im Überbewusstsein, *das ausschließlich dem „Seelen-Geist" vorbehalten ist.* Die drei Dinge sind keine vollkommen voneinander sich unterscheidenden Dinge, sondern eher die Funktionen eigenen *Denkens auf drei verschiedenen Ebenen.*

Aus dem Missbrauch geistiger Kräfte entstand Chaos, und die Geschlechter wurden geteilt: das Männliche und das Weibliche entstanden.

Es entstand die erste Frau: Lilith. Eine „zusammengewürfelte Masse aus Missgestalten" geht auf sie zurück: Zyklopen, Satyre, Zentauren, Einhörner und viele mythische Gestalten mehr: Wesen mit tierischen Körpern und menschlichen Köpfen. So gelangten zahlreiche der auf der Erde umherschweifenden Seelen in Körper, die wiederum Projektionen ihrer eigenen geistigen Schöpfungen waren und eine Rasse von Ungeheuern vermehrten.

Diese Körper waren keine Schöpfungen Gottes, sondern Schöpfungen ebendieser Seelen. Sie waren die Töchter des Menschen, die Riesen der Erde des Alten Testaments.[19]

„So entstand der unheimliche verderbte Zustand einer Daseinsform, die aber zugleich zum Anfang einer neuen Periode wurden, – der lange Kampf um den Sieg des Geistes über die Materie," schreibt Robinson.

Nun durchstreiften die genannten „Ungeheuer" die Erde und vermischten sich mit den Tieren. Der beherrschende Faktor war das Geschlechtliche, das durch die Schlange symbolisiert wurde. „Durch ihre Nachkommen wurden immer wieder Seelen hineingeboren in ein Gefängnis der Materie, aus dem sie sich nicht selbst zu befreien vermochten. Eingeschlossen in diesen grotesken Körpern, trieb der Mensch als solcher immer weiter weg von seinem Ursprung, dem harmonischen Dasein in Frieden und Liebe, das ihm zu eigen gewesen war", schreibt Robinson, und weiter: „Dies hatte er mutwillig verspielt um der selbstsüchtigen Befriedung des Geschlechtlichen willen; und

---

[19] Robinson spielt hier auf Genesis 6:2 an, wo es nach Zunz heißt: „Da sahen die Söhne Gottes die Töchter der Menschen, dass sie schön waren, und nahmen sich Weiber aus allem, was sie erkoren.

er hatte es bewirkt durch seinen das Geistige zerstörenden *Missbrauch schöpferischer Kräfte für sich selbst.* (Hervorhebung im Orig.) Das war die Ursünde des Menschen.

Ein Retter musste her: Amilius der von „geistbewussten Seelenwesenheiten aus anderen Bereichen – den Söhnen des Allerhöchsten" – unterstützt wurden, bildete „auf der Erde einen Leib, der den Bedürfnissen am ehesten entsprach – einen Körper, der helfen würde, statt zu behindern, im Ringen um das Eins-Werden mit dem Schöpfer." Dieser Retter entschied sich, selbst in die Materie einzutreten und wurde so zu Adam, einem Menschen aus Fleisch und Blut, dem „ersten der Söhne Gottes im Wiederstand gegen die ‚Töchter der Menschen' die groteske Nachkommenschaft der Vermischung. Dies war der Grund für die Ermahnung, *die Rasse reinzuhalten*", schreibt Robinson unter Bezugnahme auf Gen. 6:2.

„Adam war eine Individualität", schreibt Robinson, „aber er war auch mehr; er war das Symbol für die ganze Menschheit, für die fünf Wurzelrassen. Eva dagegen wurde nur geschaffen als ideale Gefährtin für Adam, zur Teilung der geistigen Natur des Menschen in Positives und Negatives. So war Eva auch die symbolische ‚andere Hälfte' der Natur des Mannes bei allen Rassen."

Während Lilith, die erste Gefährtin Adams, eine „Projektion in die tierische Welt" war und nur einem Zweck diente, nämlich der Befriedigung der Begierden, die sich entwickelt hatten, war die Erschaffung Evas notwendig geworden als Gefährtin und als Ausgleich auf dem langen Weg des Ringens zurück zu Gott, der nun begann. Im Gegensatz zu Lilith, war Eva – „die vollkommene Ergänzung Adams" – von Gott geschaffen.

„Das Eindringen der vollkommenen Rasse in die Materie geschah nicht nur im Garten Eden – von dem es in den Readings heißt, dass er im Iran und im Kaukasus gelegen sei –, sondern es ereignete sich an fünf verschiedenen Orten der Erde zur gleichen Zeit, schreibt Robinson. Diese anderen vier Orten waren dort, wo sich in Ostasien später die Wüste Gobi ausbreitete; die schwarze Rasse im Sudan und oberem Westafrika; die braune Rasse in den Anden und in Lemuria, „dem Kontinent, der damals im Gebiet des heutigen Pazifischen Ozeans lag"; und die rote Rasse, die im sagenumwobenen Atlantis, dem versunkenen Kontinent im Atlantik und in Amerika, zuhause war. Die von Robinson als Bewohner des Garten Edens identifizierte Rasse war weiß und erstreckte sich auch am Schwarzen Meer entlang über die Karpaten in Mitteleuropa.

Hier gibt es einen kleinen Widerspruch zu den Aussagen des Autors Robert W. Krajenke, der in seinem Buch *Edgar Cayces Story of The Old Testament – From the Birth of Souls to the Death of Moses* schreibt:

„‚Eden' ist nicht als Ort wichtig, sondern als ein Zustand, ein Ausdruck des Bewusstseins durch die Seelen auf der Erde. Es war die Erfahrung in der Materie von vielen und eine Aufzeichnung dessen, was sie in allen Teilen der Welt hinterlassen haben." (Krajenke 1994, S. 29)

Anschließend zitiert Krajenke Genesis 2:9, wo es nach Zunz heißt:

„Und es ließ aufsprossen der Ewige Gott aus dem Erdboden alle Bäume, lieblich zum Ansehen und Gott zum Essen; und dem Baum des Lebens in der Mitte des Gartens und den Baum der Erkenntnis des Guten und Bösen."

Nach dem Bibelzitat schreibt Krajenke weiter:

„Der Garten Eden ist eine buchstäbliche Wahrheit, ein tatsächlicher Status und Zustand in der Welt in der alten Zeit, doch er symbolisiert auch den Körper des Menschen. Später wird auf den Körper von Lehrern wie Jeremia, Paulus und Johannes als „der Tempel" verwiesen. (Joh. 2:21) Doch am Anfang wird er „der Garten" genannt.
   Die Existenz des Baumes der Erkenntnis zeigt die Möglichkeit des Beginns der perfekten Trennung des Menschen von der Quelle. Der Vater-Gott war sich dieser Möglichkeit bewusst, wusste jedoch nicht, ob, wie oder wann dies geschehen würde, bis die Seele durch ihre eigene Wahl dazu veranlasst wurde." (Ebd., S. 30)

Soweit so gut. Bevor wir zu dem angesprochen Widerspruch kommen, werden Sie sich vielleicht erstens fragen, warum ich diese doch etwas eigenwillige Philosophie so ernst nehme und so ausführlich schildere. Dies liegt ganz einfach daran, weil ich Edgar Cayce aufgrund seiner Treffsicherheit ernst nehme. Wenn er auch sehr oft danebenlag, förderten seine Readings auch einige Knaller zutage: So weiß unsere Wissenschaft erst seit den 60er Jahren, dass der Nil einst in den Atlantik geflossen ist – Cayce wusste es bereits 1925 (vgl. Horn 2009, S. 113) Weiter sagte Cayce ganz offensichtlich die globale Erwärmung sowie eine Polverschiebung voraus, die (wie von ihm prophezeit) in den Jahren 2000/2001 begann.
   Eine zweite Frage, die ihnen vielleicht gekommen ist, ist möglicherweise die: „Was hat das alles mit Jesus zu tun?" Diese Frage ist auch leicht mit einem Krajenke-Zitat beantwortet, denn der schreibt in seinem genannten Buch :

„Adam, der später Jesus wurde, manifestierte sich in der atlantischen Umgebung." (S. 32)

Adam war die zweite irdische Verkörperung der Seele, die später Jesus werden sollte. Die zweite. Wer war die erste? Wir haben schon von einem „Retter" gehört: Amilius! Hier haben wir auch gleich den angesprochenen Widerspruch, der aber möglicherweise gar keiner sein muss, wenn man folgende Möglichkeit in Betracht zieht: Der Adam, der im Garten Eden lebte, war nicht identisch mit jenem Adam, der später Jesus wurde: Der lebte auf Atlantis! Insgesamt gab es jedenfalls, wenn man Krajenke folgt, insgesamt fünf Adams – in jedem der fünf Gebiete, in denen die fünf Wurzelrassen erschienen, einen für sich.
   In seinem Buch *Edgar Cayces Story of the Old Testament – From Salomon's Glories to the Birth of Jesus* gibt Krajenke weitere Verkörperungen Jesu in der preis: Als Henoch, jene rätselhafte Person des Alten Testaments, die offensichtlich nicht starb, sondern „von Gott hinweggenommen wurde", weil er „mit Gott wandelte" (Gen. 5:22); Melchizedek, ein „Priester des höchsten Gottes und König von Salem, der

Abraham segnete; Joseph, der biblische Sohn des Jakobs, dem ein Engel Gottes den Namen „Israel" gab; Joshua, der das nach der letzten Reinkarnation Jesus benannten Volk Israel nach der 40-jährigen Wüstenwanderung ins Heilige Land führte; Asaph, einem biblischen Propheten; sowie Jeshua, dem Hohepriester, der zusammen mit Serubbabel die Heimkehr des jüdischen Volkes aus der babylonischen Gefangenschaft einleitete und zusammen mit jenem den Neubau des Tempels bewerkstelligte.

Die A.R.E. unterscheidet zwischen dem körperlichen Jesus, der letzten Reinkarnation dieser Seele und dem „Christusbewusstsein" (Christ Consciousness). In ihrem (nichtöffentlichen) Artikel *Edgar Cayce on Christ Consciousness* äußert sie auf ihrer Webseite, dass Jesus quasi ein „,Muster' der Ganzheit" sei. Die Readings sagen uns, wie sie schreibt, dass Gott wünscht, durch uns in der Welt ausgedrückt zu werden. „Das von Jesus gegebene Beispiel is anscheinend ein ,Muster' der Ganzheit für jede einzelne Seele."

Vollkommen unabhängig von der Religion oder des Glaubens des Einzelnen, existiert dieses „Christus-Muster" potenziell in jeder Faser seines Wesens. Es ist der Teil von uns, der in vollkommener Übereinstimmung mit dem Schöpfer darauf wartet, in unseren Leben ausgedrückt oder genauer vom Willen der Einheit der Seele mit Gott geweckt zu werden. Jesus wird in den Readings als unser „älterer Bruder" gesehen., „eine Seele, die kam, um jedem von uns den Weg zurück zu unserer spirituellen Quelle zu zeigen, indem sie die Gesetze des Schöpfers auf der Erde perfekt manifestierte."

Die A.R.E. ist sicher: „Wie ein älteres Geschwisterteil manchmal Einblicke und Ratschläge in einige Schwierigkeiten des Lebens geben kann, (weil er oder sie diese zuerst durchgemacht hat), kann Jesus als älterer Bruder uns helfen, die Herausforderungen des Lebens zu meistern." Die A.R.E. betont, dass dies mit Religion *überhaupt nichts* zu tun hat, sondern mit „Spiritualität und der Entdeckung unserer wahren Beziehung zu Gott" und fügt hinzu: „einer Beziehung, die wir mit Jesus teilen." Und sie sagt ganz deutlich: „Die Readings bestätigen nicht nur, dass Jesus der Sohn Gottes war, sondern sie sagen auch dasselbe über jeden von uns aus. Mit anderen Worten: *Jesus war wie jeder von uns, und letztendlich ist jeder von uns dazu bestimmt, wie er zu sein*", wie sie betont. Cayce selbst sagt:

„Denn in Ihm, dem Vatergott, bewegt ihr euch und habt euer Sein. Verhaltet euch so! Verhalte dich so, als ob du denkst, du bist ein Gott! Ihr mögt solche werden, aber wenn ihr es tut, denkt ihr nicht an euch. Für was ist das Muster? Er dachte, es sei kein Raub, sich Gott gleichzustellen, aber er handelte so auf Erden. Er hat sich keinen Grund gemacht, dass Sie durch seine Gnade, durch seine Barmherzigkeit, durch sein Opfer einen Fürsprecher für diese erste Ursache haben könnet, Gott; dieses erste Prinzip, Geist ... " (Reading 4083-1)

Im Gegensatz zur Darstellung der Bibelfundamentalisten und anderer Glaubensrichtungen innerhalb des Christentums ist Jesu berühmte Aussage „Ich bin der Weg, die Wahrheit und das Leben" (Joh. 14-6) *kein* Aufruf zur religiösen Bekehrung, sondern „eine Gelegenheit für uns zu erkennen, dass sein Leben jedem von uns als Vorbild dienen kann. Unabhängig von unserem religiösen Hintergrund können wir im Leben Jesu ein Lebensmuster finden, das es jedem von uns ermöglicht, unsere persönlichen Schwächen, unsere Mängel und sogar unsere Probleme zu überwinden".

Das „Christus-Bewusstsein hat eine ‚umgestaltende Kraft', die geweckt wird, „wenn Individuen nach dem Muster handeln, das das Beispiel des Lebens Jesu vorgibt. Tatsächlich ist dieses Erwachen der wesentliche Zweck, für den jede Seele ins Leben tritt". Wie kann sich dieses „Christusbewusstsein" im Leben des Einzelnen entfalten? Auf diese Frage antwortete Cayce in Reading 849-11 folgendermaßen:

„Was wollt ihr dann mit diesem Mann tun, eurem älteren Bruder, eurem Christus, der – damit euer Schicksal in ihm sicher ist – euch den besseren Weg gezeigt hat? Nicht in mächtigen Taten der Tapferkeit, nicht in der Erhöhung deines Wissens oder deiner Macht; aber in der Sanftheit der Dinge des Geistes: Liebe, Güte, Langmut, Geduld; dies hat dein Bruder dir gezeigt, dass du, wenn du sie Tag für Tag in deinen Assoziationen mit deinen Mitmenschen anwendest, hier ein wenig, dort ein wenig, eins mit ihm werden kannst, wie er bestimmt hat, dass du sein sollst! Willst du dich trennen? Denn es gibt nichts ... was dich von der Liebe deines Gottes, deines Bruders trennen könnte, außer deinem eigenen Selbst!"

Die A. R. E. resümiert:

„Aus Cayces Sicht ist Jesus der ältere Bruder für die ganze Menschheit, der sich zutiefst dafür einsetzt, allen Seelen zu helfen, wieder zum Bewusstsein ihrer Einheit mit Gott zu erwachen. Dieser Jesus interessiert sich nicht für religiöse Bekehrung, Konfessionalismus oder gar mächtige persönliche Leistungen. Stattdessen interessiert er sich einfach dafür, wie wir miteinander umgehen. In diesem Sinne teilen wir auch inmitten unserer Vielfalt als menschliche Familie ein gemeinsames spirituelles Erbe. Wir sind alle Kinder desselben Gottes. Wir sind alle Teil der einen spirituellen Quelle. Und wir sind alle dazu bestimmt, zu unserem Schöpfer, unserer Mutter / unserem Vater, unserem Gott, zurückzukehren."

Ein Autor, der sich ausführlich mit dem Leben Jesu aus der Sicht Edgar Cayces beschäftigt hat, ist Richard Henry Drummond in seinem Buch *Edgar Cayce: Das Leben von Jesus dem Christus.*

Nach Drummond und den Cayce-Readings, auf die er sich beruft, waren Maria und Joseph wie auch Marias Cousine Elisabeth Mitglieder der Essener. Elisabeths Mann (die beiden waren die Eltern Johannes' des Täufers) wurde erst gegen Ende seines Lebens zumindest zu einem Sympathisanten dieser Gruppe. Maria wurde gezielt als Mutter Jesu ausgewählt, und Edgar Cayces Jesus wurde buchstäblich von der jungfräulichen Maria geboren. Und nicht nur das: Auch sie selbst war eine Jungfrauengeburt, wie es in der katholischen Kirche gelehrt wird. Cayces Maria und Jesus wurden beide ohne „Erbsünde" geboren. In Reading 5749-8 heißt es tatsächlich:

„(Frage) Ist die Lehre der römisch-katholischen Kirche, dass Maria vom Moment ihrer Empfängnis im Mutterleib von Anna ohne Erbsünde war, richtig? (Antwort) Es wäre in JEDEM Fall richtig. Genaugenommen mehr in dieser Hinsicht. Denn was die materiellen Lehren betrifft, auf die gerade Bezug genommen wurde, so sehen Sie: Am Anfang war Maria die Zwillingsseele des Meisters beim Eintritt in die Erde!" und

„(Frage) Weder Maria noch Jesus hatten also einen menschlichen Vater? (Antwort) Weder Maria noch Jesus hatten einen menschlichen Vater. Sie waren eine SEELE, soweit es die Erde betrifft; weil sie sonst nicht im Fleisch inkarniert wäre, verstehen Sie?"

Maria war zwischen 16 und 17 Jahre alt, als sie schwanger wurde, und Joseph war zu diesem Zeitpunkt bereits 36 Jahre alt. Auch er war von den Essener für seine Rolle als Marias Mann ausgewählt worden. Die Weisen aus dem Morgenlande hatten bereits früher Kontakte mit den Juden, insbesondere mit den Essenern. Die Essener selbst stützten sich auf spirituelle Lehren Persiens, wie sie von Zarathustra überliefert worden sind. Die Weisen brachten nicht nur Geschenke, sondern auch spirituelle Lehren. Auffällig ist Cayces Behauptung, dass es die Römer waren, die Befehl gaben, die Weisen zu Jesus zu führen. Cayces Readings lassen keinen Zweifel daran, dass Jesus tatsächlich in Bethlehem geboren wurde, und auch die Flucht nach Ägypten fand ihm zufolge so statt, wie in der Bibel berichtet.

Drummond erwähnt eine gewisse „Judith", in deren Haus der junge Jesus nach dem Disput mit den Rabbinern im Tempel von ihr unterrichtet wurde, zunächst in Judiths Haus und später auch im Ausland. Die Judith in Cayces Jesus-Geschichte war die erste Frau, die zur Leiterin „der Essener-Gruppe" ernannt wurde. Überraschender Weise ging auch Cayces Jesus im jugendlichen Alter nach Indien und Persien, später auch nach Ägypten, um dort zu studieren. Es gibt allerdings gewisse Diskrepanzen in verschiedenen Aussagen Cayces in Bezug auf die Reihenfolge dieser Auslandsaufenthalte.

Bezüglich des Todes Jesu bezieht sich Drummond auf Reading 5749-6, wo es heißt:

„Und als er am Kreuz hing, rief er diejenigen an, die er liebte und an die, an die er sich nicht nur an ihre spirituellen Zwecke, sondern auch an ihr materielles Leben erinnerte. Denn er wurde tatsächlich durch das Leiden des Todes am Kreuz das Ganze, der ganze Weg; der Weg, das Leben, das Verständnis, dass wir, die wir an ihn glauben, auch das ewige Leben haben können. Denn er hat denen seiner Brüder nicht nur die Sorge um das geistige Leben der Welt übertragen, sondern auch das materielle Leben derer, die aus seinem eigenen Fleisch, seinem eigenen Blut waren. Ja, als er sein physisches Blut gab, damit Zweifel und Angst verbannt werden könnten, so überwand er den Tod; nicht nur im physischen Körper, sondern auch im GEIST-Körper – damit er mit ihm EINS wird, selbst an diesem Morgen der Auferstehung –, den du deine Osterzeit nennst."

Und:

„Inwiefern geschah dies in der Stofflichkeit? Er war nicht nur körperlich tot, sondern die Seele war von diesem Körper getrennt. Als alle Phasen des Menschen auf der Erde manifestiert wurden, wurde der physische Körper, der mentale Körper, der

Seelenkörper abhängig von seiner eigenen Erfahrung. Ist es ein Wunder, dass der Mann rief: ‚Mein Gott, mein Gott, WARUM hast du mich verlassen?'"

Kein Zweifel: Edgar Cayces Jesus erlitt am Kreuz den Tod! Weiter zitiert Drummond aus Reading 5749-10, wo es heißt:

„In diesen Phasen des Übergangs von ‚Es ist vollbracht' kommt das, was für jedes Herz die Entschlossenheit ist, dass auch es die gesegnete Hoffnung kennt, die darin besteht, das Kreuz im Herzen, im Körper, im Verstand zu sehen, zu wissen und zu erfahren."

Drummond deutet dies folgendermaßen:

„Das heißt, wir selbst können eine gesegnete Hoffnung erfahren, wenn wir die verschiedensten Aspekte des Leidens, die mit unserem eigenen Kreuz verbunden sind, erfahren. Denn das ist es, was Jesus selbst tat, und zwar in vollkommener Weise."

Im genannten Reading selbst wird auch über die Auferstehung gesprochen. Über sie heißt es:

„Die Zeit der Auferstehung – hier finden wir das, in dem ihr euch ALLE rühmen könnt. Denn ohne die Tatsache, dass er den Tod überwunden hat, wäre die ganze Erfahrung wie Nichts gewesen. Dann könnt ihr als Sucher des Weges, die gekommen sind, um die Gegenwart des Christusbewusstseins in eurer eigenen Brust, in eurer eigenen Erfahrung zu kennen, erfahren, fühlen, die Tür eures Herzens öffnen!"

Hier haben wir es wieder, das „Christusbewusstsein."
Im gleichen Reading finden wir eine Passage, die an den Jesus des Günter Schwarz erinnert. Es heißt dort:

„(Frage) Welche Veränderungen mussten im physischen Körper Jesu stattfinden, um ein verherrlichter spiritueller Körper zu werden? (Antwort) Der Übergang des materiellen Lebens in das geistige Leben brachte den VERHERRLICHTEN Körper; So kann der VOLLKOMMENE Körper im materiellen Leben materialisiert werden – ein verherrlichter Körper, der VOLLKOMMEN gemacht wurde!"

Wie Schwarz verweist hier auch Drummond auf Paulus und dessen Aussage in 1, Kor. 15.35-57 und stellt fest, dass „mit dem Wandel, den Jesus erfahren habe, als er von der Ebene des physischen Lebens zur Ebene des geistlichen Lebens überging, in einen neuen, in seiner Art vollkommen Leib, der verklärt genannt wird, wandelt." „Dieser Seinszustand", so erklärt Drummond weiter, „war jedoch von solcher Flexibilität, dass er erlaubte, sich kraft des Willens erneut im physischen Leben zu materialisieren und dennoch dadurch nicht eingeengt zu sein." Drummond erkennt, dass sich die Cayce-Readings einerseits der traditionellen Sprache bedient, wie beispielsweise im Reading 5749-6, wo es heißt:

„Es ist das Hervorbrechen aus dem Grab, wie es durch die Birne des Baumes in der Natur selbst veranschaulicht wird, das Herausbrechen aus dem Schlaf, damit sie mit Heilung in seinem bloßen Leben auferstehen kann, um alle Phasen der menschlichen Erfahrung zu Seinem Bewusstsein zu bringen – das in der Tat wurde dann die Erfüllung des Gesetzes."

(Anstelle von „sie" steht in der deutschsprachigen Ausgabe von Drummond Buch „Seele" und den Teil mit der Birne lässt der Autor aus). Die Betonung liegt Drummond zufolge auf der Auferstehung Jesu als Höhepunkt seiner Erfüllung des göttlichen Gesetzes wie auch des historischen Gesetzes Israels. Er betont jedoch eine „Besonderheit und Wirkung für andere", nämlich „Heilung im Leben zu bringen, so wie sie Jesu transzendenten Bewusstsein die Erkenntnis der kompletten menschlichen Erfahrung bringen, so dass er zum Werkzeug seines Vaters wird, um uns allen zu helfen".

Weiter stellt Drummond fest, dass „das Phänomen" andererseits „in mehr abstrakter Sprache" zu beschreiben versucht wird. „Als Antwort auf die Frage, ob das Geheimnis der Auferstehung die ‚Wandlung des menschlichen Fleisches in göttliches Fleisch' beinhalte, verneinte der schlafende Cayce. ‚Keine Wandlung des Fleisches, sondern Schöpfung'". Im Reading 2533-8 heißt es:

„ (Frage) Ist die Umwandlung von menschlichem Fleisch in göttliches Fleisch das wahre Geheimnis der Kreuzigung und Auferstehung? Erklären Sie dieses Geheimnis. (Antwort) Es gibt kein Geheimnis hinsichtlich der Umwandlung des Leibes Christi. Denn nachdem im physischen Bewusstsein die Vereinigung mit dem Vater-Mutter-Gott erreicht worden war, war die Vollständigkeit derart, dass mit dem Zerfall des Körpers – wie in der Art und Weise angegeben, wie das Leichentuch, das Gewand, die Binden lagen – dann die Annahme der leiblich-physischen Form. Das war die Art und Weise. Es war keine Umwandlung wie die Veränderung des einen in etwas anderes".

Drummond zitiert weiter aus Reading 2533-8, wo es heißt:

„Genau wie in der Art und Weise angegeben, in der der physische Körper den oberen Raum mit den geschlossenen Türen betrat, nicht indem er ein Teil des Holzes war, durch das der Körper ging, sondern, indem er sich aus den Ätherwellen bildete, die sich im Raum befanden, aufgrund einer im Glauben vorbereiteten Zusammenkunft. Denn wie vorgegeben worden war: ‚Bleib' in Jerusalem – in der oberen Kammer – bis IHR mit Kraft aus der Höhe ausgestattet seid.'"[20]

Drummond interpretiert diesen Readingsauszug so, dass „als Folge von Jesu Erlangung der vollständigen und ungebrochenen Bewusstseinseinheit mit dem ‚Vater-Mutter-Gott' sein physischer Leib aufgelöst wurde und ein neuer geistiger Körper für ihn als ein geeigneteres Instrument für sein nun universelles Bewusstsein erschaffen wurde."

---

[20] Letzteres Zitat im Zitat nimmt Bezug auf Luk. 24:49

Interessant ist der von Drummond gegebene Hinweis auf das Wort „wiederbeleben", das im Zusammenhang mit Jesu totem physischen Leib verwendet wird. So zitiert er aus Reading Nr. 1152-1, wo es heißt:

„Aber als der Friedensfürst auf die Erde kam, um seine EIGENE Entwicklung auf der Erde zu vollenden, überwand ER das Fleisch UND die Versuchung. So wurde er der erste von jenen, die den Tod im Körper überwunden hatten, was es ihm ermöglichte, diesem Glanz zu verleihen und wiederzubeleben, dass er ihn wieder annahm, selbst wenn diese Körperflüssigkeiten durch die Nagellöcher in seiner Hand abgelassen worden waren und durch den Speer, der Seine Seite durchbohrt."

Im Gegensatz zum Reading oben, in dem von einer Neuschöpfung anstelle einer Umwandlung die Rede ist, könnte man aus diesem Vers fast schließen, dass Cayces Jesus – die Kreuzigung überlebt hat! Möglicherweise war er nur klinisch tot und wurde wiederbelebt. Vielleicht ist ja dieses „dem Körper Glanz verleihen" bzw. wie Drummonds deutscher Verlag übersetzt: „verherrlichen" (im Orig. „illuminate") nur symbolisch zu verstehen, ebenso wie im o. g. Reading „Schöpfung" möglicherweise nicht wörtlich als Auflösung und Neuschöpfung des Körpers zu verstehen ist.

Wie dem auch sei, Drummond stellt fest, dass bei der Auferstehung Jesu „ein schöpferischer Akt Gottvaters" beteiligt war, der neues Licht gab, um den Leib Jesu in einen geistigen Leib zu verwandeln, mit Eigenschaften, die deutlich über die normalen physischen Eigenschaften hinausgehen. Das gleiche Reading gibt an, dass ein bestimmter Prozess im Gange war, der sogar zeitliche Dimensionen beinhaltete" und verweist auf die in diesem Buch bereits mehrfach angesprochene Stelle, als Jesus zu Maria sagte: „Berühre mich nicht, denn ich bin noch nicht zu meinem Vater aufgestiegen." Der Leib, den Maria sah, so spekuliert Drummond, war „dergestalt, dass er nicht berührt werden konnte, bevor die bewusste Vereinigung mit dem Ursprung aller Macht nicht vollzogen worden war." Bei der Begegnung mit Thomas jedoch, als Jesus diesen Jünger aufforderte, ihn zu berühren, war die Umwandlung vollzogen. Man beachte, dass die deutsche Übersetzung von Drummonds Buch den Begriff „Transformation" verwendet, was ja nichts anderes als „Umwandlung" bedeutet. Auch Paulus spricht ja in seinen Briefen von einer Umwandlung, so dass die Interpretation von der Auflösung des psychischen Körpers und der buchstäblichen Schöpfung eines neuen an dessen Stelle nicht recht zu passen scheint.[21] Ja Drummond selbst deutet Derartiges an, wenn er bezüglich der Frage des auferstandenen Jesus an seine Jünger, ob sie etwas zu essen für ihn hätten, schreibt: „Das zeigte den anwesenden Jüngern und Aposteln, dass dies keine Transmutation war, sondern eine Erneuerung, eine Erholung der Atome und Zellen des Körpers, der auf Verlangen irdische Dinge verzehren konnte […]". Wobei man aber anmerken muss, dass man „Transmutation" „Umwandlung" und „Erneuerung" als „neue Schöpfung" betrachten kann. Andererseits weist aber der Begriff „Erholung" auf die Genesung etwas vorher bereits Dagewesenen hin.

---

[21] Vgl. 1. Kor. 15:51

Edgar Cayce machte in seinen Readings auch Angaben zur Wiederkunft Jesu, und auch hier beschäftigt sich Drummond in seinem genannten Buch ausgiebig damit. So erwähnt er, dass das gerade oben erwähnte Reading 3615-1 sich mit diesem Thema beschäftigt. Dort sagt Cayce zu einer Ratsuchenden:

„Denn er wird eines Tages wiederkommen, und du wirst ihn so sehen, wie er ist, wie du in deinen frühen Aufenthalten die Herrlichkeit des Tages des Siegeszuges und des Tages der Kreuzigung gesehen hast, und wie du auch die Engel verkünden gehört hast ‚Wie ihr ihn gehen gesehen habt, so werdet ihr ihn wiederkommen sehen.' Du wirst unter denen auf der Erde sein, wenn er wiederkommt. Ehre sei dem, aber sei es eher der einzige Grund, warum du den Glauben bewahrst, den Glauben an das Kommen des Herrn, um diejenigen zu rufen, die treu gewesen sind; damit sie, wie er betete, ‚dort sind, wo ich bin, und die Herrlichkeit sehen, die ich mit dir hatte, bevor die Welten waren.'"

Dabei spielt er zweifelsohne auf Apg. 1:9-11 an, wo es heißt:

„Und als er dies gesagt hatte, wurde er vor ihren Blicken emporgehoben, und eine Wolke nahm ihn auf vor ihren Augen weg. Und als sie gespannt zum Himmel schauten, wie er auffuhr, siehe, da standen zwei Männer in weißen Kleidern bei ihnen, die auch sprachen: Männer von Galiläa, was steht hier und seht hinauf zum Himmel? Dieser Jesus, der von euch weg in die Himmel aufgenommen worden ist, wird so kommen, wie ihr ihn habt hingehen sehen in den Himmel." (ELB)

Drummond interpretiert diese Stelle so, dass diese Wiederkunft nur „für die wahrnehmbar sein wird, die den rechten Glauben haben und bereit sind, das Geschehen zu akzeptieren." Er gibt zu, dass er auf Off. 1:7, wo es heißt: „Siehe, er kommt mit den Wolken, und jedes Auge wird ihn sehen, auch die, welche ihn durchstochen haben, und wehklagen werden seinetwegen alle Stämme der Erde" (ELB) weniger gibt, bzw. dass die Readings, die die Wiederkunft Jesu erwähnen, eher dieser Interpretation Recht gäben als anderen in der Bibel erwähnten. Andere Passagen, wie jene in der Offenbarung und die, die wir bei Paulus finden, scheinen „eher auf eine Manifestation hinzuweisen, die von allen Menschen gesehen werden kann, so wie es auch in einigen Versen der Evangelien gedeutet wird". Als Beispiel führt er Matth. 24:30-31 an, wo es heißt:

„Und dann wird das Zeichen des Sohnes des Menschen am Himmel erscheinen, und dann werden wehklagen alle Stämme des Landes, und sie werden den Sohn des Menschen kommen sehen auf den Wolken des Himmels mit großer Macht und Herrlichkeit. Und er wird seine Engel aussenden mit starkem Posaunenschall, und sie werden seine Auserwählten versammeln von den vier Wänden her, von dem einen Ende des Himmels bis zum anderen." (ELB)

Hat sich Cayce in dieser Sache also widersprochen? Ich kann das nicht zwangsläufig so sehen, denn allzu sattelfest scheint mir Drummonds Interpretation von Apg. 1,9-11 nicht zu sein, zumal er es mehr oder weniger willkürlich mit Luk. 17:20-21 in Verbindung bringt, wo es heißt:

„Und als er von den Pharisäern gefragt wurde: Wann kommt das Reich Gotts? antworte er [Jesus] ihnen und sprach: Das Reich Gottes kommt nicht so, dass man es beobachten könnte, auch wird man nicht sagen: Siehe hier! Oder; siehe dort! Denn siehe, das Reich Gottes ist mitten unter euch." (ELB)

Andererseits aber stützt sich Drummond hier auf einen anderen Auszug aus Reading 3615-1, in der es heißt:

„Dann gehörte die Entität[22] zu den fünfhundert, die Ihn sahen, als Er in Herrlichkeit eintrat und die Engel sah, ihre Ankündigung des Ereignisses hörte, das eines Tages eintreten muss – und nur für diejenigen sein wird, die glauben, die Vertrauen haben, die suchen und die erwarten, ihn so zu sehen, wie er ist."

Möglicherweise widerspricht sich Cayce also doch, aber mir erscheint diese Stelle etwas zu schwammig. Möglicherweise ist ja nur gemeint, dass die Wiederkunft Jesu nur für die *gut* ist, die an ihn glauben, die anderen sehen sie zwar, haben aber nichts davon. Oder etwas in dieser Art.

Nebenbei ist zu vermerken, dass wir bei diesem Thema einen deutlichen Unterschied zwischen dem Jesus des Günter Schwarz und dem des Edgar Cayce haben.

Sehr interessant ist eine Aussage in Reading 5749-4, aus der Drummond den 2. Teil zitiert. Dort heißt es:

„(Frage) Ist Jesus der Christus auf einer besonderen Sphäre oder manifestiert er sich auf der Erdebene in einem anderen Körper? (Antwort). Wie soeben dargelegt, ist alle Macht im Himmel und auf Erden dem gegeben, der überwunden hat. Er ist also von sich selbst aus im Raum, in der Kraft, die durch den Glauben, durch die Überzeugung, in der individuellen Einheit drängt. Als Geistwesen. Daher nicht in einem Körper auf der Erde, sondern kann nach Belieben zu dem kommen, der eins sein will und in Liebe handelt, um dasselbe zu ermöglichen. Denn er wird kommen, wie ihr ihn gehen gesehen habt, in dem KÖRPER, den er in Galiläa bewohnt hat. Der Körper, den Er formte, der am Kreuz gekreuzigt wurde, der aus dem Grab aufstieg, der am Meer vorbeiging, der Simon erschien, der Philippus erschien, der sogar ‚mir, Johannes‘, erschien."

In diesem Auszug fällt zweierlei auf: 1. Dass Edgar Cayces Jesus im *gleichen Körper* wiederkommen wird, in dem er in den Himmel gefahren ist und 2. Dass sich die Quelle, die durch den schlafenden Edgar Cayce spricht, sich als Johannes selbst ausgibt. In fast allen anderen Readings bleibt die Quelle im Dunkeln. Ausnahmen bilden der Erzengel

---

[22] „Entität" steht in jedem Reading für die Seelen der Ratsuchenden, für die das jeweilige Reading gegeben wurde

Michael und der Engel Halaliel, und in zwei Readings scheint Jesus selbst kurz durch Edgar Cayce zu sprechen!

Drummond verweist darauf, dass in einigen Readings gesagt wird, dass der Tag des Herrn nahe sei, und die Bedeutung dieser Wendung findet er in Reading 262-49, wo es heißt:

„(Frage) Was ist gemeint mit ‚der Tag des Herrn ist nahe'? [Siehe 262-47, Abs. 21-A.] (Antwort) Wie durch die Propheten und Weisen der alten Zeit versprochen, wurde und wird eine Zeit – und eine halbe Zeit[23] – an diesem Tag und in dieser Generation erfüllt, und dass bald dieser eine wieder in der Erde erscheinen wird, durch den viele berufen werden, denen zu begegnen, die den Weg für seinen Tag auf der Erde bereiten. Der Herr wird dann kommen, ‚so wie ihr ihn gehen gesehen habt'. (Frage) Wie bald? (Antwort) Wenn diejenigen, die ihm gehören, den Weg frei, BEGEHBAR gemacht haben, damit er kommen kann."

Mit „Der Eine" ist in Drummonds Augen „offensichtlich die gleiche Person gemeint, die an anderer Stelle bezeichnet wird als ‚der eine, der ein Vorbote jenes Einflusses ist, der als Christusbewusstsein bekannt ist, die Wiederkunft der Macht oder Kraft auf Erden, von der seit Jahrhunderten gesprochen wird'" (Nr. 5749-5)."

Drummond schreibt dazu:

„Der Name dieses Vorboten wird in den Readings nicht genannt. Das gleiche Reading fährt jedoch in einer informelleren Sprache hinsichtlich der Wiederkunft Jesu fort und spricht von ‚den Tagen, da er leibhaftig kommen wird, auf der Erde sein wird, um die Seinen beim Namen zu nennen.' Hier ist zweifellos von einer Art leiblicher Manifestation die Rede. Ein anderes Reading spricht von der Rückkehr des Herrn in folgender Weise: ‚Dann wird der Geist Christi in der Welt offenbar werden" (Nr. 262-29)."

Auch Cayce besteht, wie Drummond feststellt, darauf, dass niemand die Zeit kenne außer „dem Vater". Allerdings wurde im gleichen Reading, in dem das betont wurde (5749-2) die Frage „Treten wir in die Vorbereitungszeit für Seine Ankunft ein?" mit „Eher in der Probezeit" beantwortet. Weiter schreibt Drummond:

„Im Zusammenhang mit möglichen Veränderungen der Erdoberflächenstruktur, die für die zweite Hälfte des zwanzigsten Jahrhundert vorausgesagt wurden, sagt ein anderes Reading: ‚Diese werden zwischen 1958 und 1998 beginnen, in den Zeiten, in denen Sein Licht wieder in den Wolken zu sehen sein wird.' (Nr. 3976-15; siehe Markus

---

[23] Hier bezieht sich Cayce auf die Tanach-Stelle Dan. 7:25, wo es nach Zunz heißt: „Und Reden wird er [ein mystischer Herrscher in der Zukunft] führen gegen den Höchsten, und die Heiligen des Höchsten wird er bedrängen, und er wird meinen, Zeiten und Gesetz zu ändern, und sie werden gegeben in seine Hand, bis auf eine Zeit und Zeiten und die Hälfte einer Zeit".

13:26 und entsprechende). Hier geht es offensichtlich um ein, zumindest für einige, sichtbares Ereignis von großem Ausmaß."

Die erste Ausgabe von Drummonds Buch erschien 1989, also noch einige Jahre vor dem Ablauf dieser Zeit – und bisher ist nichts geschehen, was auch nur im Entferntesten mit der Wiederkunft Jesu im Zusammenhang zu stehen scheint. Offensichtlich hat Drummond auf dieses Ereignis innerhalb dieser Zeitspanne gewartet oder sogar gehofft. Es ist nicht eingetreten. Aber wir können, wenn wir wollen, diesen Readingsauszug so deuten, dass die Zeiten, „in denen sein Licht wieder in den Wolken zu sehen sein wird", in der genannten Zeitspanne, wie die angedeuteten Ereignisse, nur *beginnen*, aber erst später vollendet werden.

Drummond bringt vorsichtshalber einige Kommentare zu einigen Readings ins Spiel, die davon sprechen, „dass viele Personen das Gefühl haben, dass der Vater die Rückkehr Christi aus ‚barmherziger Güte' verzögert hat. Die „Vorlage" für dieses „Gefühl" kann man sowohl in der Bibel als auch in den Cayce-Readings finden.

Drummond spricht in seinem genannten Buch auch das sogenannte Tausendjährige Reich an, das in der Offenbarung des Johannes erwähnt wird:

„Und wenn die tausend Jahre vollendet sind, wird der Satan aus seinem Gefängnis losgelassen werden, und wird hinausgehen, die Nationen zu verführen, die an den vier Ecken der Erde sind, den Gog und den Magog, um sie zum Krieg zu versammeln, deren Zahl ist wie der Sand des Meeres." (Off. 20:7-8; ELB)

Cayce erwähnt dieses „Tausendjährige Reich" in Reading 5749-4, wo es heißt:

„(Frage) Wenn Jesus der Christus zum zweiten Mal kommt, wird er sein Reich auf Erden errichten und wird es ein ewiges Reich sein? (Antwort) Lies seine Verheißungen, in denen Seine Worte aufgeschrieben wurden, genau wie ich sie ‚angegeben habe'. Er wird tausend Jahre regieren. Dann wird Satan für eine Saison wieder gelöst."

Der letzte aufschlussreiche Satz wird von Drummond nicht zitiert. Er besagt, im Gegensatz zu gängigen Interpretationen, nach denen der „Satan" dann für immer beseitigt wird (nach Off. 20:10 wird er samt denen, die sich von ihm verführen ließen, sogar in einen „Feuer- und Schwefelsee" geworfen und gepeinigt werden „von Ewigkeit zu Ewigkeit", was eindeutig eine *endgültige* Entfernung dieses Wesens aus dem Weltgeschehen beschreibt) für eine bestimmte weitere Zeitspanne („season") wieder gelöst wird. Ein deutlicher Widerspruch.

Darauf geht Drummond nicht ein, sondern er betont noch, dass hier nicht Cayces Unterbewusstsein spricht, sondern Johannes, der angebliche Verfasser der Offenbarung selbst, was den Widerspruch allerdings noch gravierender erscheinen lässt.

Auch ein anderer, der – zumindest eine Zeitlang – Jesus zu verehren schien, wollte selbst ein 1000-jähriges Reich errichteten, allerdings hielt es nur zwölf Jahre. Sein Jesus ist wesentlich einfacher und materieller als der Cayces. Die Rede ist von Adolf Hitler.

Adolf Hitlers Arier-Jesus

Hitler verschonte unter vielen anderen auch Jesus nicht davon, für seine Zwecke instrumentalisiert zu werden. So sprach er bereits in einer Rede vom 17.12.1922 von einem Kampf „Jesu Christi gegen den jüdischen Glauben". Er sagte darin: „Schon vor 1900 Jahren war die Welt von Juden und dem jüdischen Geiste genau wie heute durchseucht, und als Christus sich gegen den Krämergeist aufbäumte, schlugen sie ihn ans Kreuz." (Horn 2020, S. 199) Hitlers Jesus war also – wie er selbst auch – ein Kämpfer *gegen* die Juden, die auch noch die Unverfrorenheit besaßen, ihn zu kreuzigen, weil er sich gegen den „jüdischen Krämergeist" aufbäumte.

Überraschend outete sich Hitler als Christ, als er bereits am 12. April 1922 sagte: „Ich wäre kein Christ, sondern ein wahrhaftiger Teufel, wenn ich nicht (…) wie einst vor zweitausend Jahren unser Herr Front machen würde gegen die, die dieses arme Volk heute ausplündern und ausbeuten." (Ebd.)

Hier vergleicht sich Hitler mit Jesus, der damals – wie Hitler zur Zeit der Niederschrift dieser Zeilen – Front gegen jene machte, die „dieses arme Volk" ausplünderten und ausbeuteten. Für seine eigene Zeit ist klar, was er damit meint: Das ausgebeutete Volk waren die Deutschen, aber wer soll das „arme Volk" zur Zeit Jesus gewesen sein? Das Volk, das das damalige Juda bzw. Judäa bewohnte, waren die Juden. Will Hitler ausdrücken, dass sie sich selbst ausplünderten und ausbeuteten? Irgendwie macht seine Aussage keinen rechten Sinn, und es scheint, dass diese Aussagen reine Propaganda waren, zu deren Zweck er Jesus instrumentalisierte.

In der gleichen Rede wird Hitler noch deutlicher:

„In grenzenloser Liebe lese ich als Christ und Mensch die Stelle durch, die uns verkündet, wie der Herr sich endlich aufraffte und zur Peitsche griff, um die Wucherer, das Nattern- und Ottergezücht hinauszutreiben, aus seinem Tempel! Seinem ungeheuren Kampf aber für diese Welt, gegen das jüdische Gift, den erkenne ich heute, nach zweitausend Jahren, in tiefster Ergriffenheit am gewaltigsten an der Tatsache, dass er dafür am Kreuz verbluten musste." (Ebd. S. 199f)

Hier steigert er sich noch mehr in seine Wahngedanken hinein. Ein solcher Mann, der das jüdische Gift bekämpfe, kann natürlich kein Jude gewesen sein! So schreibt der britisch-israelische Historiker und Antisemitismusforscher Robert Wistrich:

„So wie Hitler ihn [Jesus; Anm. RMH] portraitierte, erschien Jesus gewissermaßen als germanischer Krieger; durch eine psychologische geschickte Akzentverschiebung machte Hitler aus dem demütigen Träger der Dornenkrone einen Mann des Schwertes. Mit diesem Stereotyp, das ihm zweifelsohne aus den Schriften von Houston S. Chamberlain, sowie in Gestalt des ‚arischen Jesus' der deutschen Christenheit gegen Ende des 19. Jahrhundert vertraut war, konnte Hitler sich ohne Weiteres identifizieren. Im April 1921 hatte er es als ‚die Tragödie der germanischen Welt bezeichnet, ‚dass kein deutscher Heiland unter uns geboren wurde', dass Jesus ‚judaisiert und verfälscht' wurde und dem christlichen Europa ein fremder ‚asiatischer Geist' aufgepfropft worden sei. ‚Das ist ein Verbrechen, das wir ausbügeln müssen.' [Wistrich zitiert hier Kurt G. Lüdecke aus seinem Buch „I know Hitler. The Story of a Nazi Who Escaped the Blood Purge". London 1938, S. 521] In seinen Tischgesprächen während der Kriegsjahre kam er wiederholt auf das Motiv des ‚arischen Jesus' zurück. Am 21. Oktober 1941 beispielsweise nannte er Christus einen ‚Volksführer', der gegen das Judentum Stellung bezogen hat.' Der Nazarener sei, darauf legte Hitler Wert, kein Jude gewesen. Sein Ziel sei es gewesen, sein Land „von der jüdischen Unterdrückung" zu befreien. Er stellte sich gegen den jüdischen Kapitalismus, und deswegen töteten ihn die Juden. [Wistrich zitiert hier Hugh Redwald Trevor-Roper aus dem von ihm herausgegebenen Werk „Hitlers Table Talk". London 1973, S. 76] Auch am 13. Dezember 1941, im Beisein von Ribbentrop, Rosenberg, Goebbels, Terboven und Reichsleiter Bouhler kam das Thema zur Sprache: ‚Christus war ein Arier. Aber Paulus hat seine Lehre benutzt, die Unterwelt zu mobilisieren und einen Vor-Bolschewismus zu organisieren.' [Wistrich zitiert hier Henry Picker aus dem von ihm herausgegebenen Werk „Adolf Hitlers Tischgespräche vom 21. Juli 1941 bis zum 11. März 1942". Stuttgart 1976 (stark gekürzte Ausgabe nach den Originalstenogrammen), S.80] Drei Jahre später erläuterte er, in einer Art nachgeschobener Begründung, die Lieblingsthese von Chamberlain und dessen deutschen Nachbetern: ‚Jesus war mit ziemlicher Sicherheit kein Jude. Die Juden hätten niemals einen ihrer eigenen Volksgenossen den römischen Gerichten übergeben; sie hätten ihn selbst verurteilt. Es ist ziemlich wahrscheinlich, dass eine große Zahl von Nachkommen der römischen Legionäre, vorwiegend Gallier, in Galiläa lebte; Jesus war vermutlich einer von ihnen. Seine Mutter mag wohl Jüdin gewesen sein. Jesus kämpfte gegen den Materialismus und somit gegen die Juden.[Wistrich zitiert hier aus „Table Talk", S. 721, 29./30.11.1944".]" (Wistrich 1987, S. 226f)

„Seine Mutter mag wohl Jüdin gewesen sein". Hätte Hitler gewusst, was bzw. wer ein Jude ist, hätte er sein Geschwafel sofort über den Haufen werfen müssen, denn ein Jude ist nach jüdischer Definition ein Mensch, der von einer jüdischen Mutter geboren wurde. D. h. der Hitlersche Jesus wäre ein Jude ohne Wenn und Aber gewesen. Wenn man nun Hitlers eigene komplizierte Rassenlehre zugrunde legt, wäre Jesus zumindest das Produkt von Rassenschande gewesen! Ganz bestimmt kein Arier, auf den man als Nazi stolz sein kann!

Weiter besteht immer noch die Frage, welches Volk welches ausplünderte. Jesus war ein Jude. Das Volk bestand aus Juden. Punkt. Ein anderes Volk gab es damals nicht in Juda! Die Römer waren Besatzer und selbst, wenn Gallier als Nachkommen römischer Legionäre in Galiläa lebten, waren sie eher den Besatzern als dem Volk zuzurechnen.

Hitler tut hier weiterhin so, als ob die Juden frei bestimmen konnten, wen sie den Römer auslieferten und wen nicht. Dabei gab es hier klare Vorgaben. Für alle Verbrechen politischer Art waren einzig die Römer zuständig. Einzig und allein Gotteslästerer durften Juden selbst hinrichten, und die richten sie ausschließlich durch *Steinigung* hin. Die Hinrichtungsmethode der Kreuzigung war den Römern vorbehalten. Folgt man Hitler, war Jesus aber kein Gotteslästerer, sondern ein politischer Agitator – für oder gegen wen auch immer – und der hätte den Römern ausgeliefert werden *müssen*. Wäre

Jesus ein politischer Agitator gewesen, und „die Juden" hätten versucht, ihn zu steinigen, wäre das sicher nicht unbemerkt geblieben. Manchmal scheint es, als ob Hitler nicht so recht klar war, wer Besatzer war und wer das unterdrückte Volk!
Dieser Mann redete schlicht nur Blödsinn!
Diesen Jesus, der nach seiner eigenen Lehre das Ergebnis von „Rassenschande" war und den er dessen ungeachtet verehrt, bringt er sogar mit dem Nationalsozialismus in Verbindung, wenn er 1926 sagt:

„Die Geburt dieses Mannes, die an Weihnachten gefeiert wird, ist für Nationalsozialisten von größter Bedeutung. Christus war der größte Pionier im Kampf gegen den jüdischen Weltfeind. Christus war die größte Kämpfernatur, die je auf Erden gelebt hat. (…) Der Kampf gegen das Kapital war sein Lebenswerk und seine Lehre, für die er von seinem Erzfeind, dem Juden, ans Kreuz genagelt wurde. Die Aufgabe, mit der Christus begann, die er aber nicht zu Ende führte, werde ich vollenden." (Horn 2020, S. 200 n. Wistrich 1987, S. 225)

Hier wird der Unsinn, den Hitler äußert, immer grotesker: Jetzt haben „die Juden" Jesus gekreuzigt. Wie erwähnt, ist diese Hinrichtungsart den Römern vorbehalten, auch wenn der Gedanke „Die Juden haben Christus getötet", sprichwörtlich von Anfang an durch die Kirchengeschichte geistert!
Wistrich weiß weiter zu berichten, dass Hitler von einem „Irrtum Martin Luthers" gesprochen habe, dessen volles Ausmaß er zu spät begriffen und die Forderung nach Toleranz widerrufen habe. Wenn er früher anstatt gegen Rom und den Katholizismus anzutreten, von Anfang an seine Waffen gegen die Juden gekehrt hätte, wäre die Geschichte Deutschlands ganz anders verlaufen, glaubt Hitler. Dieser und sein Mentor Dietrich Eckart (Wistrich bezieht sich auf Eckarts Buch „Der Bolschewismus von Moses bis Lenin. Zwiegespräche zwischen Adolf Hitler und mir, München o. J.(1924)" hätten zwar anerkannt, dass Luther ein „großer Deutscher" und gegen Ende seines Lebens auch ein „kühner Bekämpfer des christlichen aufgeputzten Judenschwindels" gewesen sei, doch dies habe nichts daran geändert, dass er unter dem Strich „eine für die weitere Geschichte des deutschen Volkes tragische Rolle gespielt" habe. „Denn: ‚Inzwischen war aber das Lutherersatztum obenangekommen und ist dort bis zum heutigen Tag geblieben. An seinen Früchten sollt ihr es erkennen.' Von diesen Früchten seien die saftigsten die Puritaner, Wiedertäufer, Ersthafte Bibelforscher, also die heutigen Zeugen Jehovas. In diesen allen säße der „jüdische Wurm". Weiter sprechen Hitler und Eckart von einem „Lutherersatztum", das „obenaufgekommen" sei. Dazu kamen unsinnige Bemerkungen wie: „Dass jeder, dessen eigene Heimat Sachsen sich heute so haltlos dem jüdischen Sowjetstern zuneigt, ist kein Zufall."
Dazu muss man wissen, dass Eckart und Hitler an eine völlig abwegige „jüdisch-bolschewistische Weltverschwörung" glaubten.
Als Eckart im Zwiegespräch Hitler auf die von Luther angeregten Lösungsmöglichkeiten für die sogenannte Judenfrage ansprach, sagte Hitler:

„Mit dem Verbrennen (…) wäre uns verdammt wenig geholfen. Das ist es ja: auch wenn nie eine Synagoge, nie das Alte Testament und nie der Talmud existiert hätte, der jüdische Geist wäre doch da und täte seine Wirkung. Seit Anbeginn ist er da; und kein Jude, nicht einer, der ihn nicht verkörperte." (Horn 2020 n. Wistrich 1987, S. 233f)

Man muss wissen, dass Luther ein böser Antisemit war. So ziemlich die Schlimmsten seiner Aussagen, aber lange noch nicht alle, findet man in dem nachfolgenden Zitat, in dem Luther seinen „wohlgemeinten Rat" gab:

„Erstens, dass man ihre Synagogen oder Schulen anzünde und was nicht verbrennen will, mit Erde überhäufe und überschütte, sodass kein Mensch für alle Zeiten weder Stein noch Schlacke davon sehe. Und das soll man unserem Herrn und der Christenheit zu Ehren tun, damit Gott sehe, dass wir Christen sind und solch öffentliches Lügen, Fluchen und Lästern über seinen Sohn und seine Christen nicht wissentlich geduldet oder gebilligt haben. Denn was wir bisher aus Unwissenheit geduldet haben, und – ich hab's selbst nicht gewusst, das wird Gott uns verzeihen. […]
Zweitens sollte man auch ihre Häuser abbrechen und zerstören, denn sie treiben darin genau das gleiche wie in ihren Synagogen. Stattdessen mag man sie etwa unter ein Dach oder in einem Stall tun, wie die Zigeuner, damit sie wissen, dass sie nicht Herren in unserem Land sind, wie sie sich derzeit rühmen, sondern im Elend und gefangen, dass sie uns deswegen ohne Unterlass bei Gott anklagen, herumjammern und schreien." (Büchner, Kammermeier, Schlotz, Reinhold, Zwilling (Herausgeber), Martin Luther (Autor) 2016, S. 247-249).

Hitler beklagt sich also darüber, dass Luthers Ratschläge nicht durchgeführt wurden, sondern seine Kirche von Luthers Antisemitismus abgewichen ist. Luthers „wohlgemeinten Rat", hat Hitler ja dann erweitert, da der „jüdische Geist" beim Verbrennen von Synagogen immer noch da sein würde. Und wie wir alle wissen, versuchte er tatsächlich, den „jüdischen Geist" zu entfernen, indem er versuchte, alle Juden umzubringen!
Kommen wir nun aber zu einem appetitlicheren Jesus-Bild, über das man vielleicht sogar etwas schmunzeln kann…

Der dunkle Jesus

Die dunkle Seite von Jesus ist ein Buch, das vom bekennenden Satanisten Oliver Fehn verfasst wurde. Gemeint ist damit jedoch nicht die Verehrung eines mystischen Wesens namens „Satan", sondern der „moderne Satanismus", wie ihn Anton Szandor LaVey, der Gründer und Hohepriester der „Church of Satan" lehrte. Der moderne Satanismus vertritt einen atheistischen und rationalistischen Standpunkt, wobei die Freiheit des Menschen eine große Rolle spielt. LaVey ist der Autor der „Satanischen Bibel". Bei seinen Lehren geht es um einen radikalen Materialismus und einen hedonischen Individualismus, der den menschlichen Körper, das Ego und die sinnliche Lust feiert.

Neben klassischen satanischen Büchern wie „Satans Handbuch" und „Die Schule des Teufels" hat Fehn u. a. auch das oben genannte Buch verfasst, das einige in der Bibel beschriebenen Facetten von Jesus aufzeigt und beleuchtet, die anderweitig eher weniger Beachtung finden.

Der schwule Jesus

So beschäftigt sich Fehn mit den „Männerfreundschaften des Nazareners" und fragt sich, ob Jesus möglicherweise schwul war. Einleitend zitiert aus Mk. 14:51-52, wo über die Gefangennahme Jesu im Garten Gethsemane berichet wird und ein Detail erwähnt wird, das wir sonst kaum irgendwo erwähnt finden. Es heißt da: „Und ein junger Mann, der ein Leinen(hemd) um dem bloßen (Leib) geschwungen hatte, folgte ihm, und sie ergriffen ihn. Er aber ließ das Leinen(hemd) fahren und floh nackt." (ELB)

Fehn stellt fest, dass es über diese Nackten „die abenteuerlichsten Mutmaßungen" gäbe. So spielt er auf die hin und wieder geäußerte Annahme an, dass es sich um „die anachronistisch ausgelegte Erfüllung eines Prophetenworts handelt, und verweist in dieser Hinsicht auf die Tanach Stelle Amos 2:16, wo es nach Zunz heißt: „Und der Gewaltigste unter den Helden, nackt soll er fliehen an seinem selbigen Tage, ist der Spruch des Ewigen." Doch mit diesem Ansatz gibt sich Fehn nicht zufrieden, vielmehr fragt sich, ob es sich bei diesem Nackten möglicherweise um einen „durchgeknallten Verehrer" des „Gurus Jesus" oder gar um einen Menschen handelt, der Jesus außergewöhnlich nahe stand. Aber wenn Letzteres zutrifft: Warum war er dann nackt unter seinem Leinengewand? Warum bleibt er Jesus auf anhängliche Weise treu, bis sogar ihm selbst der Tod drohte? Nach dem Stellen dieser Fragen kommt Fehn jedoch auf seine Kernfrage zu sprechen: „Verband Jesus und den seltsamen Jüngling mehr als nur Freundschaft?"

Warum war es dem Schreiber des Markusevangeliums so wichtig, diesen jungen Mann, oder „Jüngling", wie er bei Luther genannt wird, zu erwähnen? Den Verlauf der Geschichte beeinflusst er jedenfalls nicht, und später wird er auch nicht wieder erwähnt. Fehn glaubt auch nicht, dass er erfunden wurde, „denn erfunden wird bekanntlich nur, was sich dazu eignet, das Anliegen des Verfassers zu stützen." Aus diesem Grund glaubt Fehn auch nicht, dass diese Stelle etwas mit der oben zitierten Amos-Stelle zu tun hat. Die Begebenheit erscheint ihm als Erfüllung des Prophetenwortes zu dürftig. „Wer erfindet, um zu beweisen, der trägt dicker auf. Christliche Bibelexegeten meinen, bei dem Jüngling habe es sich um den Verfasser des Evangeliums – aus ihrer Sicht also Markus selbst – gehandelt; deshalb sei die Begebenheit auch von den anderen drei Evangelisten nicht aufgegriffen worden."

Fehn glaubt, dass man, um dieses Rätsel zu lösen, das Johannesevangelium genauer unter die Lupe nehmen sollte, das zwar „als historische Quelle völlig unakzeptabel", gleichzeitig aber auch das „philosophischste, in seiner Gedankenwelt komplexeste Evangelium" sei.

Fehn ist sich sicher, dass der Jünger Johannes *nicht* der Verfasser des nach ihm benannten Evangeliums ist. Er begründet dies damit, dass Jakobus und eben Johannes in den synoptischen Evangelien als „Donnersöhne" bezeichnet werden (vgl. Mk. 3:17). Wikipedia (Stichwort: „Donnerskinder") meint, dass diese Bezeichnung entweder aufgrund ihres Feuereifers oder ihrer „gewaltig erschütternden Rede, die wie Donner in die Herzen dringen würden" so genannt würden.

Fehn stellt fest, dass der Verfasser des Johannes-Evangeliums, den er mit dem „Jünger, den Jesus liebte", gleichsetzt, eher ein sanftes Wesen aufweist – kaum jemand, den man als „Donnersohn" bezeichnen würde. Der Autor beschreibt den Verfasser des Johannesevangeliums eher als wie eine Nebelgestalt wirkend, rätselhaft, exotisch und ungreifbar. Seine Argumentation verstärkt er durch den Umstand, dass keines der vier Evangelien ursprünglich einen Verfassernamen besaß, sondern dass sie erst im 2. Jahrhundert u. Z. Matthäus, Markus, Lukas und Johannes zugeteilt worden seien.

Dem Autor fällt weiter auf, dass der im Johannesevangelium genannte „Lieblingsjünger" ständig in Begleitung von Petrus auftritt, dabei aber selten selbst das Wort ergreift. „Und auch das Geschehen, das ihn umgibt, wirkt in den betreffenden Bibelpassagen wie verschleiert, vom Verfasser in einen allegorischen Nebel gehüllt", stellt Fehn fest, und so fragt er sich: „Wollte, ja *musste* der Evangelist etwas verhüllen, was gegen den moralischen Kodex jener und auch späterer Tage verstoßen hätte?" Und dann lässt er, indem er den methodistischen Theologen Theodore Jennings, Professor am Theologischen Seminar, der „United Church of Christ" in Chicago, zu Wort kommen lässt, die Katze aus dem Sack. Der sei sich nämlich völlig sicher gewesen: „Der Jünger, den ‚Jesus liebte', war des Nazareners schwuler Freund."

Fehn stellt fest, dass dieser Jünger sich bereits bei seinem ersten Auftritt in einer verfänglichen Situation befand. So heißt es in Joh. 13:23: „ Einer von seinen Jüngern, den Jesus liebte, lag zu Tisch an der Brust Jesu." (ELB) Diese Szene spielt sich beim letzten Abendmahl ab, und Johannes' Schatten Petrus ergriff das Wort, wies den an Jesu Brust liegenden Jünger an, Jesus zu fragen, wer es denn sei, der ihn verraten würde. Diese Frage war sehr persönlich. Und Fehn meint, dass eine Frage dieser Art anscheinend nur von *einem* gestellt werden dürfe: Jesu schwulem Freund!

 Weiter sei dieser Vers der einzige in allen Evangelien, in denen jemand Jesus zärtlich berühre und dies sei als Intimität aufzufassen.

Die zweite Begegnung mit dem Lieblingsjünger sei „unterm Kreuz" erfolgt, also in nächster Nähe des Kreuzes, gleich hinter der von den Römern gewöhnlich errichteten „Bannmeile", die dazu dienen sollte, Unruhen zu vermeiden. Wir haben bereits früher festgestellt, wer dort stand: Johannes, Jesus Mutter Maria und ihre Schwester gleichen

Namens sowie Maria Magdalena. In Joh. 19:26-27 heißt es wie weiter oben bereits an-zitiert:

„Als nun Jesus die Mutter sah und den Jünger, den er liebte, dabeistehen, spricht er zu seiner Mutter: Frau, sieh dein Sohn! Und von jener Stunde an nahm der Jünger sie zu sich." (ELB)

Fehn schreibt, dass es in jüdischen Familien üblich war, dass eine Frau nach der Ehe-schließung von der Familie des Gatten aufgenommen wurde und in deren Haus einzog. Für den Fall, dass der Ehemann vor ihr starb, hatte er nach seinem Tod auch für die Schwiegereltern zu sorgen. Wenn der Lieblingsjünger nun die „Frau" in der Beziehung war, war es, wie Fehn schreibt, „nur logisch, dass Madame Johannes nach Jesu Ableben nun die Pflicht hatte, die hinterbliebene Schwiegermutter zu pflegen und zu umsorgen, als wäre er ihr eigener Sohn." Dass Johannes wie selbstverständlich bei den Angehöri-gen steht (auf die Frage, warum Maria Magdalena dabeistand und von Fehn zu den Angehörigen gezählt wird), kommen wir gleich zu sprechen), spricht Fehn zufolge be-reits, eine deutliche Sprache. Und der geht noch weiter, wenn er schreibt: „Dass Jesus seine Mutter nun dem Johannes anvertraut, könnte ein Eingeständnis seiner homose-xuellen Beziehungen, kurz vor seinem Tode gewesen sein." Also ein Outing. Diese Stelle ist Fehn zufolge die einzige Textstelle, in der „der Lieblingsjünger" ohne die Nähe Petri auskommt. „Der nämlich hatte sich – schon ganz und gar künftiger Pontifex maximus – bedeckt behalten und verdünnisiert", wie Fehn schreibt.

Am Ostermorgen war es „der Jünger, den Jesus lieb hatte", der es eilig hatte, zum Jesu Grab zu gelangen, nachdem Maria Magdalena ihm und seinem Schatten Petrus mitgeteilt hatte, dass der Stein weggewälzt war und offensichtlich irgendjemand sich in Jesu Grab zu schaffen gemacht und den Leichnam entfernt hatte. Dem Schreiber des Johannes-Evangeliums ist es wichtig, darauf hinzuweisen, dass Johannes schneller war als Petrus. („Die beiden aber liefen zusammen, und der andere Jüngern lief voraus, schneller als Petrus und kam zuerst zu der Gruft; als er sich vornüberbeugt, sieht er die Leichentücher daliegen; doch ging er nicht hinein."; Joh. 20:4-5, ELB) Dies weist in Fehns Augen darauf hin, dass „der Jünger der Jesus lieb hatte", mehr am Schicksal des Verstorbenen interessiert war, als der hinterherbummelnde Petrus. Dass letzterer der-jenige war, der die Gruft zuerst betrat, liegt Fehn zufolge an seinem distanzierteren Verhältnis zu Jesus.

Fehn weist weiter auf zwei Szenen aus dem Johannesevangelium hin, die allerdings Teil des letzten Kapitels sind, das allgemein für eine spätere Hinzufügung gehalten wird. Es geht um jene Stelle, in der sich Jesus den am See Tiberias fischenden Jüngern offenbart. Von sieben anwesenden Jüngern erkennt nur einer Jesus, natürlich der, „der ihn liebhatte". Sein Schatten Petrus war wie immer in der Nähe und von ihm heißt es in Joh. 21:7: „Da sagt jener Jünger, den Jesus liebte, zu Petrus: Es ist der Herr! Simon Petrus nun, als er hörte, dass es der Herr sei, gürtete das Oberkleid um, denn er war nackt – und warf sich in den See." (ELB) Wieder ein nackter Jüngling. Der schwimmt nun nach seinem Sprung aus dem Fischboot Jesus entgegen, und Fehn fallen bei dieser Passage drei Besonderheiten auf: 1. Warum nur der Lieblingsjünger Jesus erkennt, 2.

Warum Petrus nackt war und ob es die anderen auch waren, und 3. Warum in Vers 2, in dem die am Fischzug beteiligten Jünger aufgezählt werden, der Lieblingsjünger nicht genannt wird.

Letzteres stimmt allerdings nur dann, wenn der Lieblingsjünger tatsächlich nicht mit Johannes, dem Sohn des Zebedäus, identisch ist, denn Vers zwei lautet: „Er [Jesus] offenbarte sich aber so: Simon Petrus und Thomas, genannt Zwilling, und Nathaniel, der von Kana in Galiläa war, und die (Söhne) des Zebedäus und zwei andere von seinen Jünger waren zusammen."

Sehen wir uns aber Fehns Antwortversuche auf die von ihm aufgeworfenen Fragen von oben nach unten an. Die erste Frage, nämlich warum der Lieblingsjünger Jesus als erster erkannte, hält er für belanglos, denn „einer muss es ja gewesen sein". Allerdings hält er es für interessant, dass dieser Umstand ausdrücklich betont wird und schließt auch hier auf eine „außergewöhnliche Nähe und Vertrautheit zwischen den beiden Männern."

Dass Petrus nackt war, erscheint Fehn schon befremdlich, und er fragt sich, ob dieser Umstand „Aufschluss über das recht zwanglose Miteinander einer Art biblischer Hippie-Kommune" gibt, bzw. ob es üblich war, „dass Jesus und seine Jünger keinerlei körperliche Scham voreinander empfanden, so wie auch die jungen Blumenkinder in den später Sechzigern an schwülen Tagen schon mal alle Kleider fallen ließen." Dies überzeugt aber weder Fehn selbst noch mich, denn warum hatte es Petrus so eilig, seine Nacktheit zu verbergen, bevor er ins Wasser sprang? Wieso streifte er hurtig ein Oberteil über? Womöglich – so spekuliert Fehn – war es Petrus unangenehm, sich Jesus nackt in der Gesellschaft des Lieblingsjüngers zu präsentieren, da der „Auferstandene" falsche Schlüsse ziehen könnte. Kaum tot und gerade erst wieder auferstanden, und Johannes betrügt seinen schwulen Freund mit Petrus? War das der Grund, warum Petrus so eilig in die Klamotten sprang? Oder zumindest, um diesen Eindruck zu vermeiden? Wie Fehn richtigerweise schreibt, bekleidete sich Petrus erst, „nachdem es sich als sicher erwiesen hat, dass es sich bei dem Fremden am Ufer um Jesus handelt. Bei jedem anderen wäre es ihm anscheinend egal gewesen…"

Bezüglich der letzten von ihm aufgeworfenen Frage zitiert Fehn selbst den Vers 2 und hält es für

„sehr unwahrscheinlich, dass der Evangelist, bzw. der Verfasser jenes 21. Kapitels, der sich in Vers 24 dazu bekennt, selbst jener Lieblingsjünger zu sein, sich in Vers 2 so bescheiden unter den ‚zwei anderen Jüngern' eingereiht hätte. Folglich müsste der Lieblingsjünger entweder Petrus, Thomas, Nathaniel oder einer der Zebedäussöhne sein. Petrus scheidet schon deswegen aus, weil er wie gesagt fast immer dabei ist, wenn der Lieblingsjünger auftritt. Doch auch Thomas und Nathanael, zu denen der Evangelist kurze Anmerkungen bietet, wären sicher als Lieblingsjünger ausgewiesen worden, wenn sie es denn gewesen wären. Bleiben die Zebedaiden, also Jakobus und Johannes. Jakobus trug den Beinamen „der Ältere", um von dem gleichnamigen Alphäus-Sohn unterschieden zu werden, der ebenfalls zu den Jüngern gehörte. Als Lieblingsjünger hätte er im Text keinen zusätzlichen Beinamen benötigt. Also: Johannes. Woraus man folgern kann, dass der Verfasser jenes zusätzlichen Kapitels bereits mit dem gleichnamigen Zebedäussohn gleichsetzte, der im vorletzten Vers selbst zu sein behauptet." (Fehn 2015, S. 88)

Wäre es nicht naheliegend, davon auszugehen, dass es sich bei dem Lieblingsjünger entgegen Fehns Ansicht *doch* um Johannes, den Sohn des Zebedäus handelte, auch wenn die Bezeichnung „Donnersohn" nicht so recht zu passen scheint.? Man kann da durchaus verschiedener Meinung sein, doch für Fehn jedoch ist die Sache klar: 1. konnte der Verfasser, wie Fehn meint, „nie und nimmer ein Augenzeuge gewesen sein" und 2. „fällt auch auf, dass das 21. Kapitel das einzige ist, in dem die Zebedäussöhne überhaupt erwähnt werden. Der Verfasser der ersten 20 Kapitel kannte sie anscheinend gar nicht. Somit ist Johannes Zebedäus als mutmaßlicher Jünger ebenfalls aus dem Rennen", meint Fehn.

Der bezieht sich nun auf eine weitere Stelle aus dem Kapitel 21 des Johannesevangeliums, nämlich die Verse 20-22, wo es heißt:

„Petrus wandte sich um und sieht den Jünger nachfolgen, den Jesus liebte, der sich auch bei dem Abendessen an seine Brust gelehnt und gesagt hatte: Herr, wer ist es, der dich überliefert? Als nun Petrus diesen sah, spricht er zu Jesus: Herr, was (soll) aber dieser? Jesus spricht zu ihm: Wenn ich will, dass er bleibe, bis ich komme, was geht es dich an? Folge du mir nach.!" (ELB)

In dieser Szene, die Fehn sinnigerweise mit „Hänschens letzter Auftritt" überschreibt, erscheint nach Fehns Meinung „Johannes" (dessen Namen er in Anführungszeichen setzt) beinahe als ein „Problemfall". Während die anderen Jünger frei wählen können, ob sie zu ihren Familien zurückkehren oder in Verbindung bleiben wollen, um die Mission Jesu auf andere Weise fortzusetzen, hängt dieser „Jüngling" in der Luft. „Dieselbe Frage könnte Petrus gestellt haben, wenn es sich bei ‚Johannes' um die Witwe seines Meisters gehandelt hätte", meint Fehn. „Und des Nazareners Antwort –, *Wenn ich will, dass er bleibt, bis ich komme, was geht es dich an?'* – stellt ein für alle Mal klar, dass es zwischen ihm und Johannes Geheimnisse gibt, die auch den Chefapostel einen feuchten Kehricht angehen. Der Lieblingsjünger spricht während der gesamten Szene wiederum kein Wort – als wäre er Nebel, als wäre er Traum, als wäre er Nichts." (Hervorhebung im Orig.)

Fehn gelangt zu der Ansicht, dass der Verdacht, der Lieblingsjünger sei ein junger Geliebter Jesu gewesen, ließe sich

„durch sämtliche Bibelstellen stützen, in denen der Lieblingsjüngr auftritt. Sie impliziert nicht, dass Jesus von Nazareth ausschließlich homosexuell war […] so lässt sich eher mutmaßen, dass bei Jesus und seinem Jüngerkreis eine Art ‚free love'-Mentalität vorherrschte, bei der es – wie in den Ashrams moderner Gurus – zu wechselnden, mitunter geschlechtsunabhängigen Beziehungen kam, die auf der Skala von körperlichen Befriedigung bis hin zu wahrer Liebe alle möglichen Spielarten der Erotik abdeckten. Womöglich spielten Treue und Monogamie dabei nur eine untergeordnete Rolle. Wenn der Mensch wirklich ein potenziell bisexuelles Wesen ist, das zu seiner Erfüllung beider

Polaritäten bedarf, so stand Maria Magdalena vielleicht an dem einen Ende der Skala, der Lieblingsjünger am anderen." (Fehn 2015, S. 90)

Fehn weiß auch über „überspitzte Deutungen bezüglich des Lieblingsjüngers" zu berichten und verweist auf Mutmaßungen, denen zufolge Johannes (dessen Name er wieder in Anführungszeichen setzt) ein professioneller Lustknabe gewesen sei. Als Beleg für diese Behauptung müsse eine Bibelstelle herhalten, in der nicht vom Lieblingsjünger, sondern von dem „anderen Jünger" gesprochen wird, was aber eine Wendung ist, die häufig ebenfalls auf Johannes (wieder in Anführungszeichen gesetzt) angewendet wird. Es handelt sich um die Stelle, in der Petrus Jesus verleugnet sprich verrät – Joh. 18:15-18:

„Simon Petrus aber folgte und ein anderer Jünger. Dieser Jünger war den Hohepriestern bekannt und ging mit Jesus hinein in den Hof des Hohepriesters. Petrus aber stand an der Tür draußen. Da ging der andere Jünger, der dem Hohepriester bekannt war, hinaus und sprach mit der Türhüterin und führte Jesus hinein. Da spricht die Magd, die Türhüterin, zu Petrus: Bist nicht auch du (einer) von den Jüngern dieses Menschen? Er sagt: Ich bin es nicht. Es standen aber die Knechte und die Diener da, die ein Kohlenfeuer gemacht hatten, weil es kalt war, und wärmten sich; Petrus aber stand auch bei ihnen und wärmte sich." (ELB)

Die angesprochene „überspitzte Deutung" besagt Fehn zufolge, dass der Umstand, dass „der andere Jünger" den Hohepriester kennt, der Grund dafür ist, dass Petrus ihm unbehindert folgen kann. Und *warum* kannte „der andere Jünger" den Hohepriester? Weil er ein Stricher war, dessen Dienst auch der Hohepriester Kajaphas bereits in Anspruch genommen hatte! Deshalb konnte er den „anderen Jünger" nicht abweisen. Hätte er es getan, hätte der „andere Jünger" sich möglicherweise geoutet und ihn bloßgestellt, und so ließ er ihn lieber mitsamt Petrus passieren.

Fehn belässt es jedoch nicht bei der angeblichen homoerotischen Beziehung Jesu mit Johannes, sondern benennt gleich noch einen potenziellen Liebhaber Jesu: Lazarus von Bethanien (vgl. Joh.11), der Bruder von Jesu Freundinnen Maria und Marta, die neben dem Jüngling von Nain (Lk. 7:11-17) und der Tochter des Jairus (Mk. 5:21-43) die einzige Person war, die Jesus nicht nur heilt, sondern gar vom Tode erweckt. Im Vers 3 von Joh. 11 heißt es „Herr, siehe der, den du lieb hast, ist krank!" „Der, den du lieb hast?" Was hat das zu bedeuten? In Vers 15 liest sich ähnliches: „Jesus weinte. Da sprachen die Juden: Siehe, wie lieb hat er ihn gehabt!"

Jesus, der Feminist

Nachdem wir nun ausführlich über Jesu Verhältnis zu den Männer gesprochen haben, kommen wir nun auf sein Verhältnis zu Frauen zu sprechen.

Im Gegensatz zur oft von Theologen vertretenen Einstellung, dass sexuelle Enthaltsamkeit eine Tugend ist, waren, wie Fehn feststellt, enthaltsame Männer zur Zeit Jesu nach der Auffassung der Juden, eher Außenseiter –unglückliche Menschen, von denen jeder „auf den eigentlichen Schlüssel zur irdischen Seligkeit verzichten muss: auf die Gemeinschaft mit einer Frau, die ihn vor der Geißel der Einsamkeit und dem Schmerz unerfüllter Sehnsucht bewahrte." Fehn zufolge war ein lediger Mann damals fast schon eine Schande.

Fehn meint weiterhin, dass es den Autoren der Evangelien eine Notiz wert gewesen wäre, wenn Jesus ein solcher „Ausnahmemann" gewesen wäre, und seine Gegner hätten diese Beinahe-Schande sicherlich dazu genutzt, ihn zu diffamieren, womit sie ansonsten ja auch nicht sonderlich zurückhaltend waren.

Weiter hielte es dieser Autor für verwunderlich, wenn „ausgerechnet Jesus von Nazareth sich des Umgangs mit Frauen enthalten hätte", denn allein der Umstand, dass Jesus Frauen ohne Murren in seine Jüngergemeinschaft aufgenommen habe, ließe darauf schließen, dass er die geschlechtliche Rollenverteilung im damaligen Judentum als „nicht gerade ideal" empfand. Fehn formuliert das folgendermaßen: „Brutal ausgedrückt wurden Frauen damals kaum besser behandelt als Hunde" und verweist auf die Lehre des konservativen Rabbis Hillel, der ein angebranntes Essen für einen ausreichenden Scheidungsgrund gehalten habe, wohingegen Frauen keine Möglichkeit hatten, aus einer unglücklichen Ehe auszubrechen. Im Gegenteil: Der Verbleib in der Ehe war im Grunde ihre einzige Überlebensmöglichkeit, denn ihnen stand kein Erbrecht zu.

Der Begriff „Ehebruch" bedeutete für Männer etwas vollkommen anderes als für Frauen. Nach der Tradition machten sich Männer nur dann des Ehebruchs schuldig, wenn er mit einer verheirateten oder verlobten Frau schlief, während er bei ledigen Frauen oder Sklavinnen mit der Zahlung von Alimenten davon kam. Daraus ergibt sich, wie Fehn feststellt, dass nicht die betrogene Frau als Opfer galt, sondern deren Ehemann. Ganz anders die Frau: Sie beging auch dann Ehebruch, wenn sie mit einem ledigen Mann schlief – das Opfer war in diesem Fall ihr Ehemann. Folglich schließt Fehn, dass es nur geschädigte Männer gab, aber keine geschädigte Frauen.

Und nun kommt Jesus daher und sagt:

„Ihr habt gehört, dass gesagt ist: Du sollst nicht ehebrechen. Ich aber sage euch, dass jeder, der eine Frau ansieht, sie zu begehren, schon Ehebruch mit ihr begangen hat in seinem Herzen. (Matth. 5:27-28) und:

„Es ist aber gesagt: Wer seine Frau entlassen will, gebe ihr einen Scheidebrief. Ich aber sage euch: Jeder, der seine Frau entlassen wird, außer aufgrund von Hurerei, macht, dass mit ihr Ehebruch begangen wird, und wer eine Entlassene heiratet, begeht Ehebruch. (Matth. 5:32)

Und plötzlich bekommen die Männer ihr Fett weg! Auch sie können Ehebruch begehen – vollkommen ohne Alibi! War Jesus der erste Feminist in einer patriarchalischen Welt?

Fehn schwächt die Bedeutung dieser Worte Jesus insofern ab, indem er schreibt:

„Dass Jesus das bloße Begehren eines Mannes schon als Ehebruch deutete, war ein womöglich überzogenes, zweifelsohne aber mit schelmischer Aggressivität gegenüber den saudummen „Paschas" jener Tage vorgetragenes Plädoyer, das psychologisch durchaus Schlagwirkung hatte. Dass die Kirchen auch heute noch daran festhalten, ist eher ein Thema fürs Kuriosenkabinett (Fehn 2015, S. 95)

Fehn vermutet, dass Jesus infolge der einseitigen Gesetzeslage weiblichen Ehebruch weniger streng ahndete und bezieht sich dabei auf Joh. 8:1-11, die Fehn folgenderma-ßen kommentiert: „Der Ehebrecherin wird ihr mildes Urteil gleichsam augenzwin-kernd verkündet." In der Passage geht es um eine Ehebrecherin, die von Pharisäern und Schriftgelehrten Jesus mit einem Verweis auf Moses vorgestellt wird, der geboten hatte, Ehebrecherinnen zu steinigen. Sie fragten Jesus nach seiner Meinung – aber nicht ohne Hintergedanken. Es heißt in Vers 6, dass sie ihn versuchen wollte, damit sie etwas hät-ten, um ihn anzuklagen. Doch Jesus antwortete klug mit der bekannten Aussage: „Wer ohne Sünde ist, der werfe den ersten Stein auf sie." (V. 7) Die Menge verlief sich und Jesus, der sich gebückt hatte, richtete sich wieder auf und fragte die Frau, ob niemand sie verurteilt habe, und als sie mit „nein" antwortete, sagte er: „Auch ich verurteile dich nicht. Geh hin und sündige von jetzt an nicht mehr." (V. 11)

Fehn beruft sich weiter auf Joh. 4, wo einer Samariterin, die bereits fünf Männer hatte, von Jesus offensichtlich nichts nachgetragen wird. Fehn spekuliert dahingehend, dass es Jesu eigene, uneheliche Geburt sein könnte, die mögliche Ehrlosigkeit seiner Mutter (die er an anderer Stelle seines Buches des Ehebruchs beschuldigt und sogar andeutet, dass sie eine Hure gewesen sein könnte), die ihn zu dieser Nachlässigkeit bewegt. „Wird er sich in solchen Momenten seiner ‚sündigen Abstammung' bewusst, rebelliert seine soziale Ader bei solchen Gelegenheiten gegen die Selbstgerechtigkeit des Patriar-chats?", fragt sich Fehn. Nun kommen wir aber zur Frage, welche Rolle Maria Magda-lena in Jesu Leben spielte und ob sie gar mit ihm verheiratet war, wie hier und da be-hauptet wird.

Der verheiratete Jesus

Mancherorts stößt man auf die Vermutung, Jesus sei mit Maria Magdalena verheiratet gewesen, und sehr oft wird mit einer gewissen Selbstverständlichkeit gesagt, dass Maria Magdalena eine „bekehrte Hure" gewesen sei. Auch mit diesem Thema hat sich Fehn ausgiebig auseinandergesetzt, und seine Erkenntnisse sind nicht minder interessant als die, die wir bisher von ihm betrachtet haben.

Das erste Mal von Maria Magdalena hören wir in Luk 8:1-3, wo es heißt:

„Und es geschah danach, dass er [Jesus] nacheinander Städte und Dörfer durchzog, in-dem er predigte und die gute Botschaft vom Reich Gottes verkündigte, und die Zwölf mit ihm und einige Frauen, die von bösen Geistern und Krankheiten geheilt worden waren: Maria, genannt Magdalena, von der sieben Dämonen ausgefahren waren, und Johanna, die Frau des Chuza, des Verwalters Herodes', und Susanna und viele andere, die ihnen mit ihrer Habe dienten." (ELB)

Fehn stellt – absolut zu Recht – fest, dass diese Stelle nicht den kleinesten Hinweis darauf enthält, dass Maria Magdalena eine Hure gewesen sei. Die Erwähnung der sieben Dämonen, die aus ihr ausgefahren sind, sieht er zwar tatsächlich als eine Metapher an, aber keineswegs dafür, dass sie eine reuige Hure war. Vielmehr klärt er uns darüber auf, dass jede noch so harmlose Krankheit in Jesu Zeiten für von Dämonen verursacht angesehen wurde. Die Zahl „sieben" habe einfach nur den Status eine Superlativs – was auch überzeugend klingt – so dass die Vermutung naheliegt, dass Maria entweder mehrere oder eine besonders schwere Krankheit hatte. Jesus hat also Maria Magdalena geheilt und nicht von irgendeiner Sünde freigesprochen.

Die zweite Bibelstory, in der Maria Magdalena auftaucht, lässt ebenfalls keinen Hinweis darauf erkennen, dass sie früher eine Hure war. Sowohl das Markus- als auch das Johannesevangelium berichten, dass Maria Magdalena die erste Person war, der sich Jesus nach seiner Auferstehung zeigte. Dies ist tatsächlich als ein Zeichen für eine innige Nähe zu werten – aber keinesfalls darauf, dass sie eine ehemalige Hure ist.

Für die katholische Kirche steht Letzteres allerdings außer Frage. Vermutlich hat dies mit einer *anderen* Maria zu tun, die im Johannesevangelium auftaucht und dort als Schwester des Lazarus vorgestellt wird. Diese Maria war – zusammen mit ihrer Schwester Marta – bei der Auferweckung des Lazarus anwesend. In Joh. 12 wird eine seltsame Handlung beschrieben. Da heißt es in Vers 3: „Da nahm Maria ein Pfund Salböl von echter, sehr kostbarer Narde und salbte die Füße mit ihren Haaren. Das Haus aber wurde von dem Geruch der Salbe erfüllt." (ELB)

„Es lässt sich kein Beleg dafür finden, dass solche schmusige Methoden der Ehrerweisung damals recht verbreitet gewesen wären– was den Verdacht nahelegt, zwischen Jesus und Maria von Bethanien habe eine Art erotischer Nähe bestanden, eine physisch-intime Vertrautheit. Johannes 12 schildert ohne jeden Zweifel einen zärtlichen Akt, ein Art Vorspiel, und auch die moralische Umrahmung der Geschichte – Judas, ausgerechnet er, prangert die Verschwendung des sündhaft teuren Öls an und wird von Jesus, der das Geschehen zu einer Art letzten Ölung uminterpretiert, hart in seine Schranken verwiesen – kann nicht darüber hinwegtäuschen, dass dieser Bibeltext seinen fremdartigen Reiz ausschließlich aus der intimen Nähe zu Maria bezieht," (Fehn 2015, 97f),

schreibt Fehn. Ich möchte Judas allerdings etwas in Schutz nehmen, denn wenn man nach der oben zitierten Stelle weiterliest, kann man tatsächlich zu dem Eindruck gelangen, dass es irgendeinem späteren Bearbeiter darum ging, Judas schlecht zu machen und die Stelle etwas abänderte, bzw. ergänzte. So heißt es in Joh. 12:4-8:

„Es sagt aber Judas, der Iskariot, einer von seinen Jüngern, der ihn überliefern sollte: Warum ist dieses Salböl nicht für dreihundert Denare verkauft und den Armen gegeben worden? Er sagte dies aber nicht, weil er für die Armen besorgt war, sondern weil er ein Dieb war und die Kasse hatte und beiseite schaffte, was eingelegt wurde. Da sprach Jesus: Lass sie! Möge sie es aufbewahrt haben für den Tag meines Begräbnisses! Denn die Armen habt ihr allezeit bei euch, mich aber habt ihr nicht allzeit." (ELB)

Hier fällt einmal mehr, wie so oft, wenn Judas erwähnt wird, der Einschub ins Auge „der ihn überliefern sollte", damit man dies auch ja nicht vergisst. Wenn das nicht verdächtig klingt! Zudem wird Judas' möglicherweise gar nicht so schlechte Argumentation, dass man anstelle diese verschwenderisch teuren Salböls für die Armen hätte sorgen können, gleich durch die Behauptung, dies sei nur ein Vorwand, denn in Wirklichkeit sei es ihm darum gegangen, das Geld aus der Kasse zu klauen, entkräftet. Doch dies nur am Rande.

Mir fällt noch etwas auf, was Fehn gar nicht erwähnt. Wieso sollte Jesus vermuten, dass Maria von Bethanien das Salböl aufbewahrt haben könnte für sein Begräbnis? Selbst wenn das nur ein Vorwand war, lässt es doch darauf schließen, dass eine enge Beziehung zwischen Jesus und Maria von Bethanien bestand und diese mehr oder weniger bekannt war. Die Frage, warum Jesus die einstige Salbung seiner Leiche wichtiger war als das Wohl der Armen, wollen wir mal dahingestellt lassen.

Fehn kann es sich jedenfalls einmal mehr nicht verkneifen, einen in typischer Manier geschriebenen Kommentar zu diesem Thema zum Besten zu geben:

„Wenn man das innige [...] Verhältnis Jesu zu Marias Bruder Lazarus mit in Betracht zieht, mag man sich über die etwas voreilige Vermutung mancher Tüftler, bei dem Haus in Bethanien habe es sich um eine Art Bordell gehandelt, wo der Nazarener Stammfreier bei der Hure Maria und dem Lustknaben Lazarus gewesen sein, nicht einmal wundern. Marta, von der es heißt, dass sie ihm ‚diente', nähme dann die Rolle der Puffmutter ein, die das horizontale Gewerbe ihrer Schwester billigend in Kauf nimmt und zum eigenen Vorteil nutzt – eine Vermutung, die zwar nicht bewiesen, aber auch nicht widerlegt werden kann." (Fehn 2015, S. 98)

Damit ist Maria von Bethanien aber noch weit davon entfernt, mit Maria Magdalena, die ja, wie ihr Name schon aussagt, nicht aus Bethanien, sondern aus Magdala kam, identisch zu sein. Fehn bezeichnet die Gleichsetzung dieser beiden Marias als ein „exegetisches Schelmenstück". Er erkennt ein einziges, allerdings sehr schwaches, Indiz, darin, dass vor der erstmaligen Maria Magdalenas in Luk. 8,1-3 eine andere Geschichte vorausgeht – vermutlich rein zufällig. Dort wird berichet, dass Jesus bei einem Pharisäer namens Simon zu Gast ist (was im Übrigen die im ersten Kapitel dieses Buches angesprochene These, dass Jesus den Pharisäern näher stand als allgemein angenommen wird, stützt), als eine in der Stadt befindliche „Sünderin" in Erfahrung bringt, dass Jesus bei diesem Simon war und dort auftauchte, um ähnliches zu tun, wie Maria von Bethanien: Sie brachte „eine Alabasterflasche mit Salböl, trat von hinten an seine Füße heran, weinte und fing an, seine Füße mit Tränen zu benetzen, und trocknete sie mit den Haaren ihres Hauptes (Dann) küsste sie seine Füße und salbte sie mit dem Salböl." (Luk. 7:38) Dass sie eine Sünderin ist, stellt schließlich der Pharisäer fest, wenn es im nächsten Vers heißt: „Als aber der Pharisäer, der ihn eingeladen hatte, das sah, sprach er bei sich selbst und sagte: Wenn dieser ein Prophet wäre, wer und (was) diese Frau ist, die ihn anrührt; denn sie ist eine Sünderin." Wohlgemerkt: Er sagte nicht „Hure", sondern „Sünderin". Jesus vergab ihr jedenfalls ihre nicht näher bezeichnete Sünde und rügte seinen Gastgeber, dass *er* ihm kein Wasser gegeben hatte, um seine Füße zu reinigen (was zu jener Zeit absolut üblich war), sondern die Sünderin es war, die seine Füße benetzt habe und dergleichen mehr. Vielleicht handelte es sich bei dieser Maria um Maria von Bethanien, vielleicht aber auch nicht. Aber eins ist sicher: Um Maria Magdalena handelte es sich bei ihr mit Sicherheit nicht!

Fehn trägt das Wenige zusammen, das wir über Maria Magdalena wissen: Dass sie aus Magdala, einer Stadt am Westufer des Sees Genezareth kommt, dass sie zusammen mit anderen Frauen aus dem Jüngerkreis die Aktivitäten von Jesu Trupp sponserte, dass aufgrund dieses Umstandes angenommen werden kann, dass die Frauen zur High Society gehörten und angesehene Frauen waren, da Frauen zu jener Zeit nur selten über einiges Vermögen verfügen durften und somit die Behauptung, dass Maria Magdalena eine Hure war, immer absurder erscheint und dass sie von Jesus von „sieben Dämonen befreit", sprich geheilt wurde, dass sie vorm Kreuz stand wie gleich drei Evangelien (Markus, Matthäus und Johannes) berichten und dass sie als erste das leere Grab entdeckte. Hierzu zitiert Fehn eine Stelle aus dem bereits erwähnten apokryphen Petrusevangelium, wo es nach Weidinger heißt:

„In der Frühe des Herrentages nahm Maria Magdalena , die Jüngerin des Herrn – aus Furcht vor den Juden, da diese vor Zorn brannten, hatte sie am Grabe des Herrn nicht getan, was die Frauen an den von ihnen geliebten Sterbenden zu tun pflegten – mit sich ihre Freundinnen und kam zum Grabe, wo er hingelegt worden war." (zit. n. Weidinger 1990, S. 404)

Fehn stellt fest, dass der Inhalt des Petrusevangeliums mit den Berichten der in den biblischen Kanon aufgenommenen Evangelien weitgehend übereinstimmt und nimmt demzufolge an, dass auch die zitierte Passage nicht geschönt oder erfunden ist, sondern eher auf einer mündlichen Überlieferungen fußt. Und gerade diese Passage, insbesondere die Wendung „hatte sie am Grabe des Herrn nicht getan, was die Frauen an den von ihnen geliebten Sterbenden zu tun pflegten" lässt sich nur dann sinnvoll deuten, wenn man von einem intimen Verhältnis zwischen Jesus und Maria Magdalena ausgeht. Fehn erklärt, dass im Judentum beim Tod und bereits auch bei den Sterbevorbereitungen eines Familienmitglieds eine Vielzahl von rituellen Handlungen zu verrichten sind, was bei einem Hingerichteten natürlich praktisch nicht möglich ist. Auch die Sitte des Beklagens des Toten konnte Maria Magdalena nicht ausführen, da sie sonst Gefahr gelaufen wäre, als Sympathisantin entlarvt zu werden. Diese Riten aber, waren ausschließlich Angehörigen vorbehalten, und wie konnte Maria Magdalena zur Familie Jesu gehören? Letztlich gibt es nur eine Lösung, die Sinn macht: Maria Magdalena war die Ehefrau Jesu!

In einem weiteren apokryphen Evangelium, dem des Thomas, findet sich ganz am Ende eine kuriose Aussage:

„Simon Petrus sprach: Maria möge uns verlassen, denn die Frauen sind des LEBENS nicht würdig. Jesus antwortete: Hier werde ich sie führen, um sie zu einem MEN-SCHEN zu machen. Auch sie wird zu einem lebendigen Atem werden, der euch

MENSCHEN gleicht. Jede Frau, die sich zum MENSCHEN macht, wird in das KÖ-NIGREICH GOTTES eingehen. (zit. n. *Das Evangelium des Thomas* in der Übersetzung von Jean-Yves Leloup – ins Deutsche übersetzt von Maike und Stephan Schumacher, 2008, S. 254/Logie 114)

In der von Fehn genutzten Übersetzung ist die Rede von „männlich zu machen" anstelle von „zu einem Menschen zu machen", und so echauffiert er sich über die Worte, dass Frauen zu Männern werden müssten – möglicherweise eine Fehlübersetzung, wobei die Worte, nach denen Frauen zu Menschen gemacht werden müssten, durchaus ebenfalls sehr suspekt klingen. Und dass Jesus gesagt haben soll, dass Frauen des Lebens nicht würdig seien, klingt wirklich merkwürdig, ja frauenfeindlich – und passt eher wieder zum Wortlaut der von Fehn genutzten Übersetzung. Vielleicht liegt der von mir benutzen ja auch eine Glättung vor. Obwohl: Besonders gelungen wäre eine solche Glättung auch nicht, denn die Notwendigkeit, Frauen zu Menschen machen zu müssen, zeugt ja auch nicht gerade von Frauenfreundlichkeit, sondern ist eher noch schlimmer als die keinen Sinn ergebende Übersetzung, nach der Frauen zu Männern gemacht werden müssten. Vielleicht war die Absicht dieser „Glättung", der Stelle einen Sinn zu geben. Das ist auf der einen Seite gelungen, auf der anderen Seite ist dieser Sinn jedoch frauenfeindlich bis zum Geht-nicht-mehr.

Wie dem auch sei, in dieser Stelle kritisiert Petrus Maria Magdalena und will sie sogar wegschicken. Wenn es aber um einen Konkurrenzkampf zwischen Männern und Frauen geht, wie Fehn vermutet, warum richtet sich Petri Kritik speziell auf Maria? Schließlich waren ja, wie wir weiter oben gehört haben, noch andere Frauen im Jünger-kreis vertreten: Susanna, die Frau des Chuza und viele andere. Fehn spekuliert dahin-gehend, dass Maria Magdalena -analog zu Petrus für die Männer – für die Frauen mög-licherweise eine Führerfigur war, „eine Ältestengestalt, die nach Jesu Tod eine aposto-lische Funktion einnehmen würde." Doch Fehn ergänzt aufgrund der offensichtlichen Sonderstellung der Maria Magdalena: „Vielleicht war sie aber auch aus sehr privaten Gründen das ‚Lieblingskind' des Nazareners – und für den gefallsüchtigen Petrus somit eine ernstzunehmende Konkurrentin."

Fehn geht auf ein weiteres, aber auch weitaus jüngeres, apokryphes Evangelium ein: das Philippusevangelium, das Wikipedia zufolge gar kein Evangelium, sondern eine Predigt ist. Wikipedia (Stichwort: Philippusevangelium) schreibt über diese Schrift: „Maria Magdalena nimmt hier die Stellung der Lieblingsjüngerin ein, die in den kano-nischen Evangelien Johannes zukommt." Wikipedia bestätigt Fehns Aussagen, wenn sie sagt, dass Maria Magdalena hier sogar als „Gefährtin von Christus" bezeichnet wird. Wikipedia zitiert diese Stelle:

„Drei (Frauen) hatten ständig Umgang mit dem Herrn: seine Mutter Maria, ‚seine' Schwester und Magdalena, die ‚seine Gefährtin' genannt wird. Denn ‚Maria', so heißt seine Schwester; und seine Mutter heißt so; und seine Gefährtin heißt so." (Wikipedia nach: Nag-Hammadi-Codex II,3 Vers 32 nach Nag Hammadi Deutsch, Hans-Martin Schenke, Hans-Gebhard Bethge, Ursula Ulrike Kaiser (Hrsg.), 2001, S. 196)

Fehn spricht darüber hinaus noch Stellen aus dieser Schrift an, der zufolge diese Gefährtin Jesus „öfter auf den Mund geküsst" habe. Auch dies findet sich bei Wikipedia belegt:

„Die Sophia, die genannt wird: die Unfruchtbare, sie ist die Mutter der Engel. Und die Gefährtin [des Erlösers] ist Maria Magdalena. Der [Erlöser liebte] sie mehr als [alle] Jünger und er küsste sie [oft] auf ihren [Mund]." (Wikipedia (Stichwort: Maria Magdalena nach: Nag-Hammadi-Codex II,3 Vers 55 (nach Nag Hammadi Deutsch, Hrsg. v. Hans-Martin Schenke, Hans-Gebhard Bethge, Ursula Ulrike Kaiser 2001, S. 199.)

Wikipedia fügt allerdings hinzu, dass „das Wort „Mund" im Original nicht überliefert ist, sondern nur eine rekonstruierte Ergänzung" sei und dass andere Übersetzungen diese nicht bestätigten. Eine andere etwas vergeistigt erscheinende Übersetzung lässt Sophia, also „die Weisheit", die Gefährtin Jesu sein. Allerdings wird im zweiten Teil dieser Übersetzung gesagt, dass „der Heiland Maria Magdalena mehr liebte". Insofern erscheint diese Variante widersprüchlich. Im Wortlaut heißt es:

„Die Weisheit, [di]e die Unfruchtbare genann[t] wird, sie ist die Mutt[er der Eng]el und [die] Gefährtin des Hei[lands]. – der Hei[land lieb]te [Ma]ria Mag[da]lena mehr." (Wikipedia nach Isenberg, Wesley W./Layton, Bentley, 1989: The Gospel According to Philip. In: Bentley Layton(ed): Nag Hammadi Codex II, 2–7)

Wikipedia schreibt dazu:

„Als mögliche Varianten für das fehlende Wort nach „und er küsste sie" schlägt Isenberg des Weiteren „Fuß", „Wange" und „Stirn" vor. Da im Original an dieser Stelle ein Loch im Papyrus besteht, lässt sich philologisch nach derzeitigem Wissen keine dieser Varianten belegen oder widerlegen."

Nun ja, auch wenn Jesus Maria öfter auf die Stirn oder auf die Wange geküsst hatte, kann das Fehns Argumentation nicht sonderlich abschwächen.

Um auf letzteren zurückzukommen, sei erwähnt, dass Fehn eine weitere Stelle aus dem Philippusevangelium anführt, die an die oben zitierte Logie 114 des Thomasevangeliums erinnert.: „Als die Jünger das sahen, fragten sie ihn: ‚Warum liebst du sie mehr als uns alle?'" Wieder Eifersucht. Die Stelle klingt zwar auf den ersten Blick etwas befremdlich, denn die Jünger sollten ja wissen, dass ein verheirateter Mann seine Frau grundsätzlich mehr liebt als seine Verehrer, wenn aber Jesus (und vielleicht auch die Jünger bzw. einige davon) tatsächlich bisexuell waren und es mit der Treue nicht so genau nahmen, wird die Stelle vielleicht etwas verständlicher.

Fehn verweist weiter auf ein weiteres Textfragment aus der Reihe der „Nag-Hammadi-Schriften", zu denen auch das Philippusevangelium und das Thomasevangelium gehören. Diese Schriften waren, wie Wikipedia schreibt, eine Sammlung frühchristlicher Texte, die im Dezember 1945 in der Nähe der Ortschaft Nag Hamidi in Ägypten von Bauern gefunden wurde. Die Schriften stammen Wikipedia zufolge aus dem 1. bis 4. Jahrhundert.

In diesem nicht weiter bezeichneten Textfragment ist laut Fehn „sogar unverblümt die Rede von sexuellen Handlungen zwischen Jesus und Maria die Rede."

In seinem Resümee findet Fehn folgende Worte:

„Damals wie heute war es für einen mittellosen Guru nicht leicht, seine Gemeinde und sich selbst finanziell über die Runden zu bringen. Eine Mission ist nur dann erfolgversprechend, wenn der Kampf ums tägliche Überleben nicht dringlicher wird als ihr Auftrag. Aus diesem Grunde sind Mäzene, welche die Mission aus reiner Selbstlosigkeit finanziell unterstützen, fast unerlässlich. Jesus, dem es gelungen war, auch eine Reihe wohlhabender Damen für seine Lehre zu begeistern, mag sich dazu entschlossen haben, eine jener Frauen – die aus Magdala – zu ehelichen, um damit sämtlicher Sorgen um den Fortbestand seiner Mission auf einen Schlag ledig zu werden. Was keineswegs bedeuten muss, dass es nur eine Nutz- und nicht gleichzeitig eine Liebesehe war. Oft trifft es sich, dass man das Gute mit dem Nützlichen verbinden kann." (Fehn 2015, S. 107f),

und

„Schon weil die apokryphe Tradition Magdalena in voneinander unabhängigen Quellen hartnäckig als eine Art Lebensgefährtin darstellt und auch von Zärtlichkeiten berichtet, darf man vermuten, dass an diesem Umstand in früheren Tagen kein Zweifel bestand." (Ebd., S. 108)

Fehns Jesus kommt ganz und gar nicht „heilig" daher, doch es geht noch schlimmer. In den sogenannten Kindheitsevangelien wird der im Kindes- und Jugendalter befindliche Jesus teilweise fast schon als „menschliches Monster" dargestellt…

Ein unbeherrschter und gefühlloser Götterknabe namens Jesus

Weitgehend unbekannt sind jene apokryphen Evangelien, die das Leben Jesu in seiner Kindes- und Jugendzeit beschreiben: Die sogenannten Kindheitsevangelien. Sie füllen die in den kanonischen Evangelien auffallenden Lücken zwischen Jesu Geburt und seinem ersten Auftritt im Tempel. Genau genommen sind sie vermutlich exakt zu diesem Zweck erfunden worden, doch in der Sammlung der „anderen Jesusse" dürfen sie auf keinen Fall fehlen – gerade auch deshalb, weil Jesus hier einen ganz anderen Eindruck hinterlässt wie der von der Kirche gelehrte sündenfreie Jesus.

Erich Weidinger hat in seinem häufig in diesem Buch angesprochenen Werk solche Kindheitsevangelien gesammelt. Eines von ihnen ist die „Kindheitserzählung des Thomas", in dem Jesus schon als fünfjähriger Junge nicht sonderlich gut wegkommt.

Er spielte an der Furt eines Baches und leitete die schmutzigen Wasser, die in diesem Bach flossen, seitwärts in Gruben zusammen. Das schmutzigen Wasser machte er durch sein Wort klar. So weit, so gut. Dann formte der Junge aus einer schlammigen aus Wasser und Erde bestehenden Masse Sperlinge. Das Problem: Er tat dies am Sabbat, und wir wissen ja: Der größte Feind im ganzen Land, das ist und bleibt der Denunziant, und so hatte ein anderer Junge nichts Besseres zu tun, als Jesus bei Joseph, der hier im Übrigen klar als Vater Jesu betitelt wird, zu verpetzen, ganz nach dem Motto: *Dein Sohn* hat den Sabbat entweiht!" Joseph eilte schnurstracks zu seinem Zögling und fragte Jesus, warum er so etwas tue, denn das sei ja schließlich nicht erlaubt. Jetzt wurde der junge Jesus trotzig, setzte noch einen drauf und tat (und das am Sabbat!) gleich noch ein Wunder: Er klatschte in die Hände und rief den Sperlingen zu „Auf! Davon!", worauf die Sperlinge mit den Flügeln schlugen und schreiend davonflogen. „Die Juden" sahen das und rannten auch gleich zu ihren Oberen, um Jesus zu verpetzen.

Die Geschichte geht aber noch weiter: Der Sohn des Schriftgelehrten Hannas stand am Tatort mit Joseph herum und bohrte mittels eines Weidezweiges einen Abflusskanal, sodass die von Jesus gesammelten Wasser wieder ausliefen. Jesus tadelte ihn mit den Worten: „Du gottloser und unvernünftiger Schlingel! Was haben dir denn die Gruben und die Wasser zuleide getan, dass du sie austrocknen lässt? Siehe, jetzt sollst auch du wie ein Baum, wenn er ohne Wasser ist, austrocken und sollst weder Blätter noch Wurzeln noch Frucht tragen." Nachdem der fünfjährige Jesus so gesprochen hatte, „verdorrte der Junge ganz und gar". Jesus ging unbekümmert nach Hause, während die Eltern des verdorrten Jungen ihn voller Wehklagens darüber, dass sein Leben schon so früh zerstört worden war, forttrugen und anschließend zu Joseph liefen, um ihn mit den Worten „Einen solchen Sohn hast du, der derartiges tut", anzuklagen.

Dieser Jesus trieb sein Unwesen aber weiter, ging eines Tages durchs Dorf und wurde – man fasst es nicht – von einem anderen Kind an der Schulter gestoßen! In Jesus entbrannte der Zorn und er sagte: „Du sollst deinen Weg nicht weitergehen!" Daraufhin fiel der Junge hin und verstarb. Jesus hatte den Jungen, weil er ihn an der Schulter gestoßen hatte, also mit magischen Mitteln ermordet. Einige anwesende Personen, die das mitbekommen hatten, fragen sich, was das für ein Junge sei, bei dem „jedes Wort, das er spricht, fertige Tat ist". Dass es dabei ein Todesopfer gab, schien sie eher weniger zu stören. Nur die Eltern des getöteten Jungen waren verständlicherweise aufgebracht, gingen zu Joseph und sagten ganz unverblümt und wohl nicht ganz unverständlich: „Mit einem solchen Knaben kannst du nicht mit uns zusammen im Dorfe wohnen. Oder bring ihm bei, dass er segnen soll und nicht fluchen. Er lässt unsere Kinder ja sterben." Nun ja. Genau genommen, eine eher humane Reaktion. Joseph jedenfalls tadelte Jesus, versuchte ihm verständlich zu machen, dass die Leute „unter solchen Dingen zu leiden hätten", einen Hass auf die Heilige Familie bekämen und sie diese vielleicht sogar noch davon jagen würden, und der junge Täter erdreistete sich zu sagen: „Ich weiß zwar genau, dass diese Worte nicht deine, sondern dir nur eingeflüstert sind. Trotzdem will ich dazu schweigen mit Rücksicht auf dich. Jene aber werden ihre Strafe davontragen." Oh, der junge ewig sündlose Mörder nimmt Rücksicht auf seinen Vater. Das muss man ihm aber hoch anrechnen! Jesus „bestrafte" also nur diejenigen, die „Anschuldigungen gegen ihn vorgebracht" haben. Diese wurden nämlich blind und waren mehr erstaunt als erzürnt. Nun nahm sich Joseph seinen Sprössling aber böse zur Brust, indem er ihn „ordentlich am Ohr zog". Über diese böse Kindesmisshandlung war nun Jesus erzürnt und sagte: „Es muss für dich genug sein, es ist dein Los, das nicht zu ändern ist, zu suchen und trotzdem nicht zu finden, ohne Verständnis zu bleiben. Ganz besonders unklug hast du da gehandelt! Weißt Du nicht, dass ich dein bin und zu dir gehöre? So mach mir keinen Kummer!", sagte der fünfjährige Sohn zu seinem Vater.

Das hörte nun wieder der Schulmeister Zakchäus, und der wunderte sich darüber, dass ein kleines Kind so etwas sagte. So konnte er es nicht lassen, ein paar Tage später Joseph anzusprechen mit den Worten: „Du hast da ein gescheites Kind; es hat Verstand. Wohl, übergib es mir, damit es die Buchstaben lernt!" Letztlich kam es aber dazu, dass der Schüler den Lehrer belehrte. Der fühlte sich in Verlegenheit gebracht und beendete den Lehrauftrag, den er selbst an sich gerissen hatte. Der Schulmeister hielt nun Joseph gegenüber eine lange Rede, um sich zu rechtfertigen, sagte unter anderem, dass der Junge wohl ein Gott oder ein Engel sein müsste, und der kleine Junge stimmte zu und freute sich so sehr über diese Worte, dass er alle wieder gesund machte, die zuvor unter seinen Fluch gefallen waren. Von nun an, wagte es niemand mehr, den Zorn des kleinen Jungen zu erregen, weil er ja ansonsten verflucht und als Verfluchter zum Krüppel werden könnte.

Ein paar Tage später spielte Jesus auf dem für diese Gegend und jene Zeit typischen Flachdach, als einer seiner Spielgefährten vom Dach fiel und verstarb. Die bald am Tatort eintreffenden Eltern (wer kann's ihnen nach dieser Vorgeschichte verdenken?) beschuldigten Jesus, ihren Sohn vom Dach geworfen zu haben. Diesmal wurde Jesus aber gar nicht wütend, sondern beließ es dabei, die Tat zu bestreiten. Vielmehr besorgte sich der beschuldigte Junge einen Zeugen, in dem er vom Dach heruntersprang, den von dort Heruntergefallenen mal eben wieder lebendig machte und ihn fragte, ob er ihn vom Dach geworfen habe. Der Junge sagte: „Nein, Herr, du hast mich nicht heruntergeworfen, sondern vielmehr auferweckt." Da spricht ein Junge seinen Spielkameraden mit „Herr" an... Die Eltern des Jungen jedenfalls priesen Gott und huldigten dem jungen Jesus.

Wieder vergingen einige Tage, und wieder tat Jesus etwas Gutes und diesmal sogar ganz ohne Eigennutz. Als ein Holzfäller sich seine Axt auf den Fuß fallen ließ und das

Werkzeug seine Fußfläche zerspalte, arbeite sich Jesus durch die Gaffer und heilte den Holzfäller, indem er dessen Fuß berührte. Und die Menge huldigte Jesus.

Der junge zukünftige Heiland blieb nun eine Weile friedlich, tat kleine Wunder und half anderen, bis er wieder in altes Muster zurückfiel – wenn er diesmal auch vorher tätlich angegriffen worden war. Joseph übergab Jesus nun abermals einem Lehrer, und der wollte sich nicht so blamieren wie Zakchäus und beschloss, Jesus zuerst die griechischen und dann erst die hebräischen Buchstaben beizubringen. Der Lehrer „schrieb das Alphabet hin und traktierte es eine ganze lange Zeit", mit dem Ergebnis, das Jesus nicht antwortete. Schließlich machte der aber doch seinen Mund auf und sagte zum Lehrer: „Wenn Du wirklich ein Lehrer bist und die Buchstaben gut kennst, dann nenne mir die Bedeutung des A, und ich will dir dann das B sagen." Das erzürnte den Lehrer, und der gab Jesus einen Klaps auf den Kopf. Das muss schon heftig gewesen sein, denn der Junge bekam Kopfschmerzen, woraufhin er den Lehrer verfluchte, mit der Folge, dass dieser in Ohnmacht fiel und mit dem Gesicht auf dem Boden aufschlug. Joseph wurde nun „bekümmert" und verbot Jesu Mutter (es fällt auf, dass sie nicht namentlich genannt wird), den Jungen aus dem Haus zu lassen, da „die, die seinen Zorn erregen", „des Todes sind".

Es verging einige Zeit und ein offensichtlich lebensmüder Lehrer, der mit Joseph befreundet war, bat diesen, Jesus unterrichten zu dürfen. Der Junge fand ein Buch auf dem Pult vor, ergriff es, aber er las nicht die Buchstaben, sondern „redete voll Heiligen Geistes und lehrte den Umstehenden das Gesetz". Da ausdrücklich die Rede davon ist, dass der Pult in einem Lehrhaus stand, bleibt im Dunkeln, woher die „Umstehenden" kamen, aber egal. Jedenfalls „strömte eine große Menge zusammen" (ins Schulhaus?), die sich „über die Schönheit seiner Lehre und die Wohlgesetztheit seiner Worte wunderte", die er als junges Kind sprach. Joseph erlangte davon Kenntnis und geriet in Angst, dass auch dieser Lehrer sich als unkundig erweisen könnte – offensichtlich befürchtete er ähnliche Folgen wie bei dem Disput zwischen Jesus und dem anderen Lehrer. Der aber lobte Joseph und machte ihm klar, dass Jesus seinen Unterricht gar nicht bräuchte, und der war so begeistert, dass er sogar den anderen Schulmeister heilte. Ende gut, alles gut…

In der Folge fällt der kindliche Jesus eher positiv auf: Er heilt seinen Bruder Jakobus von den Folgen eines Schlangenbisses und tötete zuvor noch die Natter, die sich in seiner Hand festgebissen hatte; und auferweckt sowohl ein totes Kind als auch einen toten Bauarbeiter.

Das letzte Ereignis, das in der Kindheitserzählung des Thomas geschildert wird, ist Jesu Auftritt als Zwölfjähriger im Tempel, der der vom Verfasser des Lukas-Evangeliums beschriebenen Passage (Lk. 2:41-52) weitgehend entspricht, nur etwas gekürzt erscheint. Allenfalls fällt auf, dass Jesus hier als „gehorsames Kind" beschrieben wird.

Im *Arabischen Kindheitsevangelium* fällt Jesus wieder weniger positiv auf, denn er verwandelt Kinder in dreijährige Geißlein. Erst nach eindringlichen Bitten von „herumstehenden Frauen" und dem Aussprechen der Worte: „Die Kinder Israels sind wie die Äthiopier" verwandelte er die Kinder zurück und geht mit ihnen spielen.

Zuvor zogen dem gleichen Kindheitsevangelium zufolge Joseph und die „erhabene Maria" durch eine einsame und gerne von Räubern heimgesuchte Gegend. Eines

Nachts, als sie durch die Gegend zogen, sahen sie zwei Räuber, die an der Straße lagen „und mit ihnen eine Menge von Räubern, die zu ihnen gehörten und ebenfalls schliefen." Weiter heißt es: „Jene zwei Räuber, in deren Hände sie gefallen waren, waren Titus und Dumachus. Demnach waren sie zwei schlafenden Räubern in die Hände gefallen, aber lassen wir das. Titus sagte jedenfalls zu Dumachus; „Ich bitte dich, lass diese in Freiheit weiterziehen und so, dass unsere Genossen sie nicht bemerken", doch der weigerte sich. Titus bot ihm nun sogar an, ihm 40 Drachmen als Pfand zu geben und „reichte ihm" gleichzeitig „den Gürtel, den er um sich hatte, damit er den Mund hielte und nicht redete." Die „erhabene Maria" erkannte nun, „dass dieser Räuber ihm eine Wohltat gewährt hatte" (indem sie sie *nicht* ausraubten! Das gilt schon als Wohltat, Donnerwetter!) und sprach gar: „Gott, der Herr, wird dich mit seiner Rechten stützen und dir Sündenvergebung schenken". Sündenvergebung allein durch den Rücktritt von einem Verbrechen! Wenn das mal nicht barmherzig ist! Dann mischte sich Jesus ein und sagte zu seiner Mutter: „In dreißig Jahren, Mutter, werden mich die Juden in Jerusalem kreuzigen, und jene zwei Räuber werden mit mir ans Krenz geschlagen werden. Titus zu meiner Rechten, Dumachus zu meiner Linken, und nach jenem Tag wird Titus mit mir ins Paradies voran gehen." Ein junger Hellseher! Oder ein allwissender Gott? Allerdings stimmt seine Weissagung nicht ganz, denn Jesus wurde, wie wir wissen, von den *Römern* gekreuzigt *und nicht von den* Juden. Maria will jedenfalls von der gesamten Prophezeiung nichts wissen, denn sie sagt: „Davor bewahre dich Gott, mein Sohn."

Dann gingen sie weiter zu einer „Stadt der Götzen" und als sie sich näherten „wurden sie in Sandhügel verwandelt, ohne genauere Angaben darüber, *wer genau* in Sandhügel verwandelt wurde. Maria und Jesus jedenfalls scheint nichts passiert zu sein, denn sie gingen weiter zu einer Maulbeerfeige, und offensichtlich hieß der Ort, an dem sie sich befanden, später Materea. Der kleine Jesus zeigte einmal mehr sein Können, in dem er dort eine Quelle sprudeln ließ, in der die „erhabene Maria" sogleich sein Hemd wusch. Der Verfasser schreibt, dass „ aus dem Schweiß des Herrn Jesus, den sie dort auswrang" „in jener Gegend Balsam entstanden" ist.

Im *Pseudo-Matthäusevangelium* begegnet Jesus während seinem Zwangsaufenthalt in Ägypten als gerade erst neugeborener Junge auf dem Schoß seiner Mutter, die hier als „selige Maria" bezeichnet wird, einer Reihe von Drachen, die aus einer Höhle hervorkamen. Alle bekommen Angst, nur das „Jesuskind" steigt vom Schoß seiner Mutter herunter und stellt sich vor die Drachen auf seine Füße. Die Drachen beten ihn an und weichen zurück. Der Verfasser dieses Werkes bezeichnet diese Begebenheit als Erfüllung der Worte „Lobet den Herrn, ihr Drachen von der Erde, Drachen und alle Abgründe", woher auch immer er dieses Zitat hat. Der Säugling gebietet den Drachen ausdrücklich, niemandem Schaden zuzufügen und erklärt Maria und Joseph, die Angst um ihn haben, dass sie keine Furcht zu haben und nicht darauf zu achten bräuchten, dass er ein Kind sei, da er immer vollkommen gewesen und es auch jetzt sei, und alle Tiere vor ihm zahm werden müssten. So beten in der Folge auch Leoparden und Löwen ihn an, und auch andere Tiere werden zahm.

Als die „selige Maria" wegen des Wassermangels in der Wüste besorgt war, gebot Jesus mit fröhlichem Blick einer Palme, ihre Äste zu neigen und mit ihrer Frucht seine Mutter zu erfrischen. Erwartungsgemäß gehorchte die Palme und senke „ihre Spitzen bis zu den Füßen der seligen Maria". Die Anwesenden sammelten die Früchte, und alle Anwesenden „labten sich an ihnen". Die Palme blieb in ihrer geneigten Stellung, bis Jesus ihr gebot, sich wieder aufzurichten. Gleichzeitig zauberte er noch eine „ganz klare und frische und völlig helle" Wasserquelle unter ihrer Wurzel herbei, an der alle, einschließlich der Lasttiere und dem Vieh, ihren Durst stillen konnten. Am nächsten Tag verlieh der junge Jesus der Palme das Vorrecht, dass einer ihrer Zweige von seinen Engeln fortgetragen und im Paradies seines Vaters gepflanzt werden würden. Außerdem verhieß er der Palme, dass bei zukünftigen Wettstreiten dem Sieger gesagt werden würde, er habe die Siegespalme erlangt. Doch zuerst flog flugs ein Engel vorbei, entnahm der Palme einen Zweig und entschwand wieder in den Himmel. Die Anwesenden fielen beim Anblick des Engels „auf ihr Angesicht und waren wie tot," und der kleine Jesus belehrte sie: „Warum erfasst Furcht eure Herzen? Wisset ihr nicht, dass diese Palme, die ich ins Paradies habe tragen lassen, für alle Heiligen am Orte der Seligkeit bereitstehen wird, wie sie uns am Ort der Einsamkeit bereitgestanden hat?" Nun wurden alle mit Freude erfüllt und zogen weiter.

Bald war es Joseph, der etwas zu meckern hatte. Er beklagte sich über die Hitze, die „sie ausbraten" könnte und schlug vor, einen anderen Weg zu nehmen, nämlich am Meer entlang, weil man sich dort an den Küstenstädten ausruhen könnte, doch Jesus, der vor noch nicht allzu langer Zeit erst das Licht der Welt erblickt hatte, hatte eine bessere Lösung auf Lager: Er wollte ihnen „den Weg abkürzen", was bedeutete, dass sie das, was sie in dreißig Tagen in der Lage waren zurückzulegen, an einem Tag ausführen konnten, und kaum ausgeredet, erblickten die Reisenden die Berge Ägyptens und bald auch die Städte.

Heute würden wir sagen, Jesus hat das Raum-Gefüge beeinflusst und verändert, und auf einen Jesus, der durch Raum und Zeit reisen konnte und sich durch unbekannte Raum-Zeit-Dimensionen zu bewegen in der Lage war, werden wir gleich zu sprechen kommen, doch zunächst müssten wir noch erwähnen, dass die Karawane bei der Ankunft in einer ägyptischen Stadt bei einem Tempel ankam, in dem 365 Götzenbilder aufgestellt waren. Als Maria, die in dieser Passage ausnahmsweise nicht als die „selige Maria", sondern sogar als „die seligste Maria" betitelt wird, mit ihrem Kind in den Tempel eintrat, fielen alle Götzenbilder auf den Boden und zerbrachen. Damit taten sie nach Meinung des Verfassers „offen kund, dass sie nichts waren". Und er erkennt noch die Erfüllung einer Prophezeiung des Propheten Jesaja, in der es nach Zunz heißt: „Vortrag über Mizrajim[24]. Siehe der Ewige fährt einher auf leichter Wolke und kommt nach Mizrajim , und es beben die Götzen Mizarjims vor ihm, und das Herz Mizarjims schmilzt in seinem Inneren." (Jes. 19:1)

Keine Ahnung, wo der Verfasser dieser Schrift hier eine Wolke sieht, denn, wenn man schon den sehr jungen Jesus mit dem Ewigen – also dem Gott Israels, JHWH – gleichsetzen will, lässt sich aus dem Text eher herauslesen, dass das Kind auf dem Schoß seiner Mutter nach Ägypten und in diese Stadt – Sotinen in Hermopolis – gekommen

---

[24] Ägypten

ist und nicht auf einer schnellen Wolke.[25] Möglicherweise ist diese schnelle Wolke (eine merkwürdige Wolke spielt in der Bibel oft eine Rolle, und auch bei modernen Zeitphänomenen wird eine seltsame Wolke oft erwähnt) als Hinweis auf die abgekürzte Zeit zu sehen.

Bevor wir zu diesem Themenkomplex kommen, müssen wir aber noch erwähnten, dass der Vorsteher der Stadt, Affrodius, von diesem Geschehen, derart beeindruckt war, dass er die „selige Maria, die an ihrem Busen den Herrn trug", anbetete und „zu seinem Heer und seinen ganzen Freunden" sprach:

„Wenn dieser nicht der Gott unserer Götter wäre, so wären unsere Götter gewiss nicht vor ihm auf ihn Angesicht gefallen, und sie würden nicht in seiner Gegenwart hingestreckt daliegen. So bekennen sie sich vielmehr stillschweigend zu ihm als ihrem Herrn. Wenn wir aber nicht in weiser Vorsicht alle das tun, was wir unserer Götter tun sehen, werden wir möglicherweise Gefahr laufen, ihn zu erzürnen und dem allgemeinen Verderben zu verfallen, wie dem Pharao, dem König der Ägypter geschehen ist, der mit seinem ganzen Heer im Meer ertrunken ist, weil er so großen Wundern geglaubt hat." (zit. n. Weidinger 1990, S. 460)

Nun glaubte das „ganze Volk dieser Stadt" an „den Gott, den Herrn durch Jesus Christus", „der Engel" (um welchen Engel es sich auch immer handelte, jedenfalls fiel jetzt keiner bei seinem Anblick aufs Angesicht, vielmehr wird der Umstand, dass ein Engel spricht, hier offenbar als völlig normal angesehen) sagte zu Joseph, er solle nun nach Juda zurückkehren, da jene, die dem Jungen ans Leder wollten, mittlerweile verstorben seien, und wir können endlich zum angesprochenen dimensions- und anschließend dem zeitreisenden Jesus kommen.

---

[25] Bei Weidinger ist bei der Wiedergabe dieser Stellen von einer „schnellen Wolke" die Rede, nicht von einer „leichten". In der Elberfelder Übersetzung wird diese Stelle auch mit „schnelle Wolke" übersetzt.

Der dimensionsreisende Jesus

Der presbyterianische Pastor und Physiker Barry H. Downing beschäftigte sich mit den Zusammenhängen zwischen Wissenschaft und Religion, und heraus kam dabei sein Buch *The Bible And Flying Saucers*. Darin betont er den Umstand, dass die „Gottheit" unseres Gottes von Wesen übermittelt wurde, die wie gewöhnliche Menschen aussahen, nämlich den Engeln. In Illustrationen werden Engel meist mit Flügeln dargestellt, und viele Geschichten drehen ich sich um diese geflügelten Wesen, doch in der Bibel werden die Engel meist als menschenähnlich beschrieben und haben auch keine Flügel. Downing zufolge kommen Engel aus einer „Auferstehungs-Welt" und waren auch bei der Himmelfahrt Jesu anwesend. Im Tanach wie auch im sog. Neuen Testament waren, wenn wir diesen Schriften Glauben schenken, Gruppen von Wesen aus einer anderen Welt hier, die den Menschen die biblischen Geschichten brachten. Downing legt nahe, dass die Piloten und Insassen der sagenumwobenen „fliegenden Untertassen" Engel waren.

Der Pastor weist auf den Umstand hin, dass in der Bibel immer wieder von einer besonderen Wolke die Rede ist und hat damit auch vollkommen Recht. Tatsächlich wird im Buch Exodus während der 40jährigen Wüstenwanderung von einer „Wolkensäule" berichtet, die insbesondere bei der Teilung des „Roten Meeres" – das in Wirklichkeit irgendein Schilfmeer war – besonders in Erscheinung trat. Sie leuchtete in der dunklen Nacht, damit dass Volk Israel besser sehen könne, wie Downing auf der Basis des Buchs „Exodus: A Commentary" von Martin Noth feststellt. Allerdings gibt Downing zu, dass die „Wolkensäule" auch den Ägyptern, die das Volk Israel verfolgt haben, geholfen haben könnte, besser zu sehen. Downing setzt diese Wolke mit einem „UFO" gleich – wohl eher nicht nach der wissenschaftlichen Definition „Unidentiziertes fliegendes Objekt", sondern im populären Sinne eines Flugvehikel Außerirdischer. Wem diese Außerirdischen also beigestanden haben, bleibt zunächst mal unklar, aber: Wenn bei diesem Ereignis das Licht nicht in jener Nacht geleuchtet hätte, hätten die Israeliten nicht sehen können, wie diese Wolkensäule sich durch die Nacht in eine Position zum Meer hin bewegte. Dann wären die Ägypter bedingt durch die Dunkelheit, gezwungen gewesen, ein Lager aufzuschlagen und bis zum nächsten Morgen zu warten, bis sie zum Kampf aufgebrochen wären, denn die Israeliten konnten kaum irgendwohin gehen mit dem Meer vor ihnen. Das nächste Mal, als diese Wolke beschrieben wird, schwebt sie über dem Meer, direkt über der Stelle, an der das Meer geteilt wurde.

Das „UFO" blieb bis zur Morgenwache sichtbar, bis die Sonne hell genug strahlte und die Wolkensäule gesehen werden konnte, auch wenn sie nicht leuchtete. Das Meer teilte sich nicht, bevor es dunkel wurde. Und als die Wolkensäule schließlich hell genug war, um sehen zu können, wurde das UFO über der Teilungsstelle gesehen. Downing weist auf einen Antischwerkraft- oder elektromagnetischen Strahl des „wolkenähnlichen UFOs" hin, unter dessen Einfluss sich das Meer geteilt haben könnte. Damit wird auch endgültig klar, dass das „UFO" auf Seiten der Israeliten stand.

Weiter erwähnt Downing, dass die ominöse Wolke auch über dem Tempel Salomons schwebte. (vgl. 1. Kö. 8:10-11)

Der Autor des Buches Jesaja fragt „Wer sind jene, die einer Wolke gleich fliegen, und wie Tauben zu ihren Schlägen? (Jes. 60:8 nach Zunz). Dies sind nur wenige Beispiele für die Anwesenheit dieser seltsamen Wolke bzw. wolkenähnlichen Gebilden.

Um jetzt endlich auf Downings Jesus zu sprechen zu kommen, so kommt dieser im Rahmen seiner Ausführungen zum Neuen Testament auf die Taufe Jesu zu sprechen und weist auf die Bibelstelle 3:16 hin, wo es heißt: „Und als Jesus getauft war, stieg er sogleich aus dem Wasser herauf; und siehe, die Himmel wurde geöffnet, und er sah den Geist Gottes wie eine Taube herabfahren und auf sich kommen. " (ELB)

Der Pastor informiert über den Umstand, dass das griechische Wort, das in der von ihm genutzten Übersetzung „The Holy Bible, Revised Standard-Version" für das Aufsteigen aus dem Wasser, „went up", verwendet wird, im griechischen Original das „ascended" (aufgestiegen) bedeutet. Was die Elberfelder Bibel mit „sogleich" wiedergibt, heißt laut Downing in der von ihm genutzten Übersetzung „immediately" (unmittelbar), und das griechische Originalwort dafür ließe auf „uprightness" (Geradheit) schließen. So glaubt Downing, dass Matthäus damit ausdrücken wollte, dass Jesus aufrecht bzw. vertikal aus dem Wasser aufgestiegen sei.

Als Jesus sagte, dass er vom Himmel käme (Joh. 6:42, „Ich bin vom Himmel herabgekommen", Wortlaut ELB), habe er Downing zufolge gemeint, dass er aus einer fremden Welt kam und hier quasi als „verdeckter Ermittler" tätig war.

Gott sei, obwohl unsichtbar, trotzdem buchstäblich anwesend und umgäbe jedes Lebewesen (Apg. 17:28, „Denn in ihm leben wir und bewegen uns [...]", Wortlaut ELB), und Jesus sei nach Kol. 1:15 („Er ist das Bild des unsichtbaren Gottes [...]", Wortlaut ELB) das (sichtbare) Bild des unsichtbaren Gottes. Für Downing stellt sich die Frage: „Wie können Jesus und die Engel auf der Erde sichtbar und im Himmel unsichtbar sein?"

Anhängern der These, nach der Außerirdische die Erde besuchten und ursächlich für Engelerscheinungen sind und Jesus sogar selbst ein Außerirdischer gewesen sei, seien diese Wesen schlicht zu weit weg, als dass man sie sehen könne. Dies sei auch durchaus vorstellbar, doch vom theologischen Standpunkt aus sei es unzulässig, nahezulegen, dass mit dem Begriff „Himmel" ein anderer Planet gemeint sei, denn es gäbe einen Unterschied zwischen den „Himmeln" (Planeten, Sterne), die Gott zusammen mit der Erde geschaffen hätte und *dem* Himmel, der *keine* Schöpfung sei. Himmel, Hölle und Erde könnten nach Downing vollkommen verschiedene Universen sein. Er überlegt, ob es einen Weg geben könnte, das „drei-stöckige Bild" der Welt (unten Hölle, Mitte Erde und oben Himmel) tatsächlich in den Begriffen der modernen Wissenschaft als richtig anzusehen, sodass die christliche Idee von Engeln und der Auferstehung wahr sein könnte und der Himmel unsichtbar ist. Er macht einige theologische Anmerkungen und bekennt sich dazu, an die biblische Darstellung zu glauben, einschließlich der körperlichen Auferstehung.

Downing fragt sich, wo der Himmel ist, und als presbyterianischer Pastor geht er davon aus, dass es eine Wiederauferstehung und demzufolge auch einen Auferstehungskörper für jeden Menschen gäbe. Dieser soll „hochwertiger" als der „normale" Körper sein.

Es sei an uns, uns zu fragen, wie es die Zivilisation, die hinter den fliegenden Untertassen steckt, geschafft hat, den Auswirkungen der Gravitation zu entkommen. Wenn es nämlich einen Weg zu diesem Schritt gäbe, gibt es aus seiner Sicht keinen Grund dafür, warum wir nicht von einem Universum in ein anderes gelangen können sollten. Der Physiker weist darauf hin, dass Wissenschaftler die mögliche Existenz von Antimaterie diskutiert hätten, und gelangt zu der Annahme, dass es keinen Grund gäbe, warum nur *eine* Art von Materie existieren sollte. Es könne sein, dass einige materielle Strukturen außerhalb unseres Universums existierten und auf irgendeine Weise nicht dem Schwerkraft-Feld unseres Universums unterworfen seien.

Und tatsächlich könne es möglich sein, dass mehrere Universen koexistieren. Vielleicht gäbe es ja einen von der Wissenschaft noch nicht erkannten Weg, mit Überlichtgeschwindigkeit zu fliegen, denn dann würden fast unbegrenzte Geschwindigkeiten möglich.

Wenn die Relativitätstheorie einen Himmel in Form eines Universums erlaube, der von uns getrennt sei, wäre dies je-doch nicht die einzige Möglichkeit. So stellt Downing eine andere Eventualität vor: Unser eigenes Universum könnte gekrümmt sein, entweder in eine positive Richtung oder eine negative. Oder es könne eine „Null-Krümmung" aufweisen. Die Wissenschaftler jedenfalls seien sich noch nicht darüber im Klaren, welche Art von Krümmung für unser eigenes Universum charakteristisch sei, doch wenn es gekrümmt sei, sei es faszinierend, mathematische Konzepte zu erwägen wie das „Jordan-Krümmungs-Theorem", das besagt, dass es tatsächlich eine Innenseite und eine Außenseite einer einfachen geschlossenen Kurve in einer Ebene gäbe und auf dem gleichen Platz wie unser eigenes Universum koexistiere.

Damit würden wir zu der Frage geführt, ob es Universen möglich sein könnte, mit verschiedenen Raumkrümmungen an der gleichen Stelle gleichzeitig zu existieren und ob man sich von einem Universum in ein anderes bewegen kann, wenn man die Raumkrümmungen und die Gravitationskräfte für jeden Raum verstehen würde.

Downing glaubt, dass die Universen eher durch „Wände" als durch Flure und Räume getrennt sind, auch wenn dieses Beispiel nicht zufriedenstellend sei, weil Himmel, Hölle und unser sichtbares Universum tatsächlich nur aus einem „Haus" mit „nur einem Raum", ob positiv, negativ oder 0-gekrümmt, bestünde, sodass die Möglichkeit bestünde, dass drei Universen existierten, die den gleichen Raum beanspruchen. Möglicherweise würde man sich durch den gekrümmten Raum von einem zum anderen bewegen können, sodass eine Öffnung hergestellt werden würde.

Als bibelgläubiger Presbyterianer-Pastor muss Downing wohl an die Existenz einer Hölle glauben, obwohl deren Existenz in der Bibel auch von bibelkundigen Personen keineswegs nahegelegt wird, denn, kurz gesagt, deuten die Wörter, die im Alten Testament auf die Hölle verweisen, eher auf ein Grab als auf eine „Hölle" hin, und oft wird gesagt, dass der „feurige Pfuhl" bzw. der „Feuersee" in der Offenbarung eher symbolisch aufzufassen sei. Andererseits sei auf das katholische Fegefeuer verwiesen, in dem man nicht eine Ewigkeit, sondern nur für eine bestimmte Zeit kommt.

Wenn man sich auf Downings Ausführungen bezieht, scheint es nach dieser Vorstellung möglich zu sein, von einem Universum ins andere zu gelangen. Wenn es tatsächlich ein „Höllen-Universum" gäbe, müsste man nach Downing tatsächlich aus dieser „Hölle" wieder in ein anderes Universum gelangen können.

Um auf Jesus zu sprechen zu kommen, so beschäftigt sich Downing mit der Bibelstelle Luk. 17:20-21, wo es heißt: „Und als er von den Pharisäern gefragt wurde: Wann kommt das Reich Gottes?, antwortete er ihnen und sprach Das Reich Gottes kommt nicht so, dass man es beobachten könnte, auch wird man nicht sagen; Siehe hier! Oder: siehe dort! Denn siehe, das Reich Gottes ist mitten unter euch." (ELB) Die Elberfelder Bibelübersetzung stellt für „mitten unter euch" die Alternative „ist innerhalb von euch" in den Raum, und im Luthertext von 1914 wird der letzte Satz mit „Denn sehet, das Reich Gottes ist inwendig in Euch", wiedergegeben. Sollte damit gemeint sein, dass das Reich Gottes innerhalb der Pharisäer zu suchen sei? Doch darauf weiß diesmal Menge eine Antwort. Er schreibt in einem Kommentar zu der genannten Stelle, die bei ihm „Als er [Jesus] aber von den Pharisäern aufs Neue gefragt wurde, wann das Reich Gottes käme, gab er ihnen zur Antwort:

,Das Reich Gottes kommt nicht mit äußerlichem Gebaren (=unter augenfälligen Erscheinungen); man wird auch nicht sagen können: >Siehe, hier ist es!< oder >dort ist es!< Denn wisset wohl: Das Reich Gottes ist (bereits) mitten unter uns.'" lautet „[...] oder in Eurer Mitte, weil Jesus und die Seinen unter ihnen weilten. Die Übersetzung ,inwendig in Euch' ist nicht gut möglich, weil Jesus ja zu den Pharisäern redet und diese ihn nach der Zeit der Erscheinung des Gottesreiches gefragt hatten."

Downing interpretiert den Vers basierend auf seine These wie folgt: „Der Himmel könnte ein völlig anderes Universum direkt in unserer Mitte sein." Er glaubt, dass es ein „Auferstehungsuniversum" geben könnte, das unsichtbar ist und eine körperliche Existenz erlauben würde. Auch er verweist auf die bereits zitierte Bibelstelle aus Joh. 20:19, nach der Jesus in einem geschlossenen Raum erschien, in dem die Jünger saßen und der Jünger Thomas ihn berührte, um zu prüfen, ob er wirklich körperlich anwesend sei, und schreibt dazu:

„Wenn wir [...] annehmen können, dass wir in der ,Mitte' eines unsichtbaren räumlich gekrümmten Auferstehungsuniverums leben, dann ,kam' Jesus durch einen ,Raumtunnel' in den Raum, indem die Jünger bei verschlossener Tür versammelt waren. Die Folgerung daraus scheint zu schein, dass Jesus kein UFO und keine ,Weltraum-Wolke' brauchte, um ihn in den Himmel zu bringen, sondern eher, dass die Himmelfahrt ein spezielles Ereignis zum Nutzen der Jünger war, das veranstaltet wurde, um den Jüngern etwas Gutes zu tun, um sie, die Jesus bei diesem Anlass zurückgelassen hatte, wissen zu lassen, dass es etwas ,Finales' über die Weise gab." (Downing 1973, S. 137)

Dies erscheint etwas konstruiert. Wenn wir bei ihm weiterlesen, sehen wir, dass auch er auf Jesu Verbot gegenüber seiner Mutter, ihn anzufassen eingeht, da er ja noch nicht aufgestiegen sei und dieser Vorgang erst nach 40 Tagen geschehen würde. Er schließt aber daraus, dass Jesus tatsächlich bis zu seiner Himmelfahrt zwischen den Welten hin- und zurückwechselte, um schließlich völlig in die „Auferstehungswelt" zurückzukehren.

Downing sieht selbst einen Schwachpunkt in seinem Gedankengang, nachdem die anderen Welten sich am gleichen Ort befinden wie unsere, darin, dass Jesus Johannes Worten zufolge (Joh, 14:2) sagte „Im Hause meines Vaters sind viele Wohnungen." (Jesus sagt dieser Stelle zufolge weiter, dass er hingehen und den Jüngern eine Stätte bereiten würde, damit sie dort seien, wo auch er sei.) Dies widerspricht der Aussage Downings, dass jedes Universum Teil eines einzigen Raumes, also *einer* Wohnung sei.

Ein weiter Autor, der sich mit dem Thema „Jesus und UFOs" auseinandergesetzt hat, ist der ehemalige UFO-Forscher und bibelkundige Autor des Buches *The UFO – Jesus Connection*, David E. Twichell.

Twichell bezieht sich ebenfalls auf die „Wolkensäule" im Alten Testament sowie die Geschichte vom brennenden Busch und kann sich vorstellen, dass dies ein außerirdisches Raumschiff gewesen war, dessen Insassen sich selbst als „Gott" identifiziert hätten. Dass Moses davor gewarnt wurde, näher zu kommen, könne darin begründet liegen, dass er sich in unmittelbarer Nähe des „Busches" befand und sich Verbrennungen oder Strahlungen hätte zuziehen können, wie es Zeugen von „modernen UFO-Sichtungen" passiert ist.

Twichell sagt, dass der Stern von Bethlehem ein UFO und gleichzeitig eine Zeitmaschine aus der Zukunft gewesen sein könnte – dabei bezieht er sich auf Marc Davenports Buch *Visitors from Time* – deren Insassen kamen, um die Geburt Christi zu sehen.

Die Hintergründe der Geburt Jesus erklärt Twichell wie folgt:

„Ein Geist kann auf jeder Daseinsebene existieren. Nicht so im Falle eines physischen Wesens. Noch kann ein Geist sich mit einem physischen Wesen fortpflanzen. Deshalb, wenn Gott ein Geist ist, wie Jesus behauptete, wie kann dieser Geist den physikalischen Leib der Maria befruchten?

Die Vereinigung der Seele mit dem Physikalischen, ist jedoch eine andere Sache. Sie könne in irgendeine, physische Form, die entwickelt wurde, um sich dafür zu eignen, eindringen. Der Geist Jesu (der Sohn des geistigen Gottes) braucht einen physischen Körper, in dem er die Wahrheiten seiner geistigen Ebene einer primitiveren physischen Welt gegenüber ausdrücken kann. Dies wurde mit den gleichen Mitteln wie bei den [UFO-] Entführungen und der In-vitro-Befruchtung ausgeführt, über die heute groß berichtet wird – durch die gleiche Art von Wesen, die die Homo sapiens am Anfang nach ihrem Bilde hervorbrachten. Dieser Modus der Übermittlung war eines der gleichen UFOs gewesen, der überall in der Heiligen Schrift beschrieben wird, wenngleich in dieser auf den „Stern von Bethlehem" verwiesen wird." (Twichell 2001, S. 120)

Wir haben nun schon das Stichwort „Zeitreisen" vernommen und wollen flugs zum „zeitreisenden Jesus" kommen.

Der zeitreisende Jesus

Wir kommen nun zum zeitreisenden Jesus. Möglicherweise werden Sie diese Gesichte für total abgefahren und wesentlich unglaubwürdiger halten als alles, was wir bisher in diesem Buch betrachtet haben. Und das hat auch seinen Grund: Sie stammt von mir.

Es war gegen Ende der 1990er Jahre, als ich mir über den Umstand Gedanken machte, dass verschiedenen Personen in der Bibel zu verschiedenen Zeiten auftauchten bzw. wieder auftauchen sollten. Konkret handelt es sich damit um Moses, Elias und – selbstverständlich – Jesus.

Dabei beschäftigte ich mich zuerst mit den Erscheinungen des Moses und Elias auf dem „Berg der Verklärung", wie wir sie weiter oben schon beschrieben haben. Allerdings schob ich das „mystische Beiwerk" *nicht* zur Seite, um nicht möglicherweise einen ganz wichtigen, wenn auch scheinbar nicht in unser physikalisches Weltbild passenden, Aspekt nicht zu verpassen.

Moses Geburtsgeschichte, die im Buch Exodus (2. Moses) beschrieben wird, ist ungewöhnlich: Wie später bei Jesus, wurde gerade kurz vor Moses Geburt von den Ägyptern, bei denen das israelische Volk zu jener Zeit Sklavenarbeit verrichtete, ein Gesetz erlassen, nachdem jeder Erstgeborene des jüdischen Volkes getötet werden sollte. Als Grund wird die zu schnelle Vermehrung des israelitischen Volkes angegeben.

Die Mutter Moses war eine Hebräerin aus dem Stamm Levi. Sie hielt den Jungen nach seiner Geburt drei Monate versteckt und setzte ihn anschließend in einem wasserdicht gemachten Weidekorb auf dem Nil aus. Ausgerechnet die Tochter des Pharaos ließ ihn aus dem Strom ziehen, erkannte, dass er ein Hebräer war, hatte jedoch Mitleid und übergab ihn (gegen Bares, versteht sich!) einer hebräischen Hebamme, die ihn stillte. Schließlich brachte die Hebamme einige Zeit später den Jungen der Pharonentochter zurück, und Moses wuchs am königlichen Hof auf.

Diese Geburtsgeschichte hat ein Vorbild: Auch König Sargon von Akkad soll einige Jahrhunderte vor Moses in einem Schilfkörbchen ausgesetzt worden sein, dessen Öffnungen mit Asphalt verschlossen worden seien. Sargons Mutter war eine Verstoßene, der Vater unbekannt. Der Fluss, auf dem Sargons Mutter den späteren König aussetzte, war der Euphrat, der den Säugling „zu Aqqi, dem Wasserschöpfer" brachte, der ihn eben mittels eines Eimers aus dem Wasser schöpfte und ihn wie einen eigenen Sohn großzog. Jener arbeitete er als Gärtner, und später machte ihn Aqqi, der ihn liebgewann, zum König, der nun über „schwarzköpfige Menschen" regierte.

Möglicherweise ist Moses Geburtsgeschichte einfach dieser Legende nachempfunden.

Moses jedenfalls zog es eines Tages auf die Felder, auf denen die Sklaven arbeiteten, und er sah, wie ein Ägypter einen seiner Volksgenossen schlug. Moses identifizierte sich sofort mit seinem Volk, erschlug den Ägypter und verscharrte ihn im Sand. Obwohl er sich sorgsam umgesehen hatte, dass ihn auch ja niemand beobachtete, sah ihn doch jemand, und am nächsten Tag musste Moses fliehen. Es zog ihn ins Tal Midian, wo er seine große Liebe fand und heiratete. Eines Tages führte er die Schafherde seines Schwiegervaters über die Steppe am Berg Horeb und begegnete dort einem Engel, der ganz dramatisch in einer Feuerflamme in Erscheinung trat. Dieser Engel bestand darauf, dass Moses sich seiner Schuhe entledigte, da er auf heiligem Boden stünde und stellte sich als „Gott Abrahams, Isaaks und Jakobs" vor. Der machte Moses dann zum Führer seines Volkes, der die Israeliten aus Ägypten ins gelobte Land führen sollte. Auf Moses Drängen hin enthüllte dieser Gott seinen Namen, der „JHWH" lautet und nach Zunz auf Deutsch „Ich werde sein, der ich bin" bedeutet (Exodus 3:14)

Über die merkwürdigen Umstände beim Tod des Moses haben wir bereits berichtet. Und dann taucht er Jahrhunderte später unter mysteriösen Begleiterscheinungen auf dem Berg der Verklärung wieder auf. Sonderbar.

Über Elias wird im Gegensatz zu Moses klipp und klar gesagt, dass er in den Himmel auffuhr. Und wie wir bereits gehört haben, wird im Buch Maleachi gesagt, dass er eines Tages wiederkommen und dem Messias vorausgehen würde. In Mal. 3:23-24 heißt es nach Zunz konkret: „Siehe, ich sende euch Elijah[26], den Propheten, bevor eintrifft der Tag des Ewigen, der große und furchtbare. Und er wird zurückführen das Herz der Väter zu den Kindern und das Herz der Kinder zu ihren Vätern, dass ich nicht komme und schlage die Erde mit Bann". Das sind gleichzeig die letzten Worte des Kanons des „Alten Testaments". Und auch von Schiiten wird Elias als Vorläufer des bald darauf wiederkommenden Jesus angesehen.

Seine Himmelfahrt wird spektakulär geschildert. Es heißt in 2. Kö. 2, dass Elias mit seinem Prophetenkollegen Elisa aus Gilgal wegging und ihn fragte, was er ihm Gutes tun könnte, bevor er „hinweggenommen" werde, und Elisa bat um „einen doppelten Anteil vom Geist des Elia". Noch während des Gesprächs – Elias war gerade dabei, Elisa zu erklären, dass dieser Wunsch nur schwer erfüllbar sei, aber gewährt werden würde, falls Elias „ hinweggenommen" würde – trennten ein „Feuerwagen" und „Feuerrosse" die beiden, „und Elijah fuhr auf einer Wetterwolke gen Himmel". (Nach Zunz). Man beachte, dass hier einmal mehr eine seltsame Wolke eine Rolle spielt. Von Elias blieb nur der Mantel zurück.

Über Elias Geburt wissen wir praktisch nichts. Wir erfahren nur, dass er aus einer Stadt namens Tischbi von den Beisassen Gileads (Zunz) oder „Tischbe in Gilead" (ELB) kam. Sein Name soll „Mein Gott ist JHWH" bedeuten.

Und zur Zeit Jesu steht er neben diesem und Moses auf dem „Berg der Verklärung".

In der Offenbarung des Johannes spricht der Verfasser (der mit großer Sicherheit nicht Jesu Jünger Johannes war, obwohl das Buch nach ihm benannt ist) über zwei Zeugen, die in der Endzeit in Bußgewänder gekleidet auftreten und 1260 Tage lang prophetisch reden sollen. Sie werden als „die zwei Ölbäume" und „die zwei Leuchter" bezeichnet, die „vor dem Herrn auf der Erde" stünden und in der Lage sein würden, Feuer aus ihrem Mund hervorkommen zu lassen, um damit ihre Feinde zu verzehren. Das dynamische Duo habe die Macht, den Himmel zu verschließen, heißt: zu verhindern, dass es regnet. Zudem hätte es Macht über die Gewässer, die es in Blut verwandeln und die Menschen mit Plagen schlagen könnte. Die beiden sollen dann, mit einem „Tier, das aus dem Abgrund kommt", das weithin mit dem sogenannten Antichristen gleichgesetzt wird, kämpfen, der sie überraschenderweise besiegt. Ihre Leichname

---

[26] Hebräischer Name von Elias

würden dort liegen, wo auch ihr Herr gekreuzigt worden sei. Nach dreieinhalb Tagen sollen sie wieder auferstehen und in den Himmel auffahren. (Nach Off. 11:3-13).

Der evangelikale Prediger Wim Malgo lässt in seinem Buch *Offenbarung Jesu Christi - Kapitel 1-11* keinen Zweifel daran, dass es sich bei diesen beiden „Zeugen" um niemand anderen als Moses und Elias handelt!

Dieser Bibelfundamentalist erkennt im Wirken der beiden, wie dem Hervorkommen von Wasser aus ihrem Mund und der Macht der beiden, den Himmel verschließen zu können, Eigenschaften, die an Elias erinnerten; Äußerungen wie „und haben Macht über das Wasser, es zu wandeln in Blut, und zu schlagen die Erde mit allerlei Plagen, so oft sie wollen", seien dagegen Eigenschaften, die typisch für Moses seien. Malgo betont auch den besonderen Stand, den Moses und Elias vor Gott hatten, ebenso wie die oben angeführte Prophezeiung im Buch Maleachi, die die Wiederkunft des Elias vorausgesagt hat. Wenn er Recht hat, würden diese beiden biblischen Figuren dann bereits zum dritten Mal auf der Erde erscheinen...

Da haben wir also Moses mit einer ähnlichen und merkwürdigen Geburtsgeschichte wie Jesus, der auch Wunder tun kann wie jener; und dann haben wir Elias, der wie aus dem Nichts auftaucht und Wunder tun und auch Kranke heilen kann wie Jesus und darüber hinaus noch wie Jesus in den Himmel aufsteigt.

Über die Himmelfahrt Jesus wird in der Apostelgeschichte berichtet, wo es im Kapitel 1 (V. 9-11) heißt:

„Und als er dies gesagt hatte, wurde er vor ihren Blicken emporgehoben, und eine Wolke nahm ihn auf, vor ihren Augen weg. Und als sie gespannt zum Himmel schauten, wie er auffuhr, siehe da standen zwei Männer in weißen Kleidern bei ihnen, die auch sprachen: Männer von Galiläa, was steht ihr und seht hinauf zum Himmel? Dieser Jesus, der von euch weg in den Himmel aufgenommen worden ist, wird so kommen, wie ihr ihn habt hineingehen sehen in den Himmel." (ELB)

Bezüglich des angeblichen Kreuzestodes Jesu kam ich zu ähnlichen Schlüssen, wie der von Divyanand angeführte „Augenzeuge", nur ging ich nicht davon aus, dass eine zufällige Reihe von Ereignissen dazu führte, dass Jesus überlebte, sondern vielmehr ging ich von einem geplanten Komplott aus, an dem vermutlich sogar der Hauptmann beteiligt, war, der Jesus in die Seite stechen ließ, anstatt ihm die Knochen brechen zu lassen. In meinem Buch *Sie kamen aus der Zukunft – Das Geheimnis der Alten Propheten* spreche in von der „größten Komödie der Weltgeschichte". Gut, darüber, ob der Begriff „Komödie" dass treffendste ist, lässt sich streiten, aber der Punkt war: Jesus durfte nicht sterben, weil er eine wichtige Mission zu erfüllen hatte.

Hinsichtlich der Geburt Jesu gibt es außer dem Lukasevangelium nur eine einzige Quelle, die sich mit der Geburt Jesu beschäftigt, und das ist das apokryphe Protoevangelium des Jakobus. Dort wird von einer Frau berichtet, die aus dem Gebirge kam, Joseph begegnete und ihn neugierig fragte, wohin er denn ginge. Prompt sagte er, dass er eine Hebamme suche. Als geklärt war, dass er ein Jude und sie – wie praktisch – eine hebräische Hebamme war, erfahren wir, dass Josephs Verlobte in einer Höhle gebären solle. Die neugierige Hebamme bohrte nach: „Dann ist sie also nicht Dein Weib?"

Joseph versuchte diesen heiklen Punkt zu erklären und erläuterte der Hebamme, dass seine Verlobte Maria heiße, im Tempel aufgezogen worden sei und „Empfängnis erhalten habe vom Heiligen Geist". Die Hebamme war misstrauisch, und Joseph führte sie zur Höhle, die von einer lichten Wolke (ja, wieder eine Wolke!) eingehüllt wurde. Jetzt erkannte die Hebamme: „Erhoben ist heute meine Seele. Denn meine Augen haben Wunderbares gesehen; denn für Israel ist Heil geboren worden." Die Wolke verzog sich nun aus der Höhle, und ein gewaltiges Licht erschien darin – so gewaltig, dass weder die Augen der Hebamme noch die es Joseph es ertragen konnten. Es dauerte nicht lange, bis das Licht wieder verschwand, und sobald man wieder hinschauen konnte, ohne geblendet zu werden, war das Kind plötzlich da und nahm die Brust seiner Mutter Maria. Die Dienste der Hebamme wurden gar nicht mehr gebraucht.

Ob das Kind überhaupt von Maria geboren wurde, bleibt bei dieser Geschichte unklar, denn niemand hatte die Geburt beobachtet. Das Licht verschwand, und das Kind war da. Zumindest, wenn wir dieser Geschichte eine gewisse Seriosität zubilligen wollen, ist Jesus nicht nur auf einer Wolke in der Himmel aufgefahren und wird in einer Wolke wiederkommen, sondern er wurde auch von einer Wolke auf die Welt gebracht…

Wenn wir uns die Erlebnisse auf dem Berg der Verklärung in Matth. 17:1-9 und Mk. 9:2-9 ansehen, lesen wir, dass die anwesenden Jünger ausdrücklich ermahnt wurden, nichts darüber zu berichten. In den Versen 8 und 9 heißt es bei Matthäus: „Und als sie von dem Berg herabstiegen, gebot ihnen Jesus und sprach: Sagt niemandem die Erscheinung (weiter), bis der Sohn des Menschen aus den Toten auferweckt ist!" (ELB) Bei Markus ist in Vers 9 der Wortlaut ähnlich.

Beim Lesen des biblischen Berichts kam ich vor dem Hintergrund der Tatsache, dass Moses, Elias und Jesus mehrmals auf die Erde kamen/kommen sollten, auf die Idee, dass sie eine Art Zeitspringer waren und sich während der „Verklärung" in einer Art „Hyperraum" – einem Ort jenseits von Raum und Zeit – befanden. Die Stimme aus der Wolke könnte von jemandem aus einer anderen Zeit – der Zukunft – stammen, der sich dem Treffen im Hyperraum zugesellte. In der Beschreibung des Erlebnisses von der Verklärung Jesu im Lukasevangelium (9:28-26) kommt noch ein weiteres Detail dazu. In V. 32 heißt es: „Petrus aber und die mit ihm waren, waren beschwert von Schlaf, als sie aber völlig aufgewacht waren, sahen sie seine Herrlichkeit und die zwei Männer, die beim ihm standen", (ELB), die sich dann als Moses und Elias entpuppten. Menge drückt es noch deutlicher aus: „Petrus und seine Genossen aber waren von schwerer Schläfrigkeit befallen; weil sie sich aber mit Gewalt wachhielten, sahen sie seine Herrlichkeit und die beiden Männer, die bei ihm standen."

Hätten die Jünger die beiden potenziellen Zeitreisenden gar nicht sehen sollen? Konnten sie das nur, weil sie gegen den Schlaf ankämpften? Hat Jesus sie deswegen später zum Stillschweigen verdonnert? Letztlich können wir diese Frage nicht beantworten. Wir können nur spekulieren. Jedenfalls fällt auf, dass sich Moses und Elias blitzschnell verzogen haben, als die Jünger sich eingemischt hatten.

Ich erwähnte eine besondere Mission, die Jesu auf Erden hatte. Ausgehend von der Idee, dass Jesus möglicherweise ein Zeitreisender war, fragte ich mich, aus welcher Zeit er denn gekommen sein könnte und warum. Meine Überlegungen drehten sich um

Prophezeiungen aus dem Tanach, denen zufolge beispielsweise Jesaja sagt (Kap. 2: 1-4), dass „in späten Zeiten der Berg des Hauses des Ewigen aufgerichtet sein würde über den Bergen und die Hügel überrage. Viele Nationen – also nichtjüdische Völker – würden dann Wallfahrten zum „Berge des Ewigen" – der unverkennbar Zion ist – unternehmen. Es wird dann keinen Krieg mehr geben, und die Rechtsprechung geht vom „Berge Gottes" aus. Die Völker werden ihre „stumpf machen ihre Schwerter zu Sicheln, und ihre Lanzen zu Rebenmessern". Auch der Prophet Micha verheißt in Kap. 4:1-5 ein Friedensreich. Dort heißt es: Und geschehen wird es in späteren Zeiten, da wird der Berg des Hauses des Ewigen aufgerichtet sein über den Bergen, und er überragt die Hügel, und es strömen zu ihnen Nationen." (Zunz)

In diesem „Berge des Ewigen" würden die Menschen „stumpf machen ihre Schwerter zu Sicheln und ihre Lanzen zu Rebmessern. Nicht wird erheben Volk gegen Volk das Schwert, und nicht lernen sie fürder den Krieg. Und sitzen wird Jeglicher unter seinem Weinstocke und unter seinem Feigenbaume, und keiner stört." (Fast der gleiche Wortlaut wie in der vorgenannten Jesaja-Stelle)

Kein Militär mehr in Israel? Eine Zeit, in der das arg gebeutelte Volk keine Waffen mehr braucht? Ist das vorstellbar? Was jedenfalls kaum vorstellbar ist, ist, dass es ein Israel ohne geheimdienstliche Tätigkeit gibt – und sei sie noch so minimal.

Der Schreiber der Offenbarung berichtet – in sehr mystisch aufgemachter Form – ebenfalls von einem Friedensreich, das allerdings nur eine bestimmte Zeit andauern würde – nämlich 1000 Jahre. In dieser Zeit würden wieder lebendig gemachte Märtyrer zusammen mit Jesus als König regieren.

Was aber geschieht nach diesen tausend Jahren? Aus seiner religiös geprägten Sicht heraus schreibt der Verfasser der Offenbarung, dass „der Satan aus seinem Gefängnis freigelassen würde", um Völker an den Enden der Ecke zu verführen. Da kommen wir der Sache langsam schon näher, denn diese „vier Ecken der Erde" können leicht so gedeutet werden, dass es sich um jene Gebiete handelt, die sich am weitesten von Israel entfernt liegen, und sei es auch nur im symbolischen Sinne (am wenigsten greifbar für den Geheimdienst). Diese Völker werden als „Gog und Magog" bezeichnet, die zum Kampf anrücken und „deren Zahl wie die des Sandes am Meer" sein wird. Schließlich umzingeln sie die Heilige Stadt – womit nur Jerusalem gemeint sein kann – und dann verstärkt der Verfasser seine religiöse Sprache und spricht vom Ende dieses Krieges durch „Feuer vom Himmel, das sie verzehrt", und schließlich wird der Teufel in die Hölle geworfen. Also, er bewohnt nicht die Hölle, sondern *kommt* dahin. Aber das nur am Rande.

Wenn an dieser Spekulation, die ich gegen Ende der 1990er Jahre angestellt habe, etwas dran sein sollte, woher in aller Welt sollen aber in diesem Friedensreich die Waffen gekommen sein?

Zunächst sollte man annehmen, dass in einer Zeit, in der es keine Waffen und keine Armeen mehr gibt (und man mehr Geld und Zeit hätte), der Forschungsdrang der Menschen stärker zur Geltung kommen und die Forschung sehr große Fortschritte machen würde. Doch würde man die Fortschritte nur zu positiven Zwecken machen? Ich konnte mir die Idee nicht verkneifen, dass die Wissenschaftler und Politiker in den

Ländern, die in der Johannes-Offenbarung „Gog und Magog" genannt werden, möglicherweise als Erste die Zeitmaschine entwickeln und sie dazu nutzen könnten, Agenten in die Vergangenheit zu schicken, um das Entstehen dieses vom israelischen Jerusalem ausgehenden Friedensreiches noch vor dessen Entstehen zu verhindern, indem diese Agenten in der Vergangenheit gezielt den Antisemitismus verbreiten und möglichst viele Juden töten, denn ohne Juden kann kein vom israelischen Jerusalem ausgehendes Friedensreich entstehen. Anstelle der von Jerusalem aus regierten Welt könnte man ein Reich aufrichten, in dem man selbst in Saus und Braus lebt, in dem man eine Armee zur Absicherung dieses Empires aufbaut und in dem man unverhältnismäßig hohe Steuern kassieren und die ganze Welt für sich arbeiten lassen könnte.

Hätte Abraham seinen Sohn Isaak getötet, wäre das Volk Israel nie entstanden, und so mussten die das Friedensreich regierenden ebenfalls Agenten in die Vergangenheit schicken, um diesen Mord zu verhindern. Nach dem biblischen Zeugnis, wie es in Gen. 22:1-19 zu lesen ist, forderte JHWH von Abraham, dessen Sohn Isaak auf einer Opferstätte festzubinden, um ihn ihm zu opfern. Isaaks Sohn Jakob, der von einem Engel, der nach einer anderen biblischen Fassung Gott selbst war, später den Namen „Israel" erhielt, war der Stammvater dieses nach ihm benannten Volks. Trotz dieses Wissens vertraute Abraham auf Gott und erhob sein Messer, um seinen Sohn zu töten, denn schließlich soll man ja seinem Gott gehorchen. Erst im allerletzten Moment erschien ein Engel, der Abraham davon abhielt, Isaak zu erstechen.

Wenn dieser „Engel" tatsächlich ein Agent aus dem zukünftigen Friedensreich war, ist bereits aus dieser Episode zu schließen, dass das Friedensreich am Ende gewinnen müsste, denn wäre die Zukunft im Sinne Gogs und Magogs verändert worden, dürfte es das Friedenreich und somit diesen Engel gar nicht mehr geben. Dies wussten die Agenten des Friedensreiches, als sie in die Vergangenheit eintraten, und so begann, von der Zukunft ausgehend, der lange und aussichtslose Kampf des „Teufels" und seiner „Dämonen" gegen „Gott" und seine „Engel". Diese Kämpfe fanden in den verschiedensten Zeitepochen statt. Da bemühen sich die als „Satan" umschriebenen Völker von Gog und Magog, das jüdische Volk in Ägypten festzuhalten, und erst die Agenten des Friedensreichs können es herausholen, indem sie Moses einsetzen. Es gelingt Gog und Magog, das Volk Israel 40 Jahre in der Wüste festzuhalten, und erst nach dieser Zeit können die Zeitagenten des Friedensreiches die Vorfahren ihres Volkes ins Gelobte Land lotsen. Um das Volk zusammenzuhalten, erlassen die Zeitagenten im Namen Gottes strenge Maßnahmen, wie das Verbot der Mischehe. Die Zeitagenten des Friedensreichs setzen Propheten ein und vermitteln dem Volk Visionen von der Zukunft. Ein typisches Beispiel ist Hesekiel, auf dessen „Visionen" ich im Sinne meiner Idee in meinem Buch *Geheimagenten aus der Zukunft* gründlich eingehe und der nach meiner Idee selbst zeitweilig in die Zukunft gebracht wurde. Doch Israel hängt immer wieder anderen Göttern an, hinter denen in Wirklichkeit Gog und Magog stecken. Israel gerät mehrmals in Gefangenschaft, und sein Land wird zwischenzeitlich von anderen Mächten, wie zuletzt den Römern, besetzt. In *Sie kamen aus der Zukunft – Das Geheimnis der alten Propheten* führe ich aus:

„Und in dieser Zeit muss irgendetwas schiefgelaufen sein, das nicht so ohne weiteres auszubügeln war. Da wurden Leute krank oder starben, die wichtige Nachkommen zeugen sollten/gezeugt hatten (von der Zeitepoche des Friedensreiches aus gesehen). Gleichzeitig war im Volk ein starkes Messiasbewusstsein erwacht. Eine Person von besonderer Intelligenz, umgeben von einem Fluidum des Geheimnisvollen musste hierher geschickt werden, die von einem Teil des Volkes als Messias anerkannt werden konnte und die eine ganze Reihe von Veränderungen wieder korrigieren konnte. Der Mythos der Jungfrauengeburt war seit Jahrhunderten bekannt. Auch Maria soll eine Jungfrauengeburt gewesen sein. Man forscht im Friedensreich nach, ob gerade ein Kind intelligenter Eltern im Begriff ist, auf die Welt zu kommen, bittet sie, es zu opfern, um die eigene Gegenwart – die Welt – zu retten. Unmittelbar nach der Geburt schickt man das Kind in die Höhle in Bethlehem zu der vorbereiteten Maria." (Horn 1998, S. 114f)

Im Anschluss zitiere ich eine Bibelstelle aus dem Johannesevangelium (Kap. 3:16-21), wo es nach der Elberfelder Übersetzung heißt:

„Denn so hat Gott die Welt geliebt, dass er seinen eingeborenen Sohn gab, damit jeder, der an ihn glaubt nicht verloren geht, sondern ewiges Leben hat. Denn Gott hat seinen Sohn nicht in die Welt gesandt, dass er die Welt richte, sondern dass die Welt durch ihn gerettet werde. Wer an ihn glaubt, wird nicht gerichtet, wer aber nicht glaubt, ist schon gerichtet, weil er nicht geglaubt hat an den Namen des eingeborenen Sohnes Gottes. Dies aber ist das Gericht, dass das Licht in die Welt gekommen ist, und die Menschen haben die Finsternis mehr geliebt als das Licht., denn ihre Werke waren böse. Denn jeder, der Arges tut, hasst das Licht und kommt nicht zu dem Licht, damit seine Werke nicht bloßgestellt werden, wer aber die Wahrheit tun, kommt zu dem Licht, damit seine Werke offenbar werden, dass sie in Gott gewirkt sind."

Dazu schreibe ich:

„Sicher hat „Gott" die Welt geliebt, denn seine eigene Existenz stand ja auf dem Spiel! Trotzdem war es für die Eltern natürlich ein großes Opfer, ihren Sohn in die Vergangenheit zu schicken. [...] und hier geht es tatsächlich darum, die *Welt* zu retten und nicht einzelne Personen, wie dies später anklingt. So sind die folgenden Verse auch viel allgemeiner zu versehen. Es geht darum, dass in der Vergangenheit durch das Verhalten einiger Menschen die natürliche Fortsetzung der Zeitlinie gefährdet ist. Sie haben – beeinflusst durch die „Mächte der Finsternis", nämlich die Zeitagenten von „Gog und Magog" – eine Veränderung der Zeitlinie herbeigeführt, das für die Augen des Menschen Unnatürliche – die Finsternis – mehr geliebt als das Normale – das Licht." (Horn 1998, S. 115)

Ich schrieb weiter, dass es nun darum ginge, sich den als Gott getarnten Zeitagenten anzuvertrauen, um die *Zeitlinie* zu retten. Die Wort „Welt" ist nur eine zeitgemäße Umschreibung für das Volk der Vergangenheit, das mit diesem Begriff wohl nichts hätte anfangen können.

Sicher hatte, so spekulierte ich, dieser Junge, der da aus der Zukunft in diese Höhle in der Vergangenheit geschickt wurde, gute Gene, die auf eine hohe Intelligenz schließen ließen.

Die Zeitagenten von Gog und Magog trachteten dem jungen Jesus nach dem Leben. Sie schickten drei „Weise", die angeblich aus dem Morgenland kamen, nach Jerusalem zu Herodes, um die Geschichte von der Geburt eines Konkurrenten – eines „Königs der Juden" – auf die Nase zu binden. Erst danach zogen die „Heiligen drei Könige" oder „Men in Black von Bethlehem", wie ich sie gerne nenne, weiter nach Bethlehem, um scheinheilig Jesus zu huldigen. (Vgl. Matth. 2:1-12)

Die Saat der drei Herren ging auf: Herodes trachtete Jesus nach dem Leben, doch wieder war es ein Engel, der ihn rettete. Er sprach – angeblich im Traum – zu Joseph und forderte ihn mit Nachdruck auf, mit Maria und dem Kind nach Ägypten zu fliehen, und als Herodes gestorben war, tauchte der Engel wieder im Traum auf und erklärte ihm, dass Herodes gestorben und die Gefahr vorüber sei und er mit seiner Kleinfamilie wieder ins Land Israel zurückkehren solle. (Vgl. Matth. 2, 13-23)

In dieser Stelle klingt es übrigens so, als ob die Heilige Familie hier *erstmals* nach Nazareth kam, denn in den Versen Vers 22-23 heißt es nach der Elberfelder Übersetzung:

„Als er [Josef] aber hörte, dass Archelaus über Judäa herrsche, anstelle seines Vaters Herodes, fürchtete er sich, dorthin zu gehen, und als er im Traum eine göttliche Weisung empfangen hatte, zog er hin in die Gegend von Galiläa und kam und wohnte in einer Stadt, genannt Nazareth, damit erfüllt würde, was durch die Propheten geredet ist: ,Er wird Nazoräer genannt werden.'"

Menge beschreibt das noch deutlicher:

„Als er aber vernahm, dass Archelaus an Stelle seines Vaters Herodes König über Juda sei, trug er Bedenken, dorthin zu gehen. Vielmehr begab er sich infolge einer göttlichen Weisung, die er im Traum erhalten hatte, in die Landschaft Galiläa und ließ sich dort in einer Stadt namens Nazareth nieder. So ging das Prophetenwort in Erfüllung, dass er den Namen ,Nazarener' führen werde."

Nach Luk. 2:4 lebten Josef und Maria dementgegen bereits vor der Geburt Jesu in Nazareth, denn dort heißt es:

„Es ging aber auch Josef von Galiläa, aus der Stadt Nazareth, hinaus nach Judäa, in die Stadt Davids, die Bethlehem heißt, weil er aus dem Haus und Geschlecht Davids war, um sich einschreiben zu lassen mit Maria, seiner Verlobten, die schwanger war". (ELB)

Wenn Matthäus Recht hat, hätten, vollkommen unabhängig vom Kontext meiner Zeitreise-Idee, die Eltern Jesu nicht aus Galiläa, sondern aus Judäa gestammt, und damit wäre Jesus mit 100%iger Sicherheit ein waschechter Jude gewesen! Doch das nur kurz am Rande.

Interessant für meine Idee ist aber eine Stelle aus dem Markus-Evangelium, die die Taufe Jesu beschreibt (Kap. 1-9-11). Da heißt es in V. 10 nach der Elberfelder Übersetzung:

„Und sobald er aus dem Wasser herausstieg sah er die Himmel sich teilen und den Geist wie eine Taube auf ihn herabfahren. Und eine Stimme kam aus den Himmeln: Du bist mein geliebter Sohn, an Dir habe ich Wohlgefallen gefunden."

Oder nach Menge:

„Da, als er gerade aus dem Wasser heraufstieg, sah er (Johannes oder Jesus) den Himmel sich spalten (sich auftun) und den Geist wie eine Taube auf ihn (oder auf sich) herabschweben; und eine Stimme erscholl aus den Himmeln: „Du bist mein geliebter Sohn; an dir habe ich Wohlgefallen gefunden!"

Der Himmel „spaltete" oder „öffnete" sich. Am Ende ein Hinweis auf ein Wurmloch?

Meiner Idee zufolge begann Jesus, als er älter wurde, Veränderungen, die durch Gog und Magog herbeigeführt wurden, zu korrigieren, die die Zukunft zum Negativen verändern würden. Menschen, die durch die Zeitagenten „von der anderen Seite" krank wurden, mussten geheilt werden, und schließlich gelang es Jesus, die Zeitlinie zu retten. Seine Anhänger erwarteten jedoch eine „Errettung jetzt" und nicht eine Wiederherstellung der Zeitlinie. Was tun? Die Hinrichtung am Kreuz wurde fingiert, denn damit hat man Jesu Fans, die Opfer liebten, einen Erlöser geliefert, und außerdem konnte er dadurch seine wahren Verfolger abschütteln.

Vor seiner Himmelfahrt erschien Jesus noch ein paar Mal, um Anweisungen zu geben, die weiteren Veränderungen der Zeitlinie entgegenwirken sollten und verschwand anschließend in einem Wurmloch in die Zukunft…

In den kommenden beiden Jahrhunderten versuchten „Gog und Magog" ständig, das jüdische Volk zu vernichten und hetzten sogar Religionsstifter und Politiker, die anfangs vielleicht sogar gute Absichten hatten, gegen das jüdische Volk auf.

„Die Gegenseite musste sich mit Schadensbegrenzung begnügen, denn in erster Linie geht es dazu, Personen, deren Nachkommen später eine tragende Rolle spielen sollten, zu retten, um die Zukunft zu sichern. Und damit hatte man sicherlich eine Menge zu tun. Berichte von Schutzengeln kennen wir zur Genüge. Später kam es wieder zu direkteren Konfrontationen. Die ‚Gogs' versuchten, die zionistischen Bemühungen zu sabotieren, die Agenten des Friedensreiches versuchten, hier entgegenzuwirken.

Aber die direkteste Konfrontation liegt auch von uns aus gesehen noch in der Zukunft: Es ist die Schlacht von Harmagedon.",
(Zit. n. Horn 1998, S. 120)

schreibe ich dort weiter.

In der Offenbarung des Johannes ist in der typisch mystischen Sprache des Verfassers von einer Reihe von Aktionen, die als „Plagen" bezeichnet werden, die Rede, die von Engeln ausgehen, und der „sechste Engel gießt eine Schale auf den Euphrat aus", woraufhin der Fluss austrocknet und „Könige vom Aufgang der Sonne" (also anscheinend Armeen aus Fernost) in der Lage sind, das Flussbett zu überqueren. Weiter berichtet der Verfasser der Johannes-Offenbarung von „drei unreinen Geistern wie Frösche", die er weiter als „Geister von Dämonen" spezifiziert, die aus dem „Mund des Drachen" und aus „dem Mund des Tieres" (das aus dem Meer aufgestiegen ist) und dem „Mund des falschen Propheten" kommen und „Wunderzeichen verrichten". Nun wird der Verfasser dieser Schrift wieder klarer in seiner Sprache und schreibt, dass diese Wesen sich „zu den Königen des ganzen Erdkreises begeben, um sie zum „Kampf des am großen Tage Gottes, des Allmächtigen zu sammeln." (Kap. 16) Und dann heißt es: „Und er versammelte sie an den Ort, der auf Hebräisch Harmagedon heißt." (V. 16)

„Harmagedon" (oft auch als Armageddon bezeichnet) bedeutet „Der Berg von Meggido" (Har-Maggedon). In diesem Tal Meggido wurden in biblischer Zeit zahlreiche Schlachten geschlagen.

Offensichtlich wird in Off. 16 geschildert, dass eine Macht aus dem Fernen Osten Richtung Israel marschiert. Versucht „Gog und Magog" hier erneut, Land und Volk Israel zu vernichten?

Es geschehen nun eine ganze Reihe an Dingen, „Blitze, Stimmen und Donner" (wenn es sich um ein gewöhnliches Gewitter gehandelt hätte, wäre es bestimmt nicht explizit herausgehoben worden), ein großes Erdbeben, das so stark ist wie keines zuvor, „die Große Stadt wird in drei Teile gespalten", es gäbe keine Berge und keine Inseln mehr, großer zentnerschwerer Hagel fällt, ein als „Hure" bezeichnetes Etwas mit dem Namen „Babylon, die Große", „die mit an vielen Wassern sitzt und mit den Königen der Erde Unzucht treibt" wird „gerichtet" und „nie mehr gefunden". Hier könnte es sich um gewaltige geologische Umwälzungen handeln, wie sie auch im Tanach von Propheten für die „Endzeit" vorausgesagt werden.

Letztlich greift, wie in mystischer Sprache geschildert wird, Jesus Christus ein, wirft die Verführer in die „Hölle" (den Feuersee), und das 1000-jährige Friedensreich wird aufgerichtet.

Die mystische Schilderung des Verfassers der Johannes-Offenbarung vom Eingreifen Jesu beginnt mit sehr prägnanten Worten, bevor es mystisch wird: „Dann sah ich den Himmel offen stehen". Wieder ein Hinweis auf ein Wurmloch. Geht hier die Zeitschleife zu Ende?

Doch nun wird es Zeit, mein früheres und jüngeren Selbst von der Tastatur zu vertreiben, um Sie von seinen abenteuerlichen Ergüssen zu verschonen, das Kapitel abzuschließen und zum Nachwort zu kommen.

Nachwort

Wir haben nun verschiedene Jesus-Darstellungen betrachtet. Die Mission der ersten beiden „Jesusse", das Reich Gottes auf Erden zu errichten, ist gescheitert. Sie sind bei der Kreuzigung gestorben und nicht mehr auferstanden aus dem einfachen Grund, dass sie Menschen waren und keine Gottessöhne. Und außerdem waren sie Juden und keine Christen.

Der nächste Jesus war Gottessohn; allerdings nicht als einziger. Er war einer von *vielen* Gottessöhnen und starb zudem nicht am Kreuz, weil Gottessöhne eben nicht am Kreuz sterben. Dieser Jesus war mystisch und teils jüdisch, teils hinduistisch geprägt.

Ein weiterer Jesus starb ebenfalls nicht am Kreuz. Alles scheinbar Übernatürliche, was in den Berichten über Jesus vorkommt, ist auf völlig natürliche Weise erklärbar. Er starb nicht am Kreuz, sondern eine Reihe von zufälligen Aktionen sorgten letztlich dafür, dass er überlebte.

Ein anderer Jesus wurde durch eine Pleurapunktion gerettet, die ein Soldat im Auftrag des römischen Hauptmanns zufällig durchführte, als er in dessen Seite stach.

Der nächste Jesus überlebte ebenfalls die Kreuzigung und wanderte anschließend nach Osten, um die verlorenen zehn Stämme Israels dort zu suchen und zurück zu Gott zu führen. Schließlich landete er in Kaschmir, wurde dort als Heiliger verehrt und starb dort im hohen Alter eines natürlich Todes.

Der nächste Jesus überlebte die Kreuzigung und fuhr später in den Himmel auf. Er war Jude und kein Christ.

Ein weiterer Jesus, der tatsächlich als Begründer des Christentums angesehen wird – allerdings einer sehr esoterischen Version desselben –, hat ebenfalls die Kreuzigung überlebt und „zerstrahlte nach der Kreuzigung seinen materiellen Körper" und konnte so in seinem Energiekörper Wände durchdringen. Um wieder sichtbar werden zu können, konnte er seinen materiellen Körper wieder aufbauen. Der Vertreter dieser Theorie glaubt an die Reinkarnation.

Ein weiterer Jesus – quasi eine überspitzte Form des Jesus von eben – war Öko-Freak und Pazifist.

Ein weiterer Jesus war ein Prophet und gewissermaßen der Begründer der muslimischen Religion, starb aber nicht am Kreuz, sondern ein anderer starb an seiner Stelle. Jesus stieg bald in den Himmel zu Allah auf.

Der nächste Jesus wird tatsächlich dem Christentum zugerechnet und starb sogar am Kreuz – aber nicht um für unsere Sünden zu sühnen, sondern gewissermaßen als „großer Bruder" für uns. Er erwarb das sogenannte Christusbewusstsein, und das Ziel seiner Nachfolger soll es sein, ebenfalls nach diesem zu streben.

Ein weiterer Jesus war ein Arier und eindeutig von Hitler erfunden und an seine irrsinnigen und menschenfeindlichen Ideen angepasst. In dessen Argumentation passt hinten und vorne nichts.

Der nächste Jesus war schwul, Feminist und dazu noch mit Maria Magdalena verheiratet.

Ein Jesus im Kindesalter zeigt sich als unbeherrscht, gefühllos und launisch. War er schlecht gelaunt, verfluchte er Menschen, von denen er sich angegriffen fühlte oder brachte sie sogar zu Tode; war er gutgelaunt, tat er Wunder, half anderen und heilte sie, und manchmal verwandelte er dann sogar Verfluchte oder Verwandelte wieder zurück.

Der nächste von uns beschriebene Jesus kommt in seiner Sendungsweise dem des traditionellen Christentums am nächsten, reiste aber nicht durch irgendwelche religiösen oder esoterische Welten, sondern durch Dimensionen, Universen und Multiversen.

Der letzte Jesus kam aus der Zukunft mit der Mission, die Zeitlinie zu retten.

Nur einer dieser Jesusse ähnelt einigermaßen dem traditionellen Jesus, wie er beispielsweise von der katholischen, oder der evangelischen Kirche, Bibelfundamentalisten wie Pietisten oder Evangelikalen, oder den Zeugen Jehovas gelehrt wird, aber auch bei ihm sind theologische Variablen durch physikalische ausgetauscht worden.

Außer ihm haben nur zwei Jesusse etwas mit dem Christentum zu tun, einer mit dem Islam, einer war eine Mischung aus Judentum, Christentum und Hinduismus, zwei sind nicht konkret einzuordnen und alle anderen waren schlicht und einfach Juden – sowohl von der Herkunft her als auch von der Religion!

Von diesen Jesussen allerdings wissen die Wenigsten etwas. Sie gehören jetzt dazu…

Literaturverzeichnis

Abbas, Zia Muhammad: Israel. Lincoln, Nebraska 2007.

Ahmad, Masud: Jesus starb nicht am Kreuz. Frankfurt am Main 1992

Alt, Franz: Was Jesus wirklich gesagt hat. München 2015

Aslan Reza: Zelot. Reinbek bei Hamburg 2016

Biblia. Das ist/Die ganze Heilige Schrifft Deutsch Wart. Burg Wittenberg. Das Alte Testament. Die Luther-Bibel von 1534. Vollständiger Nachdruck. Köln 2018

Biblia. Das ist/Die ganze Heilige Schrifft Deutsch Wart. Burg Wittenberg. Das Neue Testament. Die Luther-Bibel von 1534 Vollständiger Nachdruck. Köln 2018

Büchner, Karl-Heinz, Kammermeier Bernd P., Schlotz, Reinhold, Zwilling Robert, (Herausgeber), Martin Luther (Autor): Von den Juden und ihren Lügen. Erstmals in heutigem Deutsch mit Originaltext und Begriffserläuterungen. Aschaffenburg 2016

C. I. Scofield, D. D. (Hrsg.) Die Heilige Schrift nach der Deutschen Übersetzung D. Martin Luthers (von 1914). Pfäffikon o. J.

Cassens, Johan-Tönjes: Jesus starb nicht am Kreuz. Berlin/München/Neckermarkt/Zürich 2016

Das Evangelium des Thomas. Übersetzung und kommentiert von Jean-Yves Leloup. Aus dem Französischen übersetzt von Maike und Stephan Schumacher. Rottenburg 2008

Davenport, Marc: Visitors from Time. Pensacola 1992/94

Der Koran. Aus dem Arabischen übersetzt von Max Henning. Rheda-Wiedenbrück o. J.

Der Koran. Übersetzt von Rudi-Paret. Stuttgart 1976

Der Koran. Vollständige Ausgabe. München 1992

Die Bibel. Die Heilige Schrift des alten und neuen Testamentes. Freiburg 1965

Die Bibel. Einheitsübersetzung. Stuttgart 1980

Die Bibel. Schlachter-Übersetzung. Genf 2000/2006

Die Heilige Schrift des Alten und neuen Testamentes. Aschaffenburg 1975

Die Neue Welt-Übersetzung der Heiligen Schrift. Selters 1986/1989

Die Sagen der Juden. Gesammelt und bearbeitet von Micha Josef bin Gorion. Köln 1997.

Die vierundzwanzig Bücher der Heiligen Schrift. Übersetzt von Leopold Zunz. Basel 1980

Divyanand, Soami: Jesus überlebte die Kreuzigung. Herrischried 1987

Downing, Barry H.: The Bible and the Flying Saucers. Bucks, 1973

Drummond, Richard, Henry: Edgar Cayce: Das Leben von Jesus dem Christus. Darmstadt 2006

Elberfelder Bibel. Wuppertal 1985/1991/2006

Fried, Johannes: Kein Tod auf Golgatha. München 2019

Friedman, Richard Elliot: Wer schrieb die Bibel? Köln 2007

Horn, Roland M.: Blauer Stern auf weißem Grund – Die Wahrheit über Israel. Berlin/Kleinblittersdorf 2020.

Horn, Roland M.: Geheimagenten aus der Zukunft? Lübeck 2000

Horn, Roland M.: Nur eine Geschichte. Berlin/Kleinblittersdorf 2019

Horn, Roland M.: UFOs, Roswell und der letzte Vorhang: Jacques Vallée auf der Spur des UFO-Phänomens. Berlin/Kleinblittersdorf 2020

Horn, Roland M: Atlantis – Alter Mythos – Neue Beweise. Grafing 2009

Horn, Roland, M.: *Sie kamen aus der Zukunft* - Das Geheimnis der alten Propheten. Lübeck 2002

Kersten, Holger und Gruber, Elmar R.: Jesus starb nicht am Kreuz. München 1999

Kersten, Holger: Jesus lebte in Indien. München 1996

Krajenke, Robert W.: Edgar Cayces Story of The Old Testament – From the Birth of Souls to the Death of Moses. Virginia Beach 1994

Krajenke, Robert W.: Edgar Cayces Story of The Old Testament – From Solomon's Glories to the Birth of Jesus. Virginia Beach 1992

Kubitza, Heinz-Werner: Der Jesuswahn. Marburg 2013

Maccoby, Hyam: Jesus und der jüdische Freiheitskampf. Freiburg 1996

Malgo, Wim: Offenbarung Jesu Christi – Kapitel 1-11. Eine Auslegung für unsere Zeit. Pfäffikon. O. J

Riessler, Paul: Altjüdisches Schrifttum außerhalb der Bibel. Freiburg/Heidelberg 1928/1988

Robinson, Lytle, W.: Edgar Cayces Bericht von Ursprung und Bestimmung des Menschen. München 1989

Twichell, David E.: The UFO-Jesus Connection. Haverford 2001

Wistrich, Robert: Der antisemitische Wahn. München 1987

Online-Quellen

A.R.E.: *Edgar Cayce on Christ Consciousness* auf https://www.edgarcayce.org/the-readings/spirituality/christ-conciousness/ (Abgerufen am 30.06.2020)

A.R.E: Who was Edgar Cayce auf: https://www.edgarcayce.org/edgar-cayce/his-life/ (Abgerufen am 24.06.2020)

Abdulsalam, M: Jesus im Islam (Teil 1 von 3) auf: https://www.islamreligion.com/de/articles/31/jesus-im-islam-teil-1-von-3/ (Abgerufen am 19.06.2020)

Abdulsalam, M: Jesus im Islam (Teil 2 von 3) auf: https://www.islamreligion.com/de/articles/30/jesus-im-islam-teil-2-von-3/ (Abgerufen am 19.06.2020)

Abdulsalam, M: Jesus im Islam (Teil 3 von 3) auf: https://www.islamreligion.com/de/articles/29/jesus-im-islam-teil-3-von-3/ (Abgerufen am 19.06.2020)

Braid, Tanja; Neoterisches Bewusstsein: Starb Jesus am Kreuz? (01.04.2020) auf https://www.neoterisches-bewusstsein.com/starb-jesus-am-kreuz/ (Abgerufen am 22.06.2020)

Der Prophet des Islam: Der Kreuzestod Jesu in koranischer Sicht (09.04.2012) auf: http://derprophet.info/inhalt/der-kreuztod-htm/ (Abgerufen am 22.06.2020)

Der Prophet des Islam: Sunna und Hadith (15.04.2020) auf: http://derprophet.info/inhalt/sunna-hadith.htm/ (Abgerufen am 22.06.2020)

Die Leute der Schrift – Juden und Christen auf: http://www.islamheute.ch/Schriftleute.htm (Abgerufen am 23.06.2020)

Edgar Cayces A.R.E: https://www.edgarcayce.org/home/

Erhard, Alexander Erhorn: Die scheinbare Kreuzigung auf: https://www.barnabas-evangelium.de/die-scheinbare-kreuzigung/ (Abgerufen am 22.06.2020)

Evangelium nach Petrus auf: http://www.ewetel.net/~johann.krooss/_private/petrus-evangelium.pdf (Abgerufen am 20.05.2020)

Hat Jesus wirklich gelebt? - Das Turiner Grabtuch auf http://www.k-l-j.de/093_grabtuch_turin.htm (Abgerufen am 04.06.2020)

Horn, Roland M.: *Edgar Cayce und die globale Erwärmung* auf: https://blog-roland-m-horn.de/2019/07/04/edgar-cayce-und-die-globale-erwaermung/ (Abgerufen am 29.06.2020)

Horn, Roland M.: Israel, der Koran und die Endzeit auf https://www.roland-m-horn.de/koran.php (Abgerufen am 18.07.2020)

Horn, Roland M.: *Polsprung* auf: https://blog-roland-m-horn.de/2019/12/24/pol-sprung/ (Abgerufen am 29.06.2020)

http://www.fau.edu/artsandletters/history/faculty/mcgetchin/ (Abgerufen am 06.06.2020)

http://www.joergensmit.org/de/pdf/wie_koennen_wir_mit.pdf (Abgerufen am 19.04.2020)

http://www.philosophenlexikon.de/aurelius-augustinus/ (Abgerufen am 07.06.2020)

https://archive.org/stream/in.ernet.dli.2015.57092/2015.57092.Die-Philosophen-Der-Upanishaden_djvu.txt (Abgerufen am 17.04.2020)

https://archive.org/stream/in.ernet.dli.2015.57092/2015.57092.Die-Philosophen-Der-Upanishaden_djvu.txt (Abgerufen am 18.04.2020)

https://de.wikipedia.org/wiki/Amos_Oz (Abgerufen am 08.06.2020)

https://de.wikipedia.org/wiki/Anton_Szandor_LaVey (Abgerufen am 07.07.2020)

https://de.wikipedia.org/wiki/Arya_Samaj (Abgerufen am 15.05.2020)

https://de.wikipedia.org/wiki/Byssus (Abgerufen am 18.05.2020)

https://de.wikipedia.org/wiki/Church_of_Satan (Abgerufen am 07.07.2020)

https://de.wikipedia.org/wiki/Doketismus (Abgerufen am 22.06.2020)

https://de.wikipedia.org/wiki/Donnerskinder (Abgerufen am 07.07.2020)

https://de.wikipedia.org/wiki/Edgar_Cayce (Abgerufen am 24.06.2020)

https://de.wikipedia.org/wiki/Elija (Abgerufen am 18.07.2020)

https://de.wikipedia.org/wiki/Eusebius_von_Caesarea (Abgerufen am 20.05.2020)

https://de.wikipedia.org/wiki/Galil%C3%A4a (Abgerufen am 15.06.2020)

https://de.wikipedia.org/wiki/Hadayatullah_H%C3%BCbsch (Abgerufen am 23.06.2020)

https://de.wikipedia.org/wiki/Himmelfahrt_des_Mose (Abgerufen am 15.06.2020)

https://de.wikipedia.org/wiki/Iren%C3%A4us_von_Lyon (Abgerufen am 08.06.2020)

https://de.wikipedia.org/wiki/Jammu_und_Kashmir_(Unionsterritorium) (Abgerufen am 06.06.2020)

https://de.wikipedia.org/wiki/Kabbala (Abgerufen am 21.04.2020))

https://de.wikipedia.org/wiki/Marcion (Abgerufen am 22.05.2020)

https://de.wikipedia.org/wiki/Maria_Magdalena (Abgerufen am 11.07.2020) https://de.wikipedia.org/wiki/Melchisedek (Abgerufen am 29.09.2020)

https://de.wikipedia.org/wiki/Metatron (Abgerufen am 21.04.2020)

https://de.wikipedia.org/wiki/N%C3%BCrnberger_Gesetze (Abgerufen am 06.07.2020)

https://de.wikipedia.org/wiki/Nag-Hammadi-Schriften (Abgerufen am 11.07.2020)

https://de.wikipedia.org/wiki/Nestorianismus (Abgerufen am 22.06.2020)

https://de.wikipedia.org/wiki/Nicolas_Notovitch (Abgerufen am 06.05.2020)

https://de.wikipedia.org/wiki/Oliver_Fehn (Abgerufen am 07.04.2020)

https://de.wikipedia.org/wiki/Philippusevangelium (Abgerufen am 11.07.2020)

https://de.wikipedia.org/wiki/Punjab_(Indien) (Abgerufen am 06.06.2020)

https://de.wikipedia.org/wiki/Reza_Aslan (Abgerufen am 26.04.2020)

https://de.wikipedia.org/wiki/Rigveda (Abgerufen am 02.05.2020)

https://de.wikipedia.org/wiki/Sanhedrin (Abgerufen am 26.04.2020)

https://de.wikipedia.org/wiki/Sargon_von_Akkad (Abgerufen am 18.07.2020)

https://de.wikipedia.org/wiki/Satanismus (Abgerufen am 07.07.2020

https://de.wikipedia.org/wiki/Simon_Petrus (Abgerufen am 22.04.2020)

https://de.wikipedia.org/wiki/Tammuz_(Mythologie) (Abgerufen am 17.04.2020)

https://de.wikipedia.org/wiki/Umberto_II. (Abgerufen am 04.06.2020)

https://de.wikipedia.org/wiki/Yajurveda (Abgerufen am 02.05.2020)

https://de.wikipedia.org/wiki/Yuz_Asaf (Abgerufen am 06.06.2020)

https://de.wikipedia.org/wiki/Zohar (Abgerufen am 21.04.2020)

https://de.wikisource.org/wiki/Himmelfahrt_des_Moses (Abgerufen am 15.06.2020)

https://dsf-germany.org/ (Abgerufen am 02.05.2020)

https://en.wikipedia.org/wiki/Al-Maghtas (Abgerufen am 13.06.2020)

https://en.wikipedia.org/wiki/Karl_Marx_(medical_missionary) (Abgerufen am 06.06.2020)

https://en.wikipedia.org/wiki/Papias_of_Hierapolis#Death_of_Judas (Abgerufen am 08.06.2020)

https://en.wikipedia.org/wiki/S._G._F._Brandon (Abgerufen am 23.04.2020)

https://flexikon.doccheck.com/de/Fibrin (Abgerufen am 04.06.2020)

https://flexikon.doccheck.com/de/Wood-Licht (Abgerufen am 04.06.2020)

https://jesus-forscher.de/assets/worte-des-rabbi-jeschu-(internetformat).pdf (Abgerufen am 09.06.2020)

https://www.bibelwissenschaft.de/wibilex/das-bibellexikon/lexikon/sachwort/anzeigen/details/judas-iskarioth/ch/87311509863494532bc01866bf341815/#h7 NASSCAL (Abgerufen am 08.06.2020)

https://www.borromaeusverein.de/borromaeusverein/wir-ueber-uns/ (Abgerufen am 18.06.2020)

https://www.borromaeusverein.de/medienprofile/rezensionen/9783579085227-was-jesus-wirklich-gesagt-hat/ (Abgerufen am 18.06.2020)

https://www.netdoktor.de/anatomie/pleura/ (Abgerufen am 14.06.2020)

https://www.thearyasamaj.org/sarvadeshiksabha (Abgerufen am 15.05.2020)

Islam ist: Was der Koran über den Tod Jesus sagt. auf: https://islam-ist.de/was-der-koran-ueber-den-tod-jesus-sagt/ (Abgerufen am 19.06.2020)

Janke, Viktor: Welche Quelle haben wir über Judas Iskarioth (Judasevangelium) am 28.03.2020 auf: http://www.lgvgh.de/wp/welche-quellen-haben-wir-ueber-judas-is-kariot-judasevangelium/2269 (Abgerufen am 28.03.2020)

North American Society for the Study of Christian Apocryphal Literature: Death of Judas according to Papias (Standardabkürzung: Auszug aus Papias, Darstellung der Sprüche des Herrn (aus Zitaten, die in Catenae über Matthäus enthalten sind) auf: https://www.nasscal.com/e-clavis-christian-apocrypha/death-of-judas-according-to-papias/ (Abgerufen am 08.06.2020)

https://de.wikipedia.org/wiki/Hyam_Maccoby (Abgerufen am 17.04.2020)

Padre Jorge de Jesús Fuentes Davison, S.D.B.: An Investigation of Matarea auf https://www.bardstown.com/~brchrys/Matarea.html (Abgerufen am 17.07.2020)

Schwarz, Günter: Die esoterische Lehre Jesu. 4. Vortrag in Bielefeld von Dr. phil. Günther Schwarz am 19.04.1991 auf https://jesus-forscher.de/assets/vortrag-4--die-esoterische-lehre-jesu_050715.pdf (Abgerufen am 11.06.2020)

Schwarz, Günter: https://jesus-forscher.de/assets/seiten-101-125.pdf (Abgerufen am 12.06.2020)

Schwarz, Günter: https://jesus-forscher.de/assets/seiten-51-75.pdf (Abgerufen am 12.06.2020)

Schwarz, Günter: Rückübersetzung auf https://www.jesus-forscher.de/assets/text-r%c3%bcck%c3%bcbersetzung.pdf

Schwarz, Günter: Was wollte, tat und sprach Jesus wirklich? auf https://www.jesus-forscher.de/ (Abgerufen am 09.06.2020)

Schwarz, Günter: Worte des Rabbi Jeschu auf: https://jesus-forscher.de/assets/worte-des-rabbi-jeschu-(internetformat).pdf (Abgerufen am 09.06.2020)

Schwarz, Günther: https://jesus-forscher.de/assets/seiten-1-25.pdf (Abgerufen am 12.06.2020)

Schwarz, Günther: https://jesus-forscher.de/assets/seiten-126-150.pdf;

Schwarz, Günther: https://jesus-forscher.de/assets/seiten-151-175.pdf (Abgerufen am 12.06.2020)

Schwarz, Günther: https://jesus-forscher.de/assets/seiten-176-200.pdf (Abgerufen am 12.06.2020)

Schwarz, Günther: https://jesus-forscher.de/assets/seiten-201-207.pdf (Abgerufen am 12.06.2020)

Schwarz, Günther: https://jesus-forscher.de/assets/seiten-26-50.pdf (Abgerufen am 12.06.2020)

Schwarz, Günther: https://jesus-forscher.de/assets/seiten-76- 100.pdf (Abgerufen am 12.06.2020)

Schwarz, Günther: https://jesus-forscher.de/hat-jesus-%C3%BCberlebt.html (Abgerufen am 12.06.2020)

Wähner, Bernd: Auf den Imam Abdul Basit Tariq warten neue Aufgaben auf: https://www.berliner-woche.de/heinersdorf/c-sonstiges/auf-den-imam-abdul-basit-tariq-warten-neue-aufgaben_a44866 (24.06.2020)